东陆职教论坛

2007 年

主　编　李家祥

副主编　赵雪春

云南大学出版社

图书在版编目（CIP）数据

东陆职教论坛.2007年/李家祥主编.—昆明：云南大学出版社，2007

ISBN 978－7－81112－390－6

Ⅰ.东… Ⅱ.李… Ⅲ.职业教育－中国－2007－文集
Ⅳ.G719.2－53

中国版本图书馆 CIP 数据核字（2007）第 120275 号

东陆职教论坛（2007 年）

主　　编：李家祥

策划组稿：徐　曼

责任编辑：叶枫红

封面设计：薛　峥

出版发行：云南大学出版社

印　　装：昆明市五华区教育委员会印刷厂

开　　本：850 毫米×1168 毫米　1/32

印　　张：13.25

字　　数：332 千

版　　次：2007 年 8 月第 1 版

印　　次：2007 年 8 月第 1 次印刷

书　　号：ISBN 978－7－81112－390－6

定　　价：30.00 元

地　　址：昆明市一二·一大街云南大学英华园（邮编：650091）

网　　址：http：//www.ynup.com

E－mail：market@ynup.com

目　录

职业教育教学教改

素质教育

现代教育技术

职业教育管理

人力资源

职业教育教学教改

关于综合大学内高等职业教育
教学改革的几点思考

云南大学职业与继续教育学院　崔　箭

摘　要：本文结合笔者在综合大学内所从事的高等职业教育教学与管理工作实践，从学习现代职业教育理念、专业设置、课程设置、强化实践教学相关的环节、师资队伍建设、应用现代教育技术促进高职教学改革、重视学生非智力因素的培养等几个方面，阐述了关于综合大学内高等职业教育教学改革的几点思考。

关键词：高职教育　教学　改革

高等职业教育是高等教育的重要组成部分，是以培养具有一定理论知识和较强实践能力，面向基层、面向生产、面向服务和管理第一线职业岗位的实用型、技能型专门人才为目的的职业教育，是职业教育的高等阶段。在综合大学内办职业教育，与专门的高等职业教育学校或学院相比，有自己的一些特殊性和优势，同时也有一些问题值得认真思考，特别是教学改革方面的问题，必须认真研究。

教学改革是当前所有职业教育学校或学院都在探索的关键问题。笔者一直从事综合大学内的高等职业教育方面的教学与管理工作，也一直在探索职业教育的教学改革问题。现就从以下几个方面来谈谈这一问题。

一、学习现代职业教育理念并付诸于实践

现代职业教育理念是现代化大生产条件下人们对未来职业教育前景的理想期望，主要包括职业教育现代化、社会化、产业化、终身化等四个方面。现代职业教育理念是从事职业教育活动的主体必须具备的素质，也因此成为职业教育教学改革的先导性问题，它直接影响并决定了职业教育的专业设置、课程设置、教学实施、师资队伍建设等方面的问题。在这些与教学相关的环节上，必须充分体现现代职业教育理念，确立以终身教育为主的、面向现代化、面向社会、面向市场、面向未来的职业教育观念。教学改革要紧紧围绕着这样的现代职业教育理念。

对职业教育，尤其是综合大学内职业教育的教育者、管理者、学习者而言，要进行职业教育教学改革，首要的任务是学习现代职业教育理念并付诸于实践。只有首先正确把握住理念，在大思路正确的前提下，才能解决在具体教学环节中由于受传统陈旧的教育观念影响而产生的一些问题，才能保证职业教育教学改革的具体内容、步骤和方法等方面真正达到预期目的，才能抓住机遇，迎接挑战，适应社会需求，促进高等职业教育的发展。

二、专业设置改革

专业设置是高等职业教育教学改革的中心环节，是高职教育为经济、社会有效服务的关键，是教育与经济的连接点，是高职教育为经济发展服务的具体体现。专业设置不仅影响劳动力结构，而且影响产业结构和技术结构。专业设置是高职院校自身生存、发展的基础，影响着教学设施、仪器设备、师资队伍等的配置，制约着教育教学的目标、要求、内容、过程和结果。专业设置改革要注意以下三个方面：

1. 突出灵活性

综合大学内的高等职业教育教学，在设置专业时，必须结合综合大学情况认真进行专业调查与分析，根据本地区经济发展要求，以市场为导向，满足当前市场需要的同时，突出灵活性。当今社会科学技术飞速发展，产业结构变化迅速，职业岗位不断更新。因此，专业设置必须"适应市场需求"，与时俱进，对那些不适应市场经济发展要求的专业，按条件可能原则和就近原则加以及时调整，及时更新。只有这样，才能使高职教育适应经济发展需要，保持职业教育的活力；有利于更新教师的知识与技能，形成一支专业面宽、迁移能力强的教师队伍；有利于扩大生源，保持职业教育稳定发展。当然，专业调整不能草率、盲目，要有目的、有计划地进行。否则，将难以培育名专业、名教师，难以保证教学质量，同时还会造成人、财、物的巨大浪费。

2. 要有前瞻性和超前性

高等职业教育专业设置既要满足当前市场需求，又要着眼于未来，要有前瞻性和超前性。随着经济全球化进程的加快，国际技术交流和合作越来越频繁。因此，高职教育的专业设置不仅要适应当前高新技术产业和新兴行业的需要，还要面向世界、面向未来。要根据世界经济发展的趋势和国际劳动力市场的需求，积极准备和开发一些"超前性"的专业，满足国内、国际劳动力市场的未来需求。早做准备，早做打算，为经济发展、社会进步培养出满意的技术人才。

3. 要增强覆盖面

高等职业教育培养的是在生产、经营、服务、管理一线的技术人员，他们在实际工作中遇到的往往不仅是单纯的技术问题，而是一些综合性的问题。因此，高职教育要针对职业岗位群设置专业，以适应科学技术日趋综合化的趋势，以利于学生就业和学校持续发展。特别是在综合大学内办职业教育，可以充分利用综合大学的教学资源和优势，想办法拓宽专业口径，增强覆盖面，以增强所培养的技术人才的竞争力和适应力。

三、课程设置

目前综合大学内办职业教育，由于管理者、教师、学生等都比较容易受传统高等教育的影响，反映在课程设置方面，主要是模仿大学本科，采用单科分段式（又称"学科本位型"）课程模式，课程带有过分学术化的倾向，结果是过分关注学科知识体系的传授，而忽视学生动手能力的培养，使得培养出的学生在知识、动手能力上没有自己的特色，导致学生就业难，制约了职业教育在综合大学内的进一步发展。因此，在课程设置上我们要正确处理基础理论课和专业实践课的关系，适当缩小专业理论课的比例，加大实训课程的比例；要以社会职业能力培养为重点制订教学计划，编写课程教学大纲；要学习借鉴德国"双元制"课程模式、能力本位课程模式、模块技能组合课程模式、职业群集课程模式和"宽基础、活模块"（群集式模块）课程模式，积极探索有效、实用的课程模式。

四、强化实践教学环节，促进学生自主学习

职业教育以培养操作型、技能型复合人才为目标，这决定了其教学必须以训练学生的实践技能、创新能力为核心。因此，强化实践教学环节，促进学生自主学习便成为高职教学改革的重点。当前，高职的教育模式和教育手段仍然以课堂、教师、教材为主体，以培养和训练趋同性思维见长，在综合大学内办职业教育更是如此。这在一定程度上阻碍了学生技能的提高和独立思考能力的形成，已不能适应职业教育的发展要求。因此，必须加强实习实践基地建设，强化实践教学环节，用先进的职业教育理念引导学生自主学习与实践，培养学生终身学习的意识和能力。

五、师资队伍建设

在综合大学内办职业教育，一方面是可以充分利用高校教师资源，这对职业教育的发展有一定好处，但是另一方面，也会由于普通高等学校教师缺乏对职业教育的深入理解，而照搬普通高等教育教学手段，不能达到职业教育的要求和目的。当前专门的职业教育师资力量在综合大学内更显薄弱。因此要采取具体措施加强师资队伍建设：（1）鼓励综合大学内从事职业教育教学的教师，在职进修和学习职业教育理论知识，开展职业教育研究；（2）积极吸引具有职业教育学历背景的高级人才加入到职业教育教学与管理队伍中来；（3）聘请企、事业专家作兼职教师；（4）鼓励职业教育教师到生产、经营、管理、服务第一线参加实习锻炼；（5）鼓励专业教师参加职业资格考核，使其成为"双师型"教师；（6）从长远着眼，应尽早建立职业教育双语教学体系，培养合格的职业教育双语教学教师。

六、积极应用现代教育技术促进高职教学改革

计算机、通信、网络技术的高速发展及其在教育领域中的应用，给现代教育注入了新的活力，为教学方法和教学模式的改革提供了物质和技术基础。而教学方法与教学手段的改革，是实现教学内容改革，提高人才培养质量的重要途径。因此大力推广和运用以信息技术为核心的现代教育技术，毋庸置疑将成为高职教学改革的突破口。

现代教育技术是指在"先进的教育思想和理论的指导下，充分利用现代信息技术，通过对教与学过程和教与学资源的设

计、开发、应用、评价和管理，以实现教学优化的理论和实践"。① 现代教育技术作为教育深化改革的突破口和制高点，对职业教育教学改革有非常重要的影响。现代教育技术在教学中的应用优势和高职教学培养目标的要求之间具有一致性。现代教育技术的发展及其在职业教育中的应用，促进了现代职业教育在教学观念、教学模式、教学环境、教学方法和教学手段等方面的改革，推动了职业教育信息化与现代化的进程，推动了职业教育的发展。积极应用现代教育技术，充分发挥其优势，对高等职业教育教学改革将起到重要的促进作用。

七、重视学生非智力因素的培养

高职教育不仅要注重学生智力因素的培养，向学生传授各种知识和技能，更重要的是要注意学生非智力因素的培养，根据学生身心发育特点和职业教育的要求，培养学生适应社会的能力、职业意识、创业意识、社会责任感、思想品德素质和心理素质，以促进学生的全面发展。

参考文献：

1. 赵兴碧，张岳，李亚玲．职业教育学．云南大学出版社，2003．

2. 罗晓东，王勤龙．现代教育技术与高职教学改革的思考．襄樊职业技术学院学报．2003，2（1）：14 – 17．

3. 曾凤春，姚波．我国发展高等职业教育应该思考的几个问题［J］．重庆职业技术学院学报，2005，（01）．

4. 林玉杰，梁尔军．关于高等职业教育教学改革的思考．

---

① 教育部师范教育司．现代教育技术［M］．北京：北京师范大学出版社，1998．

职业技术，2006，（04）．

　5. 周玉敏．职业教育教学改革的几点思考［J］．山西教育（综合版），2005，（04）．

　6. 汪发亮．关于职业技术教育教学改革的几点思考．中国科技信息．2006．

　7. 刘振华，高书岐．高等职业教育教学改革之我见．中国科技信息．2006（2）．

中等职业教育教学改革刍议

云南大学职业与继续教育学院　章光洁

在推进我国社会主义现代化建设的进程中，不仅需要高层次创新人才，而且需要具有创业精神的高素质劳动者。近些年来，越来越多的国家认识到发展职业教育对推动经济社会发展的重要作用，纷纷把发展和改革职业教育作为规划面向 21 世纪教育和培训体系的重要组成部分。

一、中等职业教育教学改革的背景

随着科技的飞速发展，知识经济成为 21 世纪的社会形态。人类社会的经济结构、政治结构、文化模式、思想观念、社会关系以及生活方式等都在发生深刻变化。同时，世界经济全球化的发展趋势、信息化的浪潮也对我国文化教育的发展产生了重大影响。这些构成了教育教学改革的宏观背景。

今天，我国已加入世贸组织，中国教育市场也将进一步放开，这对我国的中等职业教育既是一个机遇也是一个挑战。目前，"入世"对中等职业教育最直接的影响就是职业教育特别是中等职业学校毕业生就业难度加大。这主要有以下两个方面的原因：① 一方面，1999 年开始的高等教育扩招入学的学生到 2002

---

① 许倩. 加入 WTO 对我国中等职业教育的影响及应对. 南昌高等专科学校学报，2002（4）.

年起开始就业，与入世初期的就业问题重叠。各学历层次毕业生的就业界面交错，就业定位下移，减少了中等职业学校毕业生的就业机会。另一方面，随着我国加入 WTO，汽车、电信、化工、机械、医药等行业将面临较大冲击，这些行业的现有劳动力及职业学校培养的后继劳动力将会大量过剩。与此同时，由于"入世"对农业的冲击，部分种植业不可避免地会萎缩，农村剩余劳动力将大规模流向城市，依据其就业低成本优势，在与中等职业学校毕业生争夺初级就业岗位时，将进一步加剧中等职业学校毕业生的就业困难。

改革开放以来，我国中等职业教育的改革和发展取得了很大成就。但是，随着市场经济体制的建立、科技进步和产业结构的调整以及劳动力市场的变化，中等职业教育的现状已不能适应培养高素质劳动者和中初级专门人才的需要，也满足不了人民群众日益增长的多样化职业教育需求。在教育教学领域，职业教育观念和培养模式相对滞后，教学工作存在着片面强调学科体系和知识灌输，与生产和生活实际联系不紧密，对知识应用、创新精神和实践能力的培养重视不够，实践和专业技能训练比较薄弱等问题，难以使学生形成熟练的职业技能和适应职业变化的能力。这些问题制约了中等职业教育的健康发展，影响了高素质劳动者的培养。因此，深化教育教学改革，提高教育教学质量和办学效益，是中等职业教育面临的紧迫任务。

二、中等职业教育教学改革的总体目标

教育培养目标是国家教育总目标在教育活动中的体现。它作为教学实践活动的第一要素，决定着职业学校的生存空间与发展价值。中等职业教育作为高中阶段教育的重要组成部分，它的课程目标首先应当以提高国民素质为根本宗旨。1999 年第三次全国教育工作会议颁发的《中共中央国务院关于深化教育改革全

面推进素质教育的决定》为深化教育改革、振兴教育事业提出了明确的努力方向和奋斗目标。

多年来，我国中等职业教育的培养目标主要是围绕专业岗位或单工种建立的。随着社会发展，劳动分工出现了单一工种或复合工种，简单职业向综合职业转变，社会对复合型人才的需求越来越大。另外，随着市场经济的建立，劳动者工作流动与职业更换也越发频繁。因此，多工种、复合型、岗位型是中等职业教育培养目标的发展趋势，同时，对分析与解决问题的能力、知识获得的能力、创新能力、合作交往能力的培养也要摆在中等职业教育教学中日益突出的位置。

教育部制定的《关于全面推进素质教育深化中等职业教育教学改革的意见》，要求中等职业教育要全面贯彻党的教育方针，转变教育思想，树立以全面素质为基础、以能力为本位的观念，培养与社会主义现代化建设要求相适应，德智体美等全面发展，具有综合职业能力，能够在生产、服务、技术和管理第一线工作的高素质劳动者和中初级专门人才。职教生应该具有科学的世界观、人生观和爱国主义、集体主义思想以及良好的职业道德和行为规范；具有基本的科学文化素养，必需的文化基础知识、专业知识和比较熟练的职业技能；具有继续学习的能力和适应职业变化的能力；具有创新精神和实践能力、立业创业能力；具有健康的身体和心理；具有基本的欣赏美和创造美的能力。[①]

三、中等职业教育教学内容的改革

课程是教学内容的集中反映，任何教学内容最后都要组合成一门门课程。建立一套完整科学的职教课程体系，关系到职业技

---

① 教育部．关于全面推进素质教育深化中等职业教育教学改革的意见．2000 年 3 月．

术专业人才培养目标的实现，关系到中等职业技术学校及专业在社会上的影响和地位，同时也关系到学校自身的生存与发展。因此，改革中等职业教育的课程体系和内容，是当前职业教育教学改革所面临的重大问题之一。教育部职业教育与成人教育司在《21世纪职教课程体系改革和教材建设规划》中指出："中等职业教育应在加强专业技能培训的基础上强化文化素质教育，以适应经济发展的需要，进一步提高毕业生的后劲和适应能力，并且要贯彻落实邓小平同志提出的'三个面向'的思想，在设置专业、编写教材等方面都应体现21世纪的职教特色。"

总体看来，目前的中等职业教育的课程结构大都沿袭了普通高中的做法。因此，课程门类多，学科划分过细，相关学科的内容也多有重复之处。这导致了中等职业教育的教学投入过大、教学效益不佳的状况。同时，不论哪门课程，都刻意追求学科理论的完整性和系统性，不注重对学生进行创新精神和实践能力的培养，忽视了对学生职业态度的养成，其针对性和实用性不足。在教材建设上，不仅缺少适合职业教育特点的教材，而且就现行教材来说，其内容、体系、结构也显得过于陈旧，新知识、新技能含量少。例如，很多中等职业学校的教材有的使用了大学专科的同类教材，有的新设专业没有相应的职教教材，只能以某种内容相近的教材代替。面对21世纪的机遇和挑战，中等职业教育教学内容的改革应按照社会发展对人才的要求，努力实现课程体系的多样化和综合化。因此，中等职业教育课程应从封闭走向开放，要根据不同类型、不同规格的人才培养目标，制订不同的教学计划，使课程设置多样化；要减少必修课，增设选修课，同时实行更加灵活的学分制。

在课程设置上，中等职业教育可尝试模块式课程设置的做法。具体做法如下：（1）横向式组合方式。此方式多应用于同大类专业多工种、多岗位。例如职高电子电器专业，在同 ·基础课程模块基础上，组合出音频、视频设备维修工，制冷、电热器具维修工及电子装配工等多工种的课程设置方案。（2）纵向组合方式。此方式应用于同专业不同层次培养目标。例如职高建筑施工专业在同一基础课程模块上，组合出培养施工技术员与建筑施工工人的不同课程设置方案。在课程综合化上，中等职业教育应注意以下几种情况：（1）由于行业界面渗透或变化而引起的整体课程设置综合化。如机电一体化、电子与电工行业相互渗透出现的电子电器专业。（2）学科间课程综合化，如机械专业中将"工程力学"、"金属材料与热处理"、"机械传动"等课程综合为一门《机械基础知识》。（3）理论与操作技能的课程综合化，如将电视机原理、安装与维修综合成以维修为主线的一门课程。（4）文化课与专业课间的课程综合化，如饭店服务专业中的基础英语与专业英语间的综合化。

四、中等职业教育教学方法与手段的改革

我国的中等职业教育虽然也有几十年的历史，但传统的教育观念以及几十年不变的课程与教材，使人们习惯于过去的教学方法和手段。以往的教学模式已经不完全适应素质教育的要求。因此，积极探索有利于复合型人才成长的新型教学方法和手段是当前中等职业教育教学改革的当务之急。

目前，中等职业教育教学方法在体系上还不完善，一是在新形势下教学改革中产生的大量新方法还没有被纳入中等职业教育教学方法的研究文献中；二是现有的教学方法对学生素质，特别是综合素质的培养重视不够，鼓励创新、激发创造性的教学方法也太少。大部分教学方法对教师教的要求具体明确，而对学生学的要求则可有可无，甚至不提及，缺乏"为学而教"的思想。这种对学法重视不够的做法一是不合乎现代教学方法变革的趋向；二是学生的作用发挥不够，教学的质量与效果就不能充分提高。

另外，最先进的教学方法是广泛引进和应用现代科学技术成果的方法，而我国现有的教学方法对现代化的科学技术的应用还不够充分。随着网络教育逐渐成为一种新型的重要教学手段，信息技术将融于教育的各个环节，成为教师教学、学生学习的必要手段。

为此，中等职业教育教学方法的改革应该以能力为基础，以学生学习和掌握职业技能为重心，以现代化教学手段为媒介，建立起个性化与具有综合包容性的职业教育教学方法体系。这要求我们做到以下几点：（1）在教学的主客体关系上，既要发挥教师的主导作用，又要发挥学生的主动性，重视调动教师和学生双方面的积极因素。（2）在对教学规律的认识上，既要研究教的规律，又要研究学的规律，充分利用两种规律的积极作用。21世纪的社会是终身教育的社会，包括中等职业教育在内的学校教育应该在给学生"鱼"的同时"授之以渔"，为学生奠定自我学习、自我发展的良好基础。（3）加强电化教学手段在中等职业教育中的应用。中等职业教育要想快速实现现代化，就必须在教学媒体和手段方面首先实现现代化。研究表明，利用多媒体学习，可以使学生学习的时间减少50%，记忆增长80%，学习费用下降50%。多媒体技术的运用不仅提供了有效的教学手段，而且成为推动教学改革的杠杆。[1]

五、中等职业教育教学评价的改革

教学评价改革是整个教学改革获得成功的重要保障。在我们转变教育观念，改革教学内容与方法之后，如果没有相应的评价改革作为配套措施，整个教学改革所作的努力也难以取得实效。

在中等职业教育以往的教学质量评价中，我们习惯于把学校决策管理层作为教学质量评价的主体，而把教师、学生仅仅作为

---

[1]　郭耀邦. 中等职业教育教学改革探析. 教育与职业，2001（5）.

评价的对象，至多也不过是通过召开教师、学生座谈会，或吸纳少数师生参加教学质量评价的信息收集活动，而评价结果的最终形成仍然由学校管理层决定，教师、学生并无多少发言权。这导致我们始终无法切实了解教学质量的实际情况，作出的评价意见也难免隔靴搔痒。另外，过去的教学质量评价还忽视了社会、用人单位的在评价中的作用，使中等职业教育的教学与社会需要相脱节，最终导致毕业生就业率低、毕业生适应能力差等现象。因此，这种评价方式不仅不利于中等职业教育的教学改革，而且还会从根本上削弱学校的竞争力和降低办学效益。

职业教育是开放性的、社会化的教育，职业学校的办学质量只有得到用人单位、学生与家长的认可，才有实际意义。在评价过程中社会的多方参与不仅能促进学校为社会经济发展和精神文明建设作出贡献，而且，在面向社会、面向家长、面向学生的评价中，可以不断提高中等职业教育的地位和学校的声誉。因此，在评价中等职业教育的教学质量时，应扩大评价主体的多样性，使多方主体积极参与其中。

在教学评价中，我们还应该树立"以评促改，以评促建，以评促发展"的观念，要认识到评价不是目的，而是教学和管理的重要手段。通过淡化评价的鉴别和选拔功能，形成评价自觉对照标准，改进工作的氛围，使评价产生较强的内驱力，引导学校和教师将主要精力投入到教学中来。

中等职业教育的教学评价应体现"以人为本"的精神，即坚持以适应社会发展的能力为基础，为学生终身学习奠定基础。对中等职业教育来说，就是要坚持以全面素质为基础，以职业能力为本位，通过因材施教的职业教育，使每一个学生都有展现自我的机会，都有成材的希望与可能。在具体方式上，可通过单元评价、综合评价以及学生自我评价等方法进行，最终形成与中等职业教育教学改革相适应的评价体系。

职业教育课程教学体系改革的
研究与探索

2006 级中职硕士计算机应用技术专业　陈　奇

摘　要： 针对我国职业技术教育教学体系改革的迫切需要，本文借鉴国外职业教育的一些先进成果，就如何改革传统的学科型的课程教学体系，构建以就业为导向、能力为本位的新型教学课程体系进行了探讨。

关键词： 职业教育　教学体系　模式　教学改革

由于历史和社会的原因，我国的职业教育直到今天仍然沿用着传统的教育模式，也就是前苏联的教育模式。这种教育模式是以知识为本位的（Knowledge Based Education，简称 KBE），它最基本的特征表现为以学科为基础，以知识为本位，严格实行按基础课、专业基础课、专业课的"三阶段教学"，提倡教学活动要以课堂为中心、教师为中心和书本为中心的"三个中心"。这种传统的以知识为本位的教育模式，其缺陷正日益突显出来，主要表现为：它忽视了对学生独立思考能力、创新能力等综合能力的培养，背离了职业技术教育的目标；它忽视了理论联系实际，只关注教科书而不去顺应社会现实；另外，教师往往只是理论型的"专家"，而不能成为操作型的"工程师"。这是一种封闭的、单向的课程教学体系。

当今社会，科学技术的发展一日千里，社会体制正在转型，全球化速度不断加快，知识经济日益崛起。面对这样一个充满变幻、不断进化的时代，职业教育作为与社会经济相连、相交的一项事业，很显然，这种以知识为本位的传统的教育模式，已经远远不能满足时代的要求，因此我们必须进行与时俱进的改革。

一、国外值得借鉴的先进的职业技术教育模式

国际上一些先进的职业教育模式，如德国的"双元制"、加拿大的 CBE 和澳大利亚的 TAFE，其理论和实践对于我国职业教育课程教学体系改革具有十分重要的借鉴意义。

1. CBE 模式

CBE 是 Competency-Based Education 的缩写，译成汉语应该是以能力为基础的教育。它起源于 20 世纪 70 年代。CBE 模式是一种以职业综合能力为基础，以胜任岗位要求为出发点的教学体系，是近年来国际上相当流行的一种教育思想，有布鲁姆、卡罗尔、凯勒等教育家的理论作为背景，它的个性化的教育方法，体现了西方的人文思想文化价值观，CBE 的主要特征有：（1）以职业能力作为进行教育的基础、培养目标和评价标准，通过职业分析确定所要学习的科目，按职业分析表所列的专项能力从易到难地安排教学和学习计划。（2）以学生个人能力为基础开展教学，学生原有能力，经考核给予承认，可缩短学习时间。（3）强调学生的自学和自评，老师是学习过程的管理者，帮助学生制订个性化的学习计划，学生对自己的学习负责，教师对学生起示范作用，对学生的自学自评进行考核评定。（4）教学上灵活多样，管理上严格科学。CBE 强调岗位需求和学生在学习过程中的主体作用，课程可以长短不一，学习方式全日、半日、业余等可以由学生决定，毕业时间也不要求一致。易于做到小批量、多品种、高质量。因此要有一套严格科学的管理，才能满足教学需要，发挥教育资源的作用。

CBE 中的能力是指综合的职业能力，包括四个方面：知识

（Knowledge）指与本职相关的知识领域；态度（Attitude）指动机、情感领域；经验（Experience）指活动领域；反馈（Feedback）指评价、评估领域。这四方面的要求都能达到就构成了一种专项能力，以一个学习模块的形式表现出来，6～8项专项能力构成一种综合能力，8～12项综合能力构成一种职业能力。

每项职业能力又被分解成6～30项非常具体的专项能力，分析结果以表格形式列出，被称为DACUM表，清楚而具体地说明了培养目标。

从上所述可以看出，CBE打破了传统的教育模式，做到以能力为本位，强调了必需、够用的专业知识，以就业为导向，市场作驱动。应该说，CBE教育模式代表了当今世界职业教育发展与变革的方向，对我国职业教育课程教学体系的改革具有很有价值的可借鉴之处。

2. TAFE模式

TAFE（技术与继续教育，Technical and Further Education 的简称）模式，是目前国际上流行的高职人才培养模式之一，是一种国家框架体系下以产业为推动力量的，政府、行业与学校相结合，以学生为中心进行灵活办学的，与中学和大学进行有效衔接的，相对独立的、多层次的综合性人才培养模式。它是近10年来在澳大利亚迅速兴起的一种全新的职业教育模式。

其核心是由澳大利亚国家培训局组织行业人士参与而开发出的"培训包"。每个"培训包"都包含了三个经过国家认证的要素：国家能力标准、考核指南和国家资格证书。

TAFE虽然是学院，但实际上学员80%的时间是在工作现场进行的工作本位学习，只有20%的时间是在TAFE进行的学校本位学习，它实际上也是一种新型的现代学徒制度。

它对教师有严格要求，专职教师每周安排一天、每月安排几天、每年安排一段时间离开学校到行业或企业内的专业岗位做实践，以保持与产业界的紧密联系。

它的课程内容涉及广泛，具有较强的针对性、实用性。无论学生的择业方向如何，或从业人员出于提高其专业技能的需要，都可以选择适合的课程进行学习。凡在全国开发的课程每5年全部修改一次，平时还有常规、短期和临时的修改，以便跟上技术发展的步伐。

课堂教学和实习是职业教育培训必不可少的两个环节。澳大利亚联邦政府及各州政府十分重视 TAFE 学院学习条件的改善与优化，投巨资建设实验室、实习工场，配备先进的仪器设备，并不断淘汰更新，以满足教学的需要。

二、我国职业教育课程教学体系改革的对策研究

在当今市场经济迅速发展的形势下，"适应就是质量，质量就是生命"。如何与社会经济、科技、就业市场和职业教育发展变化相适应地进行职业教育课程改革呢？

1. 构建以能力为中心的教学体系和实践教学体系，拓宽基础，注重实践，加强能力培养，提高综合素质

以能力培养为核心，必须突出课程体系的应用性，这是高职教育自身性质的必然要求。一方面，我们要强调课程内容的应用性，要以解决实际问题为中心，打破学科界限，使内容组织服从于所要解决的职业领域的问题；另一方面，要强调课程模式的实践性，要求在高职教育的实施过程中增加实践性教学环节的比重，使学生有机会将专业知识与职业技能结合起来，增强职业适应性；另外，以能力培养为核心，还应加强学生创业能力的培养，所以我们应在课程的设置和教学中，注重创业能力培养的渗透。

2. 构建开放性的教学体系

我国的职业教育是一个封闭性的教学体系，向开放性、综合

性发展是必然的选择。

世界各国的职业院校，都在打破学校与社会相隔绝的状态，实行在学校内部以及向社会、向国际开放。比如欧美许多国家的许多职业学院，在入学制度上对学生是完全开放的，任何人只要是中学毕业，都可以上这类学院。另外，这些学院还加强与校外学习机构的合作，相互设立各种可以累计、转移的学分制课程以及建立相互认可学习成绩的机制。再比如澳大利亚的一些 TAFE 学院是没有学位授予权的，于是它们一般与大学签订协议，在 TAFE 学院取得高级文凭后，学生就可直接进入大学中的相关专业修读一年取得学位。由于社会、用人单位越来越看中学生的实践能力，所以近年在澳大利亚竟出现了大学毕业生去 TAFE 学院修读职业资格证书的现象。

3. 重视实践教学，增加实践教学的学时比重

其实，如德国、美国、澳大利亚、瑞士等国家，之所以具有发达的职业教育，就在于他们突出了人才培养的技术性、技能性。因此，职业教育能不能准确把握这一定位，是其存在的基础和能否稳定发展的关键。

以澳大利亚阿得雷德学院为例，它明确规定了学生四个阶段的学习。学完第一阶段，便可取得三级资格证书；完成第二阶段后，还得加上 200 多个小时的行业实习，方能取得四级资格证书；完成第三阶段后，还得加上 600 多个小时的行业实习，才能取得文凭；完成第四阶段的学习，也得去行业实习 600 多个小时，才能取得高级文凭。

4. 打破学科系统，从市场需求出发，构建相对独立的教学内容

课程体系改革是教学改革的核心所在。我们不能片面地去追求学科的系统性，相反，要打破学科的系统性和完整性，构建相对独立的教学内容与教学单元。

在课程设置的时候，应努力明确学生未来的岗位和岗位职责，根据岗位职责，确定各岗位上具体工作任务是什么，再根据工作任务，明确要完成工作任务的程序和标准，最后来确定相关课程的设置，形成若干个课程模块，以专题的形式和学生一起共同完成每次课的教学。而不是事先给学生一本本厚厚的教科书，生搬硬套"从第几章第几节第几小节"的授课方式来进行"黑板上种田"，既枯燥又无味，在没学之前就把学生吓怕了，最后即使学会也很可能是样样通，却又是样样松。

5. 师资队伍建设是课程教学体系改革得以顺利开展的重要保证

技能的确定、大纲的制定、教材的编写都离不开教师。一支高质量的师资队伍，是课程教学改革的重要保证。但在我国职业技术教育领域，目前过于重视高学历、高职称，这是一股不良之风，这对于建立一支"双师型"的师资队伍，是极为不利的。

澳大利亚对教师的任职资格有着严格的要求，它更看重的是行业经验，其次才是学历。一个人要想在 TAFE 学院获得教师职位，首先必须具备与所教授课程相对应的五年同行业的工作经验，其次才是相应的证书。而且，行业经验具有一票否决权。

在我国现阶段，虽然要实现这种教师的聘请制度还不可能。但建议政府应出台相应政策，各院校也要积极引导专业教师由片面追求高学历转向努力提高自己的行业经验和技能上来。

参考文献：

1. 石伟平. 比较职业技术教育. 上海：华东师范大学出版社，2001.

2. 张华. 课程与教学论. 上海：上海教育出版社，2000.

3. 赵志群. 职业教育与培训学习新概念. 北京：科学出版社，2003.

4. 秦虹．职业教育课程改革理念与实施策略研究．中国高职高专网。

5. 杨利军．探析"以学生为中心"的课程教学体系改革．教育与职业．

中等职业教育教学质量
探析与改革设想

云南省旅游学校电子教研室　董　毅

摘　要：本文以中等职业教育毕业生现状分析入手，论述了职业教育传统的教学目标、教学模式和教师素质三方面难以适应当前社会对中等职业教育所提出的要求，进而提出对以上三个方面的改革设想。

关键词：教学目标　教学模式　教学方法　行为导向法　教师素质

教育部对中等职业学校教育目标是培养数以亿计的生产、服务第一线的高素质劳动者和实用人才。衡量这些人才的标准不能只看其文化基础知识、成绩的好坏，更要看他们的综合职业能力。单从培养受教育者的专业技能、钻研精神、实践精神、创新精神和创业能力上来看，当前中职教育难以达到社会对毕业生的要求，其中的主要原因有：

（1）教学过程跟不上社会新技术发展步伐。

（2）近几年学生素质下降，表现为学生文化素质、心理素质、交往素质、审美素质以及劳动素质、思想品德等各个方面都很差，10%的学生无心向学。

（3）实验室、实训基地建设经费严重不足，教学实验、实训设备陈旧缺乏。

分析当前中职毕业生的现状可以看出，经过三年的中职教育，大部分学生都能达到一定程度的综合素质，学生能吃苦，愿意从底层干起，但按照教育部所提出的教育目标来看，专业技能、职业岗位能力等仍然难以满足要求。特别是一些技术性强的专业，毕业生基本操作技能和对现代技术知识的掌握存在着很大不足，专业对口就业的学生需要花两三年的时间来进行重新培养，很大一部分的学生则是专业不对口就业，转而从事一些相对简单的行业。普通中专教学存在专业口径窄、技术类课程多而实践教学薄弱等现象，概括起来就是"过于专业化、理论化"，难以培养具有综合能力和全面素质、"可持续发展"的高素质劳动者和中初级专门人才。这些现象说明了在中等职业学校内部，学校的教育教学质量还没有达到标准，当前的中职学校普遍存在只要将学生招进来，按照既定的教学计划完成相应的教学内容，学生在校期间不出事，毕业以后找到一份工作，就表示中等职业教育完成了的观念，没有达到教育的质量化和教学管理的合理化，中等职业教育要想达到教育部的要求总体来讲还需要很长的时间。

从教学的角度上来说提高中等职业学校教学质量需从三个方面进行改进：

一、教学目标的制定

现行中等职业教育已经有了一套相应的教学管理制度，表面上这套制度是正确的，但一执行就会发现存在着这样那样的问题，教学管理制度的科学性、可操作性很差。主要原因在于制度的建立并没有围绕一个明确的教学目标进行，中职教育仍然是在闭门教学。重新制定明确、合理的教学目标已经成为中等职业教育当前首要之事。要制定合理的教学目标就必须从对用人单位调查入手，了解当前技术发展的现状，以及对学生的技能和素质的要求。例如：通过对电子技术行业的调查，我们发现用人单位首先对学生的专业基础知识，比如电路基础、电子线路，计算机的组装和综合布线等一类课程要求较高，学生要能完成简单电路的制作，能够独立解决一些简单问题，具备基本设计能力，有一定的自学能力以及和别人进行沟通的能力，而且技术要求不再是单一的，而是多种技术的融合，学生需要掌握的有电子技术、计算机技术和通信技术等方面的知识。这反映了学校的教育目标必须以社会对毕业生的要求来决定，要了解各个行业的技术现状以及分析毕业生所从事的工作岗位，了解职业岗位的能力要求，以此为基础来制定各专业的总体教学目标，并且应根据当前的技术特点配置相应的课程。教学目标的制定是系统性的，包括专业目标、课程目标和课时教学目标三个内容。专业目标是学生完成所学专业的全部课程要达到的目标，包括了基本理论知识的要求、专业所要达到的技能，以及相应的综合素质；课程目标是对专业目标的分解和具体化，即完成一门课程需要达到的标准；课时目标是每一堂课所要达到的要求。教学目标使学生明白应该学些什么，如何去学，学完之后应该如何去利用你所学的知识，其中实践性教学目标的确定在中职教育中显得更加重要。实践性教学在校内包括了试验、生产实习和教学实习，现行情况来看大多数实践性教学都是按照教学计划的时间安排，设定相应实习的内容，以教师带试验，学生上交实习成绩就完事，根本达不到实习的要求。制定新的实践性教学的目标是为体现学生对所学知识的综合应用，其目的主要是为了使学生获得相应的技能，培养学生的岗位素质，使其具备一定的设计能力和具有相互合作的能力。

二、引入先进的教学模式和教学方法

只有正确的教学目标，并不能说就可以取得良好的效果，还需要有相应的教学模式。当前大多数学校的教学模式依然是传统的教学模式，课程设置贪多求全、偏深偏难的情况还存在，不能够与中等职业学校生源的文化基础知识状况相适应，而且受教学设施等教学条件的制约。如：一般安排理论课集中在前几周讲解，实践集中在后几周操作，理论与实践没能有机地结合起来。那么，学生在知识的接受方面有点显得前后脱节，在进行实习或实验时，学生对前面所学的理论知识已经模糊甚至遗忘，这直接导致其动手能力偏差，既对理论知识不理解，又对实习、实验不感兴趣。再者，课堂教学大多数还是采取"教师单向灌输知识、学生被动接受知识"的教学方法，学生的学习主体地位并没有很好地体现出来。长期被动学习的习惯使学生很自然地养成了依赖顺从的思维，不愿也不会提出问题，丧失了主动学习知识的意识。因此，在实际教学中，绝大多数问题只能由教师"包办"出来，教师多数是以课前设计好的问题提问学生，学生的思维也总是跟着教师的思维走，学生的主观能动性、创造性不能得到发挥。传统教学模式不利于学生成为学习的主体，严重地制约着学生创新精神的发展。虽然近几年的教学采用了多媒体技术，特别是 CAI 的应用，只需轻松一点鼠标，美观整齐的图画和文字资料便可显示在学生眼前，既节省了教师的板书时间，又加深了学生的感官印象，但教学中却减少了手势、音调、表情等重要的教学信息交流，师生之间不能达到有机融合，教师变成单纯的操作员和简单的解说员，其教学地位由主导变为从属。改革当前的教学模式可以引入行为导向法。所谓行为导向法是把学生从传统的教学模式中解放出来，通过任务驱动、精讲多练、课件演示、自学指导、角色扮演、知识竞赛等方法，使学生实现由传统的接受式学习转变为创造性学习，教师由主导教学的组织领导者转变为教学活动的引导者和主持人，激发学生的学习兴趣，提高其职业能力。例如在课堂教学中可以应用任务驱动法以及相应的课件演示，引导学生把理论知识应用到技能训练中，通过实例、案例的分析和研究，达到为今后职业作准备的目的。而在教学实习和生产实习中可以应用项目教学法、自学指导法、角色扮演法等，让学生自由分组、合作，在教师的指导下共同实施某个项目。小组成员间团结、协作，师生关系发生根本的变化，教师是指导者、协调者，整个教学活动学生都处于积极参与状态，而不是被动地接收。在分析和研究过程中，学习者自己提出问题、解决问题，从而培养独立分析问题和解决问题的能力。

三、提高中等职业教育教师的素质

采用先进教学方法的关键因素在于教师的素质，当前中等职业专业教师的职业教育理论知识和教学方法明显欠缺。从专业教师业务素质现状上看，缺乏对职业教育的对象、培养目标、教学内容、教学方法等的规律性认识。从教学艺术及方法来看，职校教师的教学观念还停留于以往的硬性灌输层面，并未从教学艺术的高度把握学生心理，改善教学方法。从教师的实践技能看，教师在整体上实践经验不足、实际操作能力差、指导学生技能训练的能力有限。所以，我们要求中等职业学校专业教师应具有如下素质：

1. 综合性教育素质特征

专业课教师既要有良好的文化基础知识和专业理论知识，又要有较好的专业技术技能和职业意识，即复合型知识结构特点。在他们自身的知识结构体系中，理论与实践已潜移默化地融为一体。

2. 理论联系实际的教学素质特征

理论联系实际，是职业教育教学原则的基本内容之一，必须贯彻于教学的各种组织形式和要素中，尤其对教学起引导作用的教材建设中。针对实际问题展开理论分析、举例实际现象来佐证理论分析，是专业课教师的思维习惯。在讲授同一个问题时，专业课教师在侧重点的选择上、在概念的解释及事例引用上，要结合实际应用。

3. 关注新技术与新知识发展的职业素质特征

长期的岗位工作实践，培养了专业课教师对职业的情感与信念，决定了他们对新知识与新技术在自己特长领域应用水平的高度关注，关注职业教育的发展动态。

4. 适应学生知能发展规律的情感体验特征

职业知能教育，是职业教育的核心，各项教学要素的制定必须符合学生知能发展规律。

提高当前中等职业教师素质可以从三个方面入手：

1. 建立健全多层次、多渠道的师资培训体系

从教师培训的层次上看，应在进行专业素质培训的同时，强调教师的专业相关知识、职业教育理论知识、教学方法等的培训，在进行理论素质培训的同时，强调实践技能的培训；从教师培训的渠道上看，不仅有对口的师资培训基地和高等院校，还应该包括相关的企业、实习场所，甚至包括召开的学科前沿会议等。通过对教师多层次、多渠道的培训，可以极大地提高他们的综合业务素质。

2. 采取多种形式的教师激励措施

人的需要有多个层面，依据教师各个层面的不同要求，可以采取多种形式的教师激励措施，提高教师业务素质。从物质需要的层面看，可通过增发工资、补助、奖金等方式，促使教师不断提高自身的理论及实践技能。从精神需要的层面看，应当提高业务素质高的教师在学校乃至社会上的地位，给予他们一定的荣誉，改善他们的工作环境，以激励教师不断完善、提高自己。

3. 积极推进产教结合，强化教师的实践技能

产教结合能够有效促进中等职业学校教师综合业务素质的提高。企业能够为教师提供实践场所，使其熟悉生产第一线的情况，提高实践技能；教师可以承担企业的应用型研究课题，从而

不断更新知识，深化理论认识，提高理论素养。研究成果应用于生产实践获得的经济效益和社会效益，又能够极大激发教师的创造性，使其获得自身的全面进步。因此，推进产教结合，不仅有利于企业的发展，而且有利于教师业务素质的真正提高。

总体上来看，社会对中等职业教育毕业生需求量很大，90%以上的学生能够就业，中等职业教育的发展有着广阔的前景。提高教学质量，是中职教育中一个重要的环节，但质量的提高依靠教学设施的完备，特别是实验室、实训基地的硬件建设，"巧妇难为无米之炊"，只有解决硬件问题，才能有"教学软件"的实施。

参考文献：

1. 彭立梅．论中等职业教育的现状与改革方向．中国电力教育，2005，（21）．

2. 张世玉．行为导向教学法在电工学课程教学中的应用．中国轻工教育，2006，（03）．

3. 黄尧．深化职业教育教学改革全面推进素质教育——在全国中等职业教育教学改革工作会议上的报告（摘要）．中国成人教育，1999，（10）．

4. 教育部 2007 年第一次例行新闻发布会散发材料之二："十一五"期间中央财政投入 5 亿专项资金支持中等职业教育教师队伍建设——教育部财政部启动中等职业学校教师素质提高计划．

5. 庄志镐．动作技能训练中的"优化组合"．职业技术教育，2000，（4）．

6. 郭耀邦．《中等职业教育教学的现状、问题及对策》研究报告之三：中等职业教育教学改革探析．教育与职业，2001，（3）．

关于高校公共选修课质量及其影响因素的调查与研究

云南省经济管理学校　赵宗泽

高校公共选修课是指面向全校学生开设的以人文素质与科学素质教育为核心的综合素质类教育课程。开设公选课的目的是为了拓宽学生的知识面，增强学生的文化底蕴，培养学生的多种技能，以提高学生的综合素质，增强适应社会发展要求的能力。

商学院自公选课开设以来，深受教师和学生的欢迎，并且已有较大的发展。公选课类别包括：人文社科类、自然科学类、艺术修养类、师范教育类。要求学生修 16 学分的公选课，且不得修与本专业相同的课程。为了解我院院级公选课的现状，发现问题并为今后的改革作调查，教务处于 2006 年 12 月利用教务系统组织了一次覆盖面很大的网络调查。下面将这次调查的情况做一些介绍，并就改进和完善公选课选课制及如何提高选修课的质量做一些探究。

一、学生对选修课的总体评价

本次调查共有 4 030 位学生参与投票。学生使用学号和学籍密码进行投票，结果如下所示：

表1　　　　　　　　　　　总体质量

总体质量	很　高	较　高	一　般	较　差	很　差
百分比	9.29%	36.38%	50.69%	3.2%	0.45%

表2   满意度

满意度	非常满意	满意	一般	不满意	非常不满意
百分比	8.41%	50.64%	37.80%	2.7%	0.45%

表3   课堂气氛和兴趣激发

课堂气氛和兴趣激发	好	一般	差
百分比	20.82%	68.71%	10.46%

表1中学生认为选修课总体质量很高、较高、一般的分别约为9%、36%、51%，认为较差和很差的分别为3.2%、0.45%；学生对院级公选课的满意度非常满意、满意、一般的分别占8.41%、50.64%、37.80%，认为不满意和非常不满意的占2.7%、0.45%；对选修课课堂气氛和兴趣激发认为较好和一般的分别为：20.82%、68.71%，认为差的为10.46%。由此可见，学生对公选课总体质量是认可的。

二、影响选修课质量的主要因素

首先，"教"方面的因素：

1. 教学方法

从表2对选修课不满意的原因的问卷结果来看，首要的问题是教学内容偏难（44.74%），其次是教学内容偏易（27.78%）和教学方法不当（27.65%）。

2. 教学态度

教师对选修课质量的影响，除了学识和教学方法之外，一个很重要的因素就是教师的教学态度。在表4中55.38%的同学认为多数教师严格。虽然在表2中44.74%的同学认为教学内容偏难，但在表5中却有55.38%的同学认为容易得高分。这说明任课教师对学生的分数的评定不像必修课那样严格。

表4　　　　　　　　　　　教师对选修课管理

教师对选修课管理	都很严格	多数教师严格	少数教师严格	都不严格
百分比	11.79%	55.38%	31.14%	1.7%

表5　　　　　　　　　　　选修课得分情况

选修课得分情况	全部易得高分	多数易得高分	少数易得高分
百分比	11.93%	55.69%	32.38%

3. 学生对选课制的认识程度

表6　　　　　　　　　　学生对选课制的认识程度

了解程度	非常了解	基本了解	不太了解	完全不了解
百分比	5.96%	62.03%	29.38%	2.62%

　　学生对选课制的了解程度，从数据上显示，有62.03%的学生认为了解选课制，但事实并非如此。从表7可见，学生在选课时优先考虑的因素是个人的兴趣和爱好（41.23%）及根据专业需要（28.22%），反映了学生对选修课的真正认知水平。

　　其次，"学"方面的因素：

表 7   学生选课的考虑因素

学生选课考虑的因素	百分比
根据个人兴趣和爱好	41.44%
根据专业需要	28.32%
根据就业需要	17.86%
根据学分易得情况	7.97%
根据家长意见	2.28%
根据导师（班主任）意见	0.57%
根据往届学生的意见	0.67%
根据试听的情况	0.20%
其他	0.69%

从表 7 中可以看出，41.44% 的学生选课时考虑的第一因素是个人的兴趣和爱好，这说明，选修课能否引起学生的兴趣是关键。由于公选课的特殊性，不能引起学生兴趣的课程，很难激发学生的学习积极性，也收不到很好的教学效果，也不可能得到学生的好评。

另外，还有 28.32% 的学生根据专业需要，17.86% 的学生根据就业需要来选课。从表 7 的总体分析可以看出，学生在选课时没有充分重视专业知识结构需求，而把兴趣放在第一位，随意性较大，所学知识比较零散，可能不太合理，应有导师（或班主任）给予指导为好。然而，事实并非如此，学生将导师（或班主任）的意见作为选课因素的仅占 0.57%。

还有，学生对某门课程的兴趣也是不稳定的，如果凭兴趣选修的课程考试不及格，他们的兴趣也会转向其他课程。

表 8   选修课补考不及格后的选择

选修课补考不及格后的选择	重修该门课程	选修其他课程	视情况而定
百分比	19.05%	29.74%	52.21%

三、选修课存在的问题

1. 管理制度不完善

一方面学生选课比较盲目，对公选课程的性质、内容和特点等了解不够。热门的课程、容易得到学分的课程，如文史类、艺术类、体育类等课程，人满为患。而自然科学方面的以及难度大的课程（如：统筹学初步等），即使需要，学生也不一定选，以至选课人数较少，违背了开设公选课的初衷。另一方面考试考核不严，造成公选课学分易"混"的错觉，而一些要求较严、难"混"学分的课程则"无人问津"。另外，课程考核方式（开卷、闭卷、考试、考查）也在一定程度上影响学生的选课。学生对所学的课程认为能拿到学分就行，偏离了学分制的本义，严重地影响了学分制的效率。

2. 教学质量难以监控

公选课不在教学计划之列，教师开公选课的积极性、主动性不够，教师队伍不稳定，有的课开过一轮后，便因种种原因停开，没有连续性；部分教师对公选课不够重视，也缺乏明确的教学目标和教学进度，对课堂纪律要求不严，加之因学时较少而过分削减教学内容；公选课一般都安排在晚上和休息日，致使公选课难以管理；公选课学时少，大部分课程难以找到一本合适的统编教材；公选课具有课程灵活、不断更新变化的特点，这些因素使教学质量监控难度增加，对各门课的教学效果及课程评价都难以做出规范的要求。

3. 课程设置不够全面

课程的种类和数量偏少，使学生的选课受限制。为了体现学校的办学特色和实施素质教育，按照培养计划规定，每个学生必须选修一定学分的公选课。但实际操作中，公选课开课总量不足，且不均衡，学生选课的余地不大。一些学生想选的课，由于教师和选课学生数量的限制，没法开设；有的课程专业性过强，适应面较窄；有的课程内容陈旧，激发不起学生的兴趣。这样不利于学生知识面的拓展，不能真正发挥公选课的特色和优势。

四、提高选修课质量的措施

从调查中发现，学生对选修课的满意度约为59%，究其原因，主要是在思想认识上，即无论是教学管理层还是学生和老师都对选修课存在认识上的误区，对选修课作用、地位认识不足，或多或少地存在重必修课、轻选修课的现象。

（1）学生方面，主要是把选修课看做是凑足学分的途径。他们最关心的是期末考试是否容易通过，能否顺利获取学分，而不是关心所选课程本身和课程与自己整体素质提升的关系。

（2）教师方面，一方面认为选修课水平较低，不同于基础课、主干课，只愿意上必修课，不愿意上选修课；另一方面，只把选修课看成是学生的业余爱好，认为课堂的气氛轻松，欣赏性较强即可，因而虽然乐意开课，但开出的课程水平较低，对教学环节要求不严，达不到公选课教学的目的。

（3）管理方面，主要在于对选修课是扩大学生知识面的任选课认识不到位，系、院对开设选修课的教师资格和教学内容把关不严，有的甚至片面追求开课的数量，不注重质量，因而导致公选课成为"任开课"，导致有的课程内容达不到大学课程的要求，却也堂而皇之地登上了大学的讲台。

因此，要提高选修课的质量，无论管理部门还是师生，都必须树立对选修课的正确认识，提高对选修课地位和质量的认识，增强选修课的质量意识。应当进一步明确，凡是学校批准的教师开设的选修课及学生已选定的选修课，其本质含义与必修课没有差别，不能对必修课和选修课的学分区别对待。

五、提高选修课质量的建议

1. 提高思想认识，优化课程体系

公选课要发挥素质教育的功能，其课程开设必须走出自发性，体现科学性和规范性。可通过组织专家小组对公选课开设的目的、要求、体系等进行认真的调查研究，明确开设公选课的目的，提高教师和学生对开设公选课重要性的认识，明确公选课在人才培养中的重要作用。进而言之，可根据学校各专业特点及人才培养模式，在全面考虑各专业教学计划总体构成的基础上，对公选课课程体系进行认真的规划，比如按学科相近的原则，将公选课划分为人文社科类、自然科学类、商务管理类、艺术修养类等几大类。此外还要建设一批有关新兴学科、边缘学科、交叉学科、综合学科等方面的公选课。为避免学生选课时的盲目性，应规定学生分散在不同类别的课程群组中选修若干门公选课。

2. 加强课程建设，深化教学改革

公选课是对原有课程体系的重要补充和完善，公选课课程应纳入学校的整个课程体系改革与建设中。要开设一批具有各学科优势和特色的公选课程，探索一套符合当前高等教育改革趋势，加强素质教育的系列公选课，并针对公选课的诸多特点，在组织教学和提高教学质量方面探索出有效的措施和方法，真正提高学生的科学文化素质，改变学生狭窄的知识结构、单一的思维方式，培养学生的求真务实、探索创新的科学、理性精神。为达到加强公选课课程系列的研究与建设的目的，每一类课要委托教学

负责人，并依托各相关教研室的师资力量，深入基层了解学生的需要，并结合学校、学科、专业的实际，建设起各具特色的不同门类的公选课，其中重点建设核心选修课，培养一支较稳定的教师队伍，以满足不同学生选课的要求。

3. 完善审批程序，保证教学质量

加强对公选课的审核。学校在教师资格、教学内容、教学方法、考核方法等方面都要有明确的规定，形成规范。各系（教研室）、主管部门对教师的开课能力，所开公选课的教学内容、方法、教材等要严格把关。学校应有相应的激励机制和政策保障，鼓励教师争开公选课，可根据公选课的教学工作量给予一定的教师编制，建立全职和兼职结合的教师队伍，扩大并增强现有的师资力量。同时在公选课中引入优胜劣汰竞争机制，淘汰那些内容陈旧、教学质量差的课，奖励那些教学质量好的教师，鼓励学科带头人、骨干教师、教授带头开设公选课，特别是文理渗透、创新型的公选课，以提高公选课的教学质量。

4. 加强选课指导，明确选课目的

现代教育学强调学生是学习的主体。大学生具有很强的自我学习和发现学习的能力。但也有不少人在自主、自立方面比较薄弱，学习主要还是接受型的，不能客观、全面地了解自己的知识需求和知识结构，选课时仅凭一时兴趣和主观臆测，盲目性很大。所以要由有丰富教学经验的教师或班主任担任引导，认真分析学习现状，指导学生选课，引导学生主动学习，独立钻研，全面发展，真正帮助学生学有所得，提高自身素质和能力。公选课不仅是进行素质教育的主阵地和教书育人的有效渠道，而且其所占比例和地位的逐渐提高是大学教育的必然发展方向。

由此可见，大学要提高选修课的质量，不仅要重视解决认识层面的问题，而且还必须加大课程建设投入，提供物质层面的支持。建立符合学校人才培养方案的公选课体系刻不容缓。

参考文献:

1. 申凤君，杨芸，申凤玲．高校公选课存在的问题和对策．成都理工大学学报：社会科学版，2006，14（3）.

2. 丁明珠，郭菊英．公选课改革初探．漳州师范学院学报：哲学社会科学版，2004，（1）.

3. 张景莉，关于开设好公共选修课的思考．素质教育，2003，（12）.

4. 石鲁珍，杨可晗．浅谈公选课在大学素质教育中的重要意义．科技信息基础理论研讨，2006，（3）.

衔接手段与语篇类型

2005 级旅游管理专业中职研究生班　时　敏　李卓蔚

摘　要：衔接手段在语篇构建中起着重要作用。它不仅是深刻理解语篇的重要手段，同时也是有效创造语篇的基础。理论上认为衔接手段与语篇类型有密切关系。本文欲通过对六类语篇的分析来证明衔接手段与语篇类型之间的关系，即正式的语篇中衔接手段用得较多，而带有明显口语色彩的衔接手段用得较少，反之亦然。文中将衔接手段分为五类：照应、省略、替代、连接和词汇衔接。

关键词：语篇类型　衔接手段　正式程度　口语色彩

一、引　言

衔接（cohesion）是语篇研究领域中的一个重要概念。对于它的定义，语言学界存在不同的表述。Halliday（1976：4）认为，衔接是一个语义概念，指语篇语言成分之间的语义联系，当一个成分依赖另一个成分得以解释时便产生了衔接。Hoey（1991：3）认为，衔接是一种方式，在这种方式里，一句话中的某些词或某些语法特点能使该句与语篇中其他成分发生联系。Quirk 等（1985：1423）认为，衔接是语篇中句子间语义和语用关系的正式语言实现。Halliday & Hasan（1976）进一步指出，衔接不仅是一种语义概念，也是意义上的一种关联。文章的连贯性与其中衔接手段的多少直接相关（Hasan，1984）。在 Halliday & Hasan 看来，衔接机制是实现语篇连贯的重要条件。衔接具有很强的实用性和实践性。简单地说，其作用是把语篇中的一个个句子以一条条语义关系联系起来，从而组成一个相互联系的整体，而不是一个个单独的句子的堆砌。语篇正是通过衔接手段（cohesive devices）才实现了它的连贯性（coherent）。

　　Halliday 把衔接的手段分为照应（reference）、省略（ellipsis）、替代（substitution）、连接（conjunction）和词汇衔接（lexical cohesion）。本文欲探讨衔接手段与语篇类型之间的关系，语篇越正式，正式的衔接手段用得越多，而带有明显口语色彩的衔接手段用得越少，反之亦然。

二、讨论衔接手段在各类语篇中的使用

　　照应指用代词等语法手段来表示语义关系，主要有人称照应（personal reference）、指示照应（demonstrative reference）、比较照应（comparative reference），另外还有外照应（exdophora）、内照应（endophora）。人称照应是通过人称代词，包括代词主格和宾格（you，she，her，them 等）、所属限定词（your，his，its，their 等）和所属代词（mine，yours，theirs 等）来实现的；指示照应指说话人通过指明事物在时间和空间上的远近来确定所指对象，主要由定冠词（the）、指示代词（this，that，these，those）和指示副词（here，there 等）来体现；比较照应指通过形容词和副词的比较级等形式以及其他一些有比较意义的词语（same，identical，such，equal，different，otherwise 等）表示照应关系；外照应不是狭义地指第一次用某词或词组来指向外界的某样东西，它是广义地指语篇以外的语义关系；内照应指的是语篇中某个成分的参照点存在于语篇中，它所指的对象位于上文中或者说它所指的对象出现过。

替代（substitution）指的是用替代形式（pro-form）去替代上下文中所出现的词语。使用替代既是为了避免重复，也是为了连接上下文。替代主要有名词性替代（nominal substitution）、动词性替代（verbal substitution）、分句型替代（clausal substitution）。

省略（ellipsis）的使用也是为了避免重复，突出主要信息，衔接上下文。省略可看做是一种特殊的替代——零替代（substitution by zero）。一个句子中的省略成分通常都可以从上下文中找到。这样，一个句子给另一个句子的理解提供依据，就是它们之间形成了连接关系。所以，在语篇分析中，省略在句子之间所起的纽带作用是不可忽略的。省略也可分为三类：名词性省略（nominal ellipsis）、动词性省略（verbal ellipsis）和小句省略（clausal ellipsis）。

连接指连接成分凭借其自身的意义使语篇建立句子间的语义联系。Halliday 和 Hasan（1976）把连接分为添加（additive）、转折（adversative）、因果（causal）和时间（temporal）。

词汇衔接指语篇中使用一些相互之间存在意义联系的词语，从而建立一个贯穿语篇的语义链条，保证语篇的连贯性。词汇衔接与语篇的连贯紧密相关，词汇衔接链能确定语篇的题眼，推导语篇主旨。词汇衔接分为重复（repetition）、同义/反义（synonymy/antonymy）、上下义（hyponymy and meronymy）和词汇搭配（collocation）。语篇中的搭配关系是指语篇中的词汇共同出现的倾向性，它包括篇章中所有的与语义相关联的语项。

为了证实语篇类型与各类衔接手段之间的关系，笔者找了 5 种不同类型的语篇即科技英语、法律英语、新闻英语、英语小说、英语互联网聊天，分别统计出各语篇中运用衔接手段的频率和类型，最后算出 5 种衔接手段在其中运用的比例。

在科技英语中，衔接对于一篇文章能否传递信息起着重要的作用。由于文体的不同，科技文章中的衔接也与一般的文体有所差别。对此，笔者选用了 10 篇科技英语的语料进行统计。在科技英语中，人称照应的衔接手段用得较多，尤其是 it 和 they 的运用。另外，在科技文章中，省略用得比一般文体要少一些，比口语中用得更少，笔者认为少用的目的就是为了清楚表达，因为科技文章涉及一些专业性的表达方法。替代与省略是紧密联系的，两者都是通过句法来体现语义关系，相比较而言，运用替代手段使语篇显得更正式一些。连接是通过连接成分体现语篇中的种种逻辑关系的手段。连接成分往往是一些过渡性的词语，表示因果、条件等逻辑上的联系。在科技英语中，连接的逻辑性很强，所以连接手段的使用相对频繁。在科技英语中，除了通过以上的语义衔接来达到语篇紧凑的效果之外，还可以使用词汇来体现语篇词义的联系，常用的方法是重复关键的词语。重复在科技英语中用得很多，目的是为了突出重要的事物，所以重复和搭配的衔接手段也运用得比较多。经统计，所选 10 篇科技英语的语料共包含 80 个小句，5 类衔接手段的使用频率在其中所占比例如下：

衔接手段	照应手段	替代手段	省略手段	连接手段	词汇衔接
使用次数	421	12	3	40	101
使用频率	5.26	0.15	0.03	0.50	1.26

※使用次数指在参与统计的 80 个小句中各手段分别使用的次数
※使用频率指平均每个小句使用各手段的次数

　　法律英语中，衔接手段的运用也是不可忽视的，它和科技英语相比，在衔接手段的运用上二者具有一定程度的相似，主要原因是它们都属于比较正式的一类文体，笔者也选用了 10 篇法律英语的语料作同上的分析，这10篇语料共包含60个小句：

衔接手段	照应手段	替代手段	省略手段	连接手段	词汇衔接
使用次数	300	2	2	33	79
使用频率	5.00	0.03	0.03	0.55	1.32

比较而言，在新闻英语中，替代手段和省略手段的运用显得要频繁些，因为新闻的目的是快速准确地向大众传播信息，因此句子结构无须非常工整和严密，逻辑性也不及科技英语和法律英语所要求的严格。基于向大众传播信息的目的，新闻英语趋向于运用一些口语中运用较多的衔接手段。以下是根据笔者选用的10段新闻英语，对各衔接手段在其中使用频率的分析，共包含85个小句：

衔接手段	照应手段	替代手段	省略手段	连接手段	词汇衔接
使用次数	391	21	4	25	72
使用频率	4.6	0.25	0.04	0.29	0.85

英语小说中口语的色彩更加浓重，因为小说比较生活化，也是针对大众的一种文体，它所使用的衔接手段较正式的文体而言，替代手段和省略手段运用得比较频繁。笔者选用了10篇英语小说，共包含87个小句作同上的统计和比较：

衔接手段	照应手段	替代手段	省略手段	连接手段	词汇衔接
使用次数	320	19	21	17	17
使用频率	3.68	0.22	0.24	0.20	0.20

从语言学角度来看，网络聊天既是一种交际事件，也是一种语篇类型。它具有口语语篇的实时互动性，但这种实时互动性又是通过书面文字和符号实现的。笔者认为：网络聊天是口语体和书面语体的高度结合，它是网络时代的产物，既是网络文化兴起的重要标志之一，又是网络文化发展的必然结果。以下对互联网聊天分析的语料来自"www.icq.com"的"英语聊天室"，选用这个聊天室是因为该聊天室成员相对固定，并且基本来自英语国家。笔者于6月10日在该聊天室收集了约一个小时的语料，共包含450个小句，经统计，五类衔接手段在其中的使用频率比例如下：

衔接手段	照应手段	替代手段	省略手段	连接手段	词汇衔接
使用次数	670	131	240	80	676
使用频率	1.49	0.29	0.60	0.18	1.50

下列的数据是从笔者节选的5段生活对话中统计得出，其中一共包括90个小句：

衔接手段	照应手段	替代手段	省略手段	连接手段	词汇衔接
使用次数	89	29	28	14	14
使用频率	1.49	0.32	0.31	0.15	0.16

通过对以上统计的对比，我们发现随着语篇正式程度的降低，照应手段、连接手段和词汇衔接手段的使用逐渐减少，替代手段和省略手段的使用逐渐增多。这表明照应手段、连接手段和词汇衔接手段在正式的语篇中使用频率高，而替代手段和省略手

段多用于带有口语色彩的语篇。

照应手段、连接手段和词汇衔接手段常用于科技、法律等较正式的英语中，而不多用于小说及口语当中，这是因为较正式的语篇大多数涉及专业化的表达，所以要求逻辑严密，句子衔接紧密，力求把意思表达得清楚准确，照应、连接和词汇的衔接手段的频繁使用体现了专业语言的准确性和逻辑严谨性。因为它们可以减少语言在交际中产生的歧义，增加语言的清晰度和表现力，使读者较易于掌握作者的思路和意图，明了文章所要阐述的道理。

科技英语中较多地使用照应手段、连接手段和词汇衔接手段使语篇变得紧凑、不易产生歧义和造成混淆，并且增加了语篇的严肃性。例如：Plants characteristically synthesise complex organic substances from simple inorganic raw materials. In green plants, the energy of this process is sunlight. The plants can use this energy because they process the green pigment chlorophyll. Photo synthesis or "light synthesis" is a "self – feeding" or autotrophic process. 在这一段落中，plants, green, sunlight 等都是生物学科中的词汇。它们共同出现，容易让人比较清楚地认识语境，也使这段话成为一个连贯的语篇。在这个语篇中，照应手段运用了 14 次，包括内照应、外照应、人称照应、指示照应和比较照应；替代手段和省略手段都没有出现；连接手段运用了 2 次；词汇衔接手段运用了 3 次。这些衔接手段的运用使语篇中各句子紧密地连贯起来，形成一段逻辑严密、语义清晰、表达准确的语篇，实现了特定的交际目的。

三、结　语

语篇中的衔接手段和语篇类型有着千丝万缕的联系，以上分析仅是笔者认为的二者间的一个主要联系，其中难免有疏漏谬误之处，同时理论准备的不足和实践的困惑制约着更大范围和更深层次的探讨，有待进一步拓展和深入，这些均需在日后不断的学习中进行完善。需要指出的是，作为篇章语言学的一个重要理论，衔接手段的地位举足轻重，全面理解和正确运用衔接手段，并在不同的语篇类型中对衔接手段进行分析，能够帮助英语学习者更好地掌握和使用这门语言。

参考文献：

1. Thompson，Geoff. *Introducing Functional Grammar*. London：Edward Arnold，1996.

2. Halliday，M. A. K. *An Introduction to Functional Grammar*. London：Edward Arnold，1994.

3. Swales，J. M. *Genre Analysis*：*English in Academic and Research setting*. Cambridge University Press，1990.

4. 张梅岗. 科技英语修辞. 长沙：湖南科学技术出版社，1998.

5. 黄国文. 语篇分析概要. 长沙：湖南教育出版社，1988.

6. 胡壮麟. 语篇的衔接与连贯. 上海外语教育出版社，1994.

7. 胡壮麟，朱永生，张德禄. 系统功能语法导论. 长沙：湖南教育出版社，1989.

将健美操带进职业学校体育课堂

——职业学校开设健美操课的必要性探究

四川省宜宾商业职业中等专业学校　曾　燕

　　摘　要： 健美操具有体育的功能、艺术的功能和教育的功能，已经得到越来越多学校的认同。健美操具有高雅的艺术性、广泛的适应性、健身的安全性、轻快的节奏性，健美操运动形式适合于职校女生，满足了职校女生的需求。加强思想教育，树立正确的健康观、体育观；增强任教教师的岗位培训；引入多媒体教学手段和合理选配乐曲，提高教学效率；结合礼仪表演和参与社会实践，培养学生的创新意识和能力是职校开设健美操课的实践措施

　　关键词： 健美操　职业学校　必要性

　　健美操自 20 世纪 80 年代以来风靡全世界，它成为人们追求人体健美最常用的方法。健美操属体育的一个项目，是一种有意识、有组织的社会文化活动。它融体操、舞蹈、音乐于一体，通过徒手和结合健美器械的身体练习，达到健身、健美和健心的目的。同时，它的发展必然要以学校为基础、以社会为普及、以竞技为提高，朝着大众化、表演化和竞技化的方向发展。

　　现代职校学生受就业的压力以及生活环境等因素的影响，普遍表现出身体素质差、协调性差、明辨是非能力和审美能力不强，以及养成一些不良姿态等现象。传统体育课教学中的许多项

目内容陈旧、形式枯燥，已难以发挥其应有的作用，而健美操具有体育的功能、艺术的功能和教育的功能，已经得到越来越多学校的认同。因而职校开设健美操课很有其必要性。在此仅对健美操的特点、职业学校开设健美操课的必要性进行分析，并对教学的具体实施进行几点探讨：

一、健美操运动的特点

（1）高雅的艺术性。健美操是一项追求人体健与美的运动项目，其动作流畅、协调，使参与者不仅锻炼了身体，增强了体质，而且从"美"的造型中得到高雅的享受，提高了审美意识和艺术涵养，展现"健康、力量、优美"，这也正是人们热爱健美操运动的原因之一。

（2）广泛的适应性。健美操练习形式多样，运动量可大可小、容易控制，对场地器材的要求也不高。不同年龄、不同性别、不同身体素质、不同技术水平的人都适宜，都能从健美操练习中找到适合自己的方式，都能从健美操练习中得到乐趣。在时间上随时都可进行。

（3）健身的安全性。健美操运动量及运动节奏，都充分考虑了运动而产生一系列刺激结果的可行性，使之适合一般人的体质，甚至弱体质的都能承受。人们在平坦的地面上，在欢快的音乐声中，跟随快慢有序的节奏进行运动，十分安全，而且有效。

（4）轻快的节奏性。健美操运动具有轻快的节奏性特点，并通过音乐充分地表现出来，因此音乐是健美操运动不可缺少的组成部分。其节奏强劲有力、旋律优美，具有烘托气氛，激发人们情绪的效应。健美操运动之所以深受女生喜爱，除练习本身的功效性、动作的时代感外，很重要的因素之一是现代音乐给健美操带来了活力。健美操运动与音乐的节奏性使健美操练习更具有感染力，使健美操比赛和表演更具有观赏性。

二、健美操在职校开展的必要性分析

1. 健美操运动形式适合于职校女生

（1）从生理上分析：职校女生大多正处于青春期中期阶段，初、高中毕业后进入职校的女生的身体与男生的差异越来越大，男生是在不断增长肌肉，而女生是不断增长脂肪。因此，在跑、跳、投等运动能力方面，远远比不上男生的持久性、爆发性、耐力性强，这样无形中从心理上给女生在体育课上带来自卑感，总认为自己承受不了运动负荷或担心自己在运动中比不上别人，因此不愿参加体育活动，被动或者是消极地上课，从而导致恶性循环。女生又有一种很强的消极的自我暗示，特别是对展示自己技能的体育课，她们都是抑制自己，自我衡量着自己行不行，在学习过程中动作僵硬，思想放不开，极大地影响动作的发挥。同时她们还有很强的成就感，对待体育活动也要求有所成就，如果技不如人，不能正确看待问题，结果产生自卑心理，这些都会影响她们上体育课的积极性。

（2）从心理上分析：职校女生都很注重自己的体形美，参加体育活动都是有针对性的。健美操体育课的开设在很大程度上满足了女学生的心理需求，健美操同其他体育竞技项目相比不是很激烈，运动量可大可小，再加上美妙和谐的音乐，激发起女生青春期中枢神经系统的兴奋，使得参与意识增强。根据有关调查材料统计，女生感兴趣的体育项目，依序是健美操、乒乓球、羽毛球、游泳。健美操之所以排在第一，其最大的特点是融体操、舞蹈与音乐为一体，组成各种优美的动作，在不断的造型中展示"美"的姿势，这又很适合女生注重体形美的心理。在当前形式下，女学生同样感到竞争的残酷和精神压力的沉重，健美操自然是一剂舒心健体的良方，满足了她们增进健美、愉悦身心的双重要求。

2. 练健美操适应职校女生的需求

（1）增强女生的身体素质。健美操是形式多样的体育项目，不管哪种形式的健美操，它的动作都是健、力、美的表现。健美操动作有轻松自如、节奏缓慢、幅度较小的，还有节奏感强的起、跑、跳、波浪、转体等各种不同类型的动作。有时头部、肩部、胸部、腰、腹的动作比一般的舞蹈、体操的动作强度要大，有时要展现力量的均匀，这些都在无形中增强了学生的体质。一套健美操的运动时间为3分钟左右，学生按照音乐进行连贯性、持续性的运转，一套动作完成后往往汗流浃背，呼吸、脉搏加快，消耗了多余的脂肪和能量。经我们在学生完成一套健美操的动作后测试，一分钟脉搏可达到170次以上，可见运动量较强。经常进行健美操练习，可使身体匀称、健美，特别能表现女学生的体形美、气质美、曲线美，达到体育健身的目的。

（2）展现女生的高雅气质。爱美是人的天性，渴望在职场舞台上展现自己的职校学生们更是如此。健美操教学融健身、健心、健美为一体，对塑造体形美、姿态美具有不可取代的作用，健美操教学与训练正是通过塑造女生内心情感而达到外在姿态的高雅美，形成内在气质与外在美的协调统一。随机调查发现：乐于参加者或经过一段时间训练的学生，变得很乐观自信、活泼开朗、积极向上，充满青春朝气。她们敢于在大众面前展示身体的柔韧、灵敏协调的动作，这是那些没有经过系统训练的学生无法比拟的。健美操对职校学生的气质类型的确定具有影响力，其转化规律是向更适合于健美操本质特征所要求的气质类型转化。

（3）树立终身锻炼的信心。职校学生大多在中小学没有进行过健美操练习，加上女生不好动的特点，随着年龄的增大，学习任务的繁重，她们更无暇顾及体育锻炼。在其职业生涯起步后，内、外在的需求给予了学生一种新的感觉，无形中提高了学生锻炼的积极性和兴趣。通过对健美操的学习，从不会到会，使学生有了更多的自信，调节了枯燥乏味的生活，带给学生新的生气。学生们普遍感到健美操是在欢快、振奋的乐曲中进行的，心情舒畅，情绪愉快，练习也不感到很累，尽管大汗淋漓，但精力却更加充沛，全身焕发青春活力，有助于学生带着较好的心情投入学习当中。增强体质、塑造健美形体、全面发展身体素质、树立终身要参与体育锻炼的思想已成为学生的普遍认识。

三、开设健美操课的几点措施及体会

（1）加强思想教育，树立正确的健康观、体育观。对学生加强思想教育和体育科学知识教育，增强健康意识；充分发挥女生特长，帮助她们树立信心，使她们养成良好的锻炼身体的习惯，坚持经常性体育锻炼，增强体质。

（2）增强任教教师的岗位培训。教师的言行会直接影响学生的学习兴趣与动机。教师要严于律己，为人师表，公正准确，衣着整洁合体，示范动作熟练、优美，普通话流利，教学内容丰富，形式多样，不断地改进教学方法，激发学生的积极性，使学生在课堂中保持良好的心态，课堂气氛生动活泼，为学生提供良好的学习环境。

（3）引入多媒体教学手段和合理选配乐曲，提高教学效率。现代教学离不开多媒体，一首好的乐曲能激发人的喜、怒、哀、乐，当人们一听到自己喜欢或熟悉的歌曲就会情不自禁哼起来、舞起来。健美操是一种自然有韵律性的，融体育、音乐、舞蹈为一体的身体活动。所以，不管动作是否漂亮、潇洒，只要有一首好的乐曲伴奏总会使人流露出充满喜悦的情感，显得很有生命活力而尽情表现自我，因此要特别引入多媒体教学手段并注意选配音乐。一般开始部分选用节奏感强、有力、活泼、引人注意、令人兴奋的乐曲；过程中选用与教学内容相协调的乐曲；结束部分应当选配像沙滩流水、森林鸟鸣一样的轻音乐，使人能很快地放

松、调息、消除疲劳。此外，还可在教学中因地制宜地编排一套健美操（或韵律操），包括全身各关节、四肢、躯干、头部等部位的运动。

（4）结合礼仪表演和参与社会实践，培养学生的创新意识和能力。在开设健美操课程中可考虑结合礼仪表演和参与社会实践，进一步培养学生的创新意识和能力。如我校就积极采取了在学校举行的体育赛事中和文艺节目中选拔学生进行拉拉队表演和编排表演、参与对外交流活动中的礼仪迎宾和礼仪表演、成立健美操俱乐部进行课余时间训练等多种形式的社会实践。这些活动的结果是学生激发了兴趣，使学生收获了信心，还能活学活用自己创编的动作，在一定程度上增强了学生的创新意识和能力。

涓涓细流，沁人心田，将健美操带进职校课堂，符合现代体育思想，是新形势下体育与健康教学改革的一个方面。而在健美操教学中可"发掘"和"开采"的内容还有待更进一步探索！

如何在体育教学中渗透德育教育

曾　燕

摘　要： 本文指出在体育教学中渗透德育教育的研究和实践已成为当今新形势下体育教学中的一个重要课题，对在体育教学中渗透德育教育的内涵和体育教学中德育教育渗透的特点和原则进行了深入分析，在此基础上提出了体育教学中德育渗透的方法和途径。

关键词： 体育教学　渗透　德育教育

学校体育是向学生传授体育和卫生保健知识、技能，培养运动能力和良好的卫生习惯，促进身体正常发育，增强体质的教育。长期以来，学校德育工作注意到了发挥共青团、少先队、政教处及政治课的作用，却忽视了其他学科教学对学生的思想品德的教育。由于受片面追求升学率等传统观念的影响，只"教书"不"育人"的现象仍然不同程度地存在。在当前学校体育教学改革中，重视加强对学生思想品德教育问题的研究，挖掘体育教学中的思想品德教育因素，已成为广大教育工作者的共识。而体育教学在对学生进行思想品德教育方面，有很多其他学科无可比拟的独特优势，因此，在体育教学中渗透德育教育的研究和实践已成为新形势下体育教学中的一个重要课题。

一、在体育教学中渗透德育教育的内涵

（1）培养学生的爱国主义和国际主义情操。一个运动员在世界竞技场上表现出的素质和他所能达到的水平，往往是培养他的这个国家的形象和实力的缩影。所以，在运动场上的奖牌之争，其中蕴涵着人们强烈的爱国主义情感。体育的这种爱国主义和国际主义情感的教育功能，是其他学科不可代替的。因此，学校体育应该充分发挥体育的德育功能，并把这种精神贯彻到具体的体育教学之中去。

（2）对学生进行集体主义教育，锻炼和培养学生的责任感、荣誉感、义务感以及热爱集体、团结互助的集体主义精神。体育项目中有很多集体项目，要想取得好成绩，不仅要求参赛的个人发挥出自己良好的技术水平，更重要的是队员之间的默契配合和团结协作，如此，无疑对培养个人的集体主义精神，形成良好的道德情感起到了积极的作用。在此过程中，学生的集体荣誉感和团结互助的集体主义精神，也就自然地形成并得到充分发展。因此，在培养学生的集体主义精神方面，体育活动的作用也是其他学科难以取代的。

（3）培养学生的组织纪律观念。不管是一般的体育锻炼或体育竞赛活动，都有严格的标准和纪律要求。体育训练中必须注意安全，防止伤害事故的发生。这就要求练习者必须服从命令、听从指挥。这对培养个人高度的组织纪律性和集体主义观念，均起着积极的作用。只有平时脚踏实地，刻苦训练，从难从严，才有可能在竞技场上获得成功。所以，体育锻炼不仅能够培养学生的组织纪律观点，而且还可以形成良好的学风和作风。

（4）培养学生胜不骄、败不馁、勇攀高峰、敢于拼搏的精神以及勇敢、顽强、刚毅、果断的意志品质。体育锻炼本身并不完全是轻松愉快的，而更多的是要承受运动中的负荷。这 过程

既锻炼了练习者的身体，同时也磨炼了其意志，对形成良好的意志品质起到了积极的作用。同时，体育运动具有激烈的竞争性和对抗性。选手在比赛中往往会受到来自对手、环境、观众以及个人生理和心理等方面的挑战。要想取得最后的胜利，就必须具有坚强的意志和顽强的毅力来战胜各种困难。

（5）通过体育活动，培养学生自我教育的能力。体育教学重要的是发挥学生的主体作用，通过老师的讲解与示范，教会学生锻炼身体的方法和手段，培养学生具备良好的自我教育能力，让学生逐步达到自我发展、自我完善的目的。

二、体育教学中德育渗透的特点

（1）动态性。一般教学过程主要是通过讲述，向学生进行思想品德教育；而体育教学过程主要是通过身体活动向学生进行思想品德教育。在体育课堂上，每个学生都要参加各项活动，因而学生的思想容易表现在实际行动中，其特点是动态性而非静态性。

（2）经常性。体育课一般在操场上进行，具有活动空间大，扰动因素与突发事件多的特点，学生的个性差异与行为特征容易暴露，各种思想随时都可以表现出来，这就需要教师把德育贯穿在教学的全过程，在每节课的各部分都注重加强思想品德教育，保证体育课的正常进行。

（3）及时性。在体育教学中，学生处在活跃的运动中，其思想觉悟、优点、弱点都会在言行上表现出来。教师应及时捕捉教育时机，进行表扬或指出不足，对"差生"身上的"闪光点"也应及时鼓励，不要失掉一次良好的教育机会。

三、体育教学中德育渗透的原则

（1）主体性原则。体育教学中渗透德育，教师的主导作用是非常重要的，但外因必须通过内因才能起作用。在体育教学中渗透德育，要特别强调确认和尊重学生的主体地位，启迪和引导学生的主体意识，吸引和组织学生参与教育活动，帮助他们充分发挥主动性和创造性。

（2）差异性原则。学生的年龄、性别、个性、认识水平、接受能力和运动能力等千差万别，在进行体育教学时，应从学生的具体情况、个性差异出发，树立正确的学生观，深入了解和掌握学生的特点，并在发现和培养学生的运动能力中有的放矢地进行教育，才能收到预期的效果。

（3）内化性原则。体育教师在渗透教育过程中必须善于了解和启迪学生的内在需要，引导他们去追求和探索，把外在的教育要求转化为自身内在的需要，从而提高自身素质。

（4）整体性原则。在体育教学中渗透德育，必须注意面向全体学生，不能只顾及小部分，而忽视大部分。还应特别注意使学生的各项素质全面和谐地发展。

（5）系统性原则。从广义上讲，教师要有长远计划，将德育的渗透体现在教学的全过程；从狭义上讲，就是应从课的开始至结束不失时机地渗透德育，课与课之间要注意密切联系，使学生接受的渗透信息更加牢固、深刻。

四、体育教学中德育渗透的方法和途径

1. 结合教师表率作用进行

教师自身的表率，直接影响着学生的思维和学习情绪。对学生进行德育教育，教师首先要以身作则。教师在课堂教学中作为实施教育的主体起着主导的作用，教师的思想行为、作风和品德无时不在感染、熏陶和影响学生。因此，在教学中，应坚持以身作则，言传身教，处处做学生的表率。要求学生上课不迟到，教师就应提前到运动场，做好课前准备工作。在整个教学过程中，教师的仪表、言行、教态、文化修养等方面都需要为人师表。实践证明，教师严于律己，为人师表，才能施教于人，做好学生的思想教育工作。

2. 结合体育课堂常规教育进行

课堂常规教育是进行正常体育课堂教学所必需的一系列要求与措施。它对保证教学工作的顺利进行，使学生更好地掌握体育知识、技术、技能，发展与增强体质，防止伤害事故的发生，以及培养学生的好思想、好作风，完成体育教学的任务都具有重要意义。例如：着装的要求，上课集队的要求，练习转换的信号、手势等。通过课堂常规的教育，能够严明纪律，严格要求，达到爱生尊师、一切行动听指挥、增强集体荣誉感等目的，培养学生吃苦耐劳的高尚情操，养成教师严谨治学的良好风气。

3. 结合具体的项目内容和特点进行

体育教学的内容很广泛，不同的项目有不同特点。应该针对不同的项目特点，制订出不同的德育渗透计划、任务。如基本体操的教学通过全体学生配合，协调一致，可培养学生高度的组织纪律性和集体主义精神；田径的教学可以培养学生勇敢顽强、敢于拼搏的精神；球类的教学可以培养学生团结协作、共同奋斗的集体主义精神，增强集体荣誉感。因此，体育教师在体育教学中，应当深入钻研各类教材，充分发掘教材的思想性，结合学生特点确定德育渗透的具体任务，制定相应措施，以确保德育渗透任务的完成。

4. 结合组织教法进行

合理地选择和运用组织教法，不仅是传授知识、技术、技能，发展学生体力与智力的需要，对学生进行思想品德教育也十分重要。教师要善于把学生的心理活动与身体活动、意识和行为结合起来，利用组织教法中的各个环节对学生进行教育。如通过队列队形的练习，培养学生动作迅速整齐、严格遵守纪律的良好习惯；通过组织学生保养场地、送还器材，让学生养成热爱劳动和爱护公物的品德；通过向先进学习、树正面典型的活动，启发和调动学生的学习积极性。

5. 结合课堂偶发事件进行

体育教学中，学生活动空间大，对外界的干扰容易表现出各种不同的情绪和行为。同时，由于学生在进行身体练习和竞赛、游戏等活动时，学生之间的联系、协作和对抗较多，经常有个人与个人、个人与集体、集体与集体之间的关系问题，因而偶发事件时有发生。如上课时学生之间发生冲突、天空突然下雨等。偶发事件往往具有短暂性、突发性、外观性和差异性等特点，这就要求教师做教育的有心人，随时注意观察学生的一切行动和表现，及时抓住课中的偶发事件，因势利导，态度鲜明而又迅速地进行处理。在教育学生时，以正面教育为主，语言要严肃诚恳，以理服人，切忌简单粗暴，讽刺挖苦。

6. 结合审美教育进行

体育中的美育主要是引导学生具有协调强健的身体，匀称的体态，有力、娴熟、敏捷、优美的动作，以及开朗的胸襟、坚强的性格和高尚的情操。体育教学中的审美教育，主要是通过生动、鲜明、具体的形象来引起学生感情的共鸣，它不是单纯依靠说理，而主要是靠优美的形象来打动人，以美感人，以情动人。因此，体育教师在教学中应强调形象美、姿态美、艺术美、韵律美和心灵美。

参考文献：

1. 中学体育与健康实验教材编委会．体育与健康．高等教育出版社，2002.

2. 李岚清．加强和改进教育工作开创现代社会关注青少年健康成长的新局面．

3. 季克异. 要深刻领会体育课程改革的重要意义. 中国学校体育，2001，(2)．

浅谈中职计算机专业课程考评机制

湖南怀化商业学校　闲小梅

摘　要： 本文主要讲述中职计算机专业考评机制存在的考试形式单一，并以记忆性为主的考试等问题，并提出根据不同的课程采用不同的考评方法和考评形式来对学生进行综合评定。

关键词： 考评机制　考评形式　考评方法　改革　创新

从事计算机教学工作几年以后的今天，结合我校现存的问题，从教师的角度，谈谈我个人对课程考评的一些思考。

一、课程考评机制改革的必要性

近年来，为了适应社会的需求，学校在课程方面进行了大刀阔斧的改革，一改过去专业课程重理论轻技能的观念，更加接近社会需求，倾向技能化、实用化、职业化，如计算机专业去掉"VB"、"FOXPRO"等为代表的学生反映极难掌握的程序语言；加强以"办公自动化"、"制图和平面设计"、"网页制作"、"网络安装"、"计算机维护及维修"等为代表的技能训练课；开设了必修课程和选修课，调整了课程的比例，改变过去一个专业一个模子的设置，给予学生选择课程的权力，体现了技能的个性化。通过课程的改革，我们培养的学生在专业技能上有了比较大的进步。但目前中职计算机专业学生的考试主要仍以知识的积累、记忆为目标；考试方法简单，重在教室、微机室考试；考试形式单一，常用"笔试"、"机试"两种考试模式相结合；考核内容仍依附教材；考试只考共性的、统一的知识技能。

上述一系列问题说明现行计算机专业课的考评机制存在一些不足：忽视了职业教育的"职业"特征，学生实际操作能力没有具备"职业化"特征；把学生禁锢在校园内，不利于学生职业技能的提高；没能尊重学生个体差异，不能让学生的个性得到很好的体现与张扬；不能充分突出计算机专业的特色，脱离了现实工作环境，没能与市场很好地接轨，不利于学生就业。诸多的就业"哑铃现象"和多年的教学实践，迫使我们不能不反思现有考评机制的合理性。中等职业教育计算机专业课程的考核机制迫切需要进行改革。

二、课程考评机制改革的方向

以往评价方式主要以学生的考试成绩作为唯一标准，以教师的评价为主。在校中职学生的文化基础本来就差，如果用学习成绩作为衡量标准会打击大多数学生的学习积极性，使学生失去学习的兴趣，而单纯由学校及教师的评价则难以体现学生的社会适应性。因此，在改革课程考评机制的过程中，要着力提高学生自主学习的意识和能力，有效落实教学过程和增强对学生学习全过程的指导和监督，科学测评学生的学习行为和成果。要充分调动每一个学生的主动性、积极性、参与性，让他们走出校园到实际工作岗位上去，让学生做考试的主人，让学生带着一种社会责任去完成考试任务，以考促教，以考促学，以考促用，以考促发展。作为新一代的职教工作者，我们既要培养"学以致用"型的人才，也要注重开发这些计算机操作员的内在潜力。建立双重的评价体系，即由学校和社会同时对学生进行综合评定。在学校重在职业道德结合实际操作能力的评价，可以采取用以班为单位进行评定的办法，对每一个学生进行综合考评；在社会通过实训由企业对每一个学生进行评定；最后综合评价每一个学生是否为合格的中职生。

三、课程考评机制改革的探讨

1. 考评内容的改革

由于目前使用的计算机教材具有如下问题：首先，专业系统性太强，却缺乏对职业实践的具体指导意义；其次，学科教育内容重复而落后，难以适应科技发展与职业提升的要求；再次，过于强调概念，忽视经验知识而偏重纯理论知识。这就决定了中职计算机专业课程的教学内容和考试内容不能完全依附于教材，不能与社会的需求相脱离，不能与发展学生个性相违背，因此要重点培养学生的"动手能力"和"岗位能力"。

中职计算机专业课程管理的原则是"基础统一、选修放开"。即对基础课程实行统一管理、统一考试。"基础统一"这块，经过多年的完善，有了一套成熟的教材体系和管理机制，是学生将来学习、发展所必需的课程，提倡在较大范围内实行统一管理。"选修放开"是指对专项能力、岗位能力等课程实行"活模块"的教学方式，由学校、教师、学生三方面结合自主选择。

"活模块"是专业特色的关键，在选择"活模块"课程时，要充分注意教学内容的先进性和前瞻性，体现与时俱进的特色，要根据当前的行业需求情况，对现行行业职位进行细分，结合课程的性质和特点、学生的个性与差异，总结归纳出每个岗位的特点、任务和职能要求，恰当设置"活模块"课程，以实用为目的，以"必需"、"够用"为度，不必追求知识体系的完整性，或增添或删减，并且每个模块还应有相关的行业知识和技能测试的渗透。"活模块"课程从社会"所需"、学生"想学"的角度，调整课程安排。例如：愿意从事"Office"工作的同学主要训练录入速度和排版技巧，学习办公自动化等相关的课程；想从事"广告设计"的同学除了添加图形图像处理、动画制作、多媒体技术等课程外，还要学习色彩搭配、平面构成、立体构成、手绘等课程；搞网站建设的还要学习微机常用外部设备、网页设计、网站开发、网络技术、综合布线技术、网络安全与维护等岗位课程。通过"活模块"课程的设置，中职课程向技能化、职业化的特性发展。

2. 考核方法的改革

传统的"笔试＋机试"的考核方式，已远远不能满足现行社会的发展和行业的需求，要对考核方式进行大胆的改革创新。可以灵活地设置考场和考核方式，让考核的方式多样化、个性化，让考核真正适应学生、适应行业。进行考评时，一方面，将课堂内的笔试、机试、作业、发言等各种方式有机结合起来进行考评；另一方面，利用信息化的发展趋势，强化对发散型的课堂外学习进行考评，如用课外作业、社会调研、课外讨论等方式激励学生，增强学习的自主性和创新性，有利于提高学生的综合素质和创新能力。

（1）目标测试法。首先，对学生原有知识状况进行摸底，对学生原有的知识基础、能力基础、动手能力进行全面了解。然后，教师在教学中针对学生的基础，提出新的要求，制定阶段的等级目标（A，B，C，D级），为学生指明努力的方向。学生根据目标可安排个人的学习计划，变被动为主动学习，减少学习中的盲目性，从而提高学习效率和质量。接着，当堂考评学生的学习情况，指出学生存在的问题与缺陷，了解自己与同学之间的差距，根据学生实际制定出的努力的新目标，引导学生一步一个台阶地提高，让学生看到自己的进步，体会到自身的价值，从而进一步调动学习的积极性和主动性。

（2）团体协作测试法。我们的考评不局限于对个人独立能力的测度，同时还要考评学生的协作能力。可设计需多人协助的大课题，让学生将考题带出教室进行测试，在老师规定的期限完成，考题完成后要写总结材料，同时，比一比完成任务的速度和质量。引入竞争机制，激发好胜心，让学生主动学习、探索研究。比如，我在教"计算机应用基础"课程时，给出学习任务：计算机组装机的行情调查。各小组接到任务后，根据成员自身特长分工协作：收集、整理、归纳资料。完成这份社会调查，学生必须知道购买组装计算机要买哪些组件，每个组件性能如何衡量，组件又有哪些厂家生产，如何组装才能让计算机性能达到最佳状态等知识。通过这次社会调查，不但将书上所讲述的理论知识转化为一次快乐的生活体验，同时也增强了学习的自主性和创新性，还充分挖掘了学生的潜力，融入学生的智慧，有利于提高学生的综合素质和创新能力，增强了学生的参与意识，培养了各小组成员的主人翁精神、团队协作精神等。

（3）"因人施考"测试法。在前面我们讲到尊重学生的个性和特长，在计算机专业课程的考核中，不能只考共性的、统一的东西，要针对不同学生的实际情况，因人施教，因人施考。中职计算机专业的学生必须熟练掌握计算机专业的"基础能力"，根据自己的兴趣爱好和特长，结合选修课和职业资格证书的考试，另处选择一至两项"专项能力"、"岗位能力"进行发展，进而形成有学生自身风格的专业技能。

（4）岗位测试法。对一个学生进行考评不能仅仅从学校单方面的评价出发，还得结合社会方面进行双方面的评价。走出教室到社会和企业中去，在岗位中学习，在工作环境中测试已成为必然，让学生早接触社会，早了解和熟悉他们将从事的工作，可以使学生从心理和技能上产生接纳和适应。企业还能为学生提供完备、真实的工作、实训环境，学生职业能力考核完全可以在企业里进行，可由学校教师及实习企业的工程技术人员在实践现场共同对学生进行考核，重点测试学生是否达到课程所确定的职业能力目标，是否掌握企业所需要的职业技能。

比如，学习网络技术时，让学生到网络公司去实习，参与现场布线、组网、调试网络等；学习 Photoshop 时，到摄影楼去，学习婚纱照的处理；到广告公司去，学习策划广告；学习计算机硬件系统时，让学生先到网上查阅各种硬件的网上价格，给自己开一台电脑的配置清单，与电脑经销商开的配置清单进行对比等等。这样既达到了复习和巩固所学知识的目的，又锻炼了学生的职业能力，为学生以后就业创造了有利条件。

以上考核方法，可根据学校、班级实际情况有侧重地选择、组合。

3. 考评形式的改革

在考评形式上，不应限于一次期末考试就决定了学生的成绩，应用多种形式来综合考评一个学生的成绩。这样才能体现考评的公平性、合理性。

（1）以作业的形式考评。无论专业理论课还是上机操作课，学生都以每节课的目标等级（A、B、C、D、E）为依据进行自我测试，以书面作业、上机操作等形式来进行考评，通过作业的形式将知识、技能分散到平时的每一节课，逐一加以落实，一课一小测，一课有一得，环环相扣，扎实学生的专业基本功，达到以考促教的作用。

（2）以课题设计形式考评。完成模块教学后，对每个模块的总结性测试，可让学生用命题设计、作品制作、社会调查等课题设计代替测试，让学生综合所学知识完成设计，以评委（老师或学生组成的评委小组）综合打分代替考试成绩。通过对每个模块的总结性测试，把零散知识、分离技能进行归纳和总结，训练学生的综合能力和创新能力，达到以考促学的作用。

（3）以技能竞赛形式考评。通过定期地举办计算机基础知识、计算机组拆装、图形设计、网页制作、程序设计等技能比赛、技能表演，展示学生素质，用行动代替语言推销自己，达到以考促用的目的。

（4）以考证形式考评。职业资格证书是国家劳动部对劳动者具有从事某一职业所必备的学识和技能的认证，是求职就业的"敲门砖"，是用人单位招聘、录用人员的主要依据之一。职业资格证书的各模块又分为初、中、高级等多个层次，考试方案都预先告诉学生；目标性很强，非常适合中职学生。计算机专业的学生在取得毕业证书的同时，还要争取取得多个职业资格证书，达到以考促学的目的。

考核只是计算机专业整个教育教学活动的一部分，要想培养"适应经济社会发展需要的高素质的劳动者和技能型人才"，使学生全面、和谐地发展，计算机教育教学的各个环节还必须相互配合。

教学中"以人为本"思想的体现

中职硕士班06级企业管理专业　石　彬

摘　要："以人为本"是教育的理论基点和精神内核。它主要表现为为了人自身的完善而学习的过程，及学生积极、主动地探寻过程这两个方面。由于其现实的、和谐的人生观，"以人为本"的教育理念具有一定的现实性和预先性，体现了世界教育发展的历史趋势和客观规律。我国的教育发展存在着功利性缺陷，要建立真正的终身教育体系，就必须对终身教育"以人为本"的教育理念进行深刻地认识和把握，以明确前进的方向。

关键词：以人为本　主体尊严　教育理念

一、关于"以人为本"教育理念的解读

"以人为本"简而言之即一切以学生的发展为中心，一切从学生出发，一切为学生服务，以学生能否获得全面的发展为标准。学生在成长的过程中，家庭环境和教师是起决定性作用的因素，思想认识指导着教育的方法和过程。在应试教育时代，学生只能是装载知识的容器。学生的责任和义务就是接受知识，对所学知识不能怀疑，不能挑战，只能遵循。久而久之，学生在学习中只能是被动地学习知识，接受着所谓纯知识的教育。至于所学知识与生活实际到底有多少联系，知识的实用价值如何，则很少有人去关心，导致学生的发展被严重异化，从而形成了高分低能

的怪现象。学生的主观能动性被扼杀,教育的结果就好比工厂里的产品,以统一的面貌掩盖了个性差异,教师的眼中只有分数,学生的眼中也只有分数。分数取代了一切,除了成绩,什么也不关心。冷漠化的教学,造就了冷漠的学生,情感冷漠,心灵冷漠,试问这样的学生能以积极的心态去面对社会吗?能够与人进行合作,共同发展吗?

早在两千多年前,我国古代大教育家孔子就提出了因材施教的原则。素质教育更应注重对学生的个性教育,只有当教育和个性特点相适应时,才能最大限度地发挥教育的效益。所以,"以人为本"就要从学生的心理特点、认知特点出发,去创设有利于学生发展的环境。让学生在活动中体验生活,感受学习,允许学生有不同的学习方式和表达方式。教师在课堂上与学生的关系是参与、合作、引导的关系,而不是居高临下、唯我独尊,要真正地放下架子,到学生中去,努力去发现学生的优点,用赞赏的眼光去看待学生,用期待的语言去鼓励学生。教师教育学生不仅要教给学生知识,更重要的是要让学生掌握学习的方法和策略,要让学生形成良好的心态和主动探求知识的欲望,并能在学习中不断去体验成功,享受辛勤之后的喜悦,让学生拥有成就感,并使之不断成为学生前进的动力。

二、在教育实践中,如何树立并落实以人为本的教育理念

树立"以人为本"的教育理念,重要的是把学生看成发展的人来对待。既要考虑发展中的师生关系,也要考虑发展中的学生差异,更要关注学生自身发展的阶段性特点,要允许和引导学生发展的多元化。在具体的教育实践中,着重应做到以下三点:

1. 建立平等的师生关系,多理解尊重学生

人人生而平等,每个学生都应该得到教师的尊重,不管他是优生,还是差生。每个学生都是独立丁我们自身之外的一个有血

有肉，有七情六欲的人。就家长而言，儿女不是自己的私有财产，就教师而言，学生不是自己的附庸。我们要讲平等尊重，不讲师道尊严；要讲理解引导，不讲包办代替、强制命令；要讲师生互动，不把学生当做知识填充的容器。我们要建立平等的师生关系，尊重学生人格，保护学生隐私，维护学生合法权益，在学习的征途上做学生的朋友，做学生的伴游。

人都有被理解、尊重和肯定的心理需求。我们老师要放下架子，站在学生中间，既当指导者，又当学习者，了解学生身心状况、学习状况和生活状况，研究学生个性特征和心理需求，倾听学生心声，以心博心，以情换情，做学生的知心朋友，了解学生的喜怒哀乐，感受学生的悲欢离合。人都有表达自己的意愿，体现自身价值的要求。我们老师要为学生确立一个高尚的人格目标，引导他们做品德高尚的人、知识渊博的人、能力全面的人、心理健康的人，培养他们成为遵纪守法，于国于民有益的人，实现他们崇高的理想和远大的人生目标。

2. 注重学生个性发展的阶段性特点，多关心爱护

未成年人身心正处于生长发育阶段，教师要注意抓住他们各个成长阶段的生理、心理、学习方面的特征，分阶段、有步骤地循循教导，培养他们良好的生活习惯、学习习惯、劳动习惯、文明礼貌习惯，同时注意学生"抗干扰"、"抗挫折"能力的培养，帮助他们走出失败，走向成功，形成健全独立的人格。

未成年人可变性、可塑性最大。教师要用发展的眼光去看待、去评价学生的成长，而不能用成人的眼光衡量学生，不把成人的标准强加给学生，不唯分数论人，不因一两次错误对学生有偏见，要对学生寄予无限的希望，多欣赏学生，多鼓励学生，鼓励他们超越自我，超越老师。"弟子不必不如师，师不必贤于弟子"、"青出于蓝胜于蓝"，这是人类智慧发展规律的总结。

未成年人身体发育不健全，心理不成熟，特别需要关心爱

护。教师应该以平和、愉快、友好和鼓励的方式，像慈母对待孩子一样热爱学生，倾注全部的热情。著名特级教师斯霞将自己七十多年教师生涯的经验概括为四个字：童心母爱。也正如前苏联教育家苏霍姆林斯基所言："爱是教育的前提"、"没有爱就没有教育"。

3. 辩证地看待学生之间的差异，多宽容锤炼

古人云：金无足赤，人无完人。人的不完美，其实是符合辩证法的。教师要客观公正地评价学生，既要一分为二地看，更要看到学生身上的闪光点，给学生以自尊，给学生以自信，给学生以希望的曙光。

不完美的人，表现出个体的差异性，但往往是差异才见个性，差异才见特色，差异才见生动。教师要正确地看待差异，因材施教。这里的"材"泛指每个学生所表现出来的生理、心理、接受知识的各种能力、思想品德修养和锻炼身体与卫生保健习惯等各方面的不同特点。教师要针对学生这些不同的情况，施以不同的教育。我们针对不同性格特征的学生，也应该采取灵活而有原则的教育方法。一般说来对具有自卑感或自暴自弃的学生，教师不应过多使用苛责，应当通过启发、暗示、表扬等让他看到自己的优点和能力，增强信心；对于自尊心强或自高自大的学生，教师就不要一再夸奖，但批评时要顾及情面，留有余地，同时抓住其上进心，设法使他在学习中看到缺点和不足，以便虚心上进；对于脾气犟的学生要心平气和，避免顶牛；对淘气学生不能过于迁就和温存。

完美是人们追求的一个相对目标，我认为，人的潜能得到充分发挥并造福于社会就是完美。因此，教师要引导学生志存高远，做一个造福于社会的人，一个相对完美的人。

三、运用以人为本的教育理念培养学生自我教育的能力

自我教育能力是指学生自觉主动地把社会要求的思想道德规范在内心加以理解和体验，并通过实践转化为自己比较稳定的自觉行为的能力。著名教育家苏霍姆林斯基说："只有能够激发学生去进行自我教育的教育，才是真正的教育。"以人为本，从学生的身心特点出发，进行自我教育，使学生在他人教育的引导下，养成自我教育的习惯，形成自我教育、自我管理的能力，才能让学生的个性心理、人格特征正常、健康地发展，智慧潜能和才干才会在有计划、有步骤的挖掘下得以发挥，各方面的素质教育才能得到逐步提高。在这一思想的指导下，我们在德育工作中做了许多有益的尝试，取得了一定的成绩。

班级主题活动为同学们提供了展现自己各种才能的机会，同时也为学生架起了桥梁，使他们能很好地相容、相助，激发了他们拼搏向上、积极进取的劲头。在自主的活动中，他们的人格受到尊重，参与意识、主人翁精神大大加强。活动本身有着极强的目的性，可极大地发挥受教育者的潜能，实现教育者所设定的教育目标。

建立自主管理模式，发挥主体作用，培养学生自我管理的能力。

任何教育和管理，只有把制度和要求化为学生的需要，才能激发学生自觉的行为。能力再强的教育工作者，如果只靠自己单枪匹马，想把各具个性的学生管理好是不可能的，必须调动学生的积极性，培养学生自我教育和自我管理的能力。著名教育改革家魏书生既是校长又是两个班级的班主任和语文教师，一年四个多月在全国各地巡回演讲、作报告，班级事务要他事必躬亲是不可能的，但他所管的班级却井然有序，语文考试成绩也常保持第一，这对一般教育工作者来说简直是无法想象的。其秘诀何在？

很关键的一个因素是注重了发动学生自己管理自己。这样做的好处是教师相对轻松，不需要事无巨细亲躬而为；另一方面又大大地提高了学生学习、生活的能力和积极性，这也是实施素质教育的必然要求。

赞许学生，让学生体验成功，培养学生自我激励、自我评价的能力。教育过程第一重要的是让学生体验成功。当学生体验较多的是成功的时候，他们的自我概念、自我约束就比较强，他们的自信力也比较强，并由此转化为一种积极、健康的人格，他们的各种潜力就能得到充分发挥，从而培养健全的素质。

四、构建"以人为本"的师德理念，提高教师的师德认知水平

"以人为本"的师德的本质精神是新时代教育的人文精神。它以激励人的自主发展为旨趣，以教育、爱为核心和基石，以正确认识人、尊重人、信任人、开发人的心智和提升人的道德为指南，按照具有人文关怀的思路，从帮助教师自主成长的角度去构建师德。按照"以教师发展为本"的理念，校领导执著地认为，师德构建的核心就是理性与激情结合的"人化"，而非"机械化"的教育方式。我们从人才管理的角度入手，注重师德教育，讲求实效，为教师"铸魂"；注重业务锤炼，精益求精，为教师"壮骨"；注重生活关心，细致入微，为教师"排忧"。我们紧紧围绕"以人为本"这一核心思想，以时代精神和民主文化为渊源，以促进学生和教师自身素质全面发展为根本宗旨，趋美向善，修身正己，敬业爱生，奉献示范，向着理想的教师形象拼搏进取，执著追求。

随着终身学习时代的来临和信息技术的广泛应用，"教书匠"式的教师，已不适应时代发展的要求。今天的教师不仅仅是人类知识文化的传播者，更重要的是现代化教育的开拓者、学

生学习过程的指导者、健康心理的培育者。

随着"师本教育"向"生本教育"的转变,教学过程中教师与学生的角色,正在发生质的变化。教师的责任,已从为学生升学负责转变为对学生的一生负责,从为学生的升学学习作规划,转变为"为学生的一生作规划"。

在知识传授渠道极大丰富的现代社会,教师的价值一方面表现为知识的丰富,另一方面则应更多地体现在对学生道德、人格的影响方面。因而教师的道德、人格越来越成为新时代教师的一张王牌。教师应该首先是学生阅读的"道德书籍",是学生如何学会做人的楷模。教师的人格魅力对学生的灵魂具有强大的感染力、影响力,从而对学生的情感培养、道德升华、学业发展等产生深远的示范和激励作用。一个好老师,可以通过他自身榜样的无言的力量,教给学生做人的道理,使教师高尚的道德情操、人格魅力、价值取向最终内化为学生稳定的人格特质,形成持久的内在动力。

有位教育家说过,教师的定律,就是你一旦今日停止成长,明日你就将停止教学。身为教师,必须成为学习者。"做一辈子老师"必须"一辈子学做老师",这已成为我校教师的自身追求。教师只有再度成为学生,才能与时俱进,不断以全新的眼光来观察和指导整个教育过程。

总之,"以人为本"的教育,要创造宽松、民主、和谐、自由的育人环境,要尊重人、理解人,弘扬人文主义精神,但绝对不是纵容学生,而是让学生学会做人,学会生活,学会创新,成为新型的高素质的人才。

参考文献:

1. 罗杰斯"学生为中心"教学理论述评. 北京: 教育科学出版社, 1990.

2. 周平儒. 浅谈人本主义学习理论在教学中的应用. 三峡学院学报, 2001, (3).

3. 李秉德. 教育科学研究方法. 北京: 人民教育出版社, 2005.

4. 许高厚. 课堂教学技艺. 北京: 教育科学出版社, 2004.

浅议我国职业教育课程改革

云南省旅游学校 郭凤花

摘 要：课程改革与建设是职业学校教学改革的重点、难点和突破口，也是提高职业教育质量的关键之一。职业教育的教育思想、培养目标和人才培养模式等都要通过课程教学来实现。

关键词：职业教育 课程改革 问题分析 改革思路

近年来，我国职业教育规模迅速扩大，在整个教育体系中的地位也越来越重要，但是仍然有一些影响职业教育健康发展的深层次问题未能得到解决，其中最根本的问题之一是人才培养系统性的偏差，集中体现在人才培养的效果与市场需求之间的距离，而导致这一偏差的最直接原因是课程。本文将对我国职教课程改革提出一些浅显的看法。

一、我国的职业教育课程现存问题分析

1. 我国的职业教育课程内容明显存在着缺陷

（1）职业教育课程内容过多地关注了客观需要，忽视了人的发展。课程内容及目的单一地指向某专业、某工种应该达到的职业要求，虽便于教师在教学中执行，却忽略了人在教学活动中的主体地位。课程的编制注重了文化课知识的掌握和专业课强化技能，却忽略了如何把课程作为一个信息载体，使学生更好地理解和掌握知识与技能，如何使学生在学习过程中得到生动活泼的

发展。(2)职业教育课程内容过分重视原理和结论，缺乏应用性。打开教材，似乎遍布"知识点"，尤其是专业基础课，从理论到理论的学科体系，缺少与实际相结合的实用知识。以致使学生觉得，进了职业学校要进行专业理论研究。于是，学生只有在考试前"死记硬背"那些原理和结论。考试结束以后，能留下多少记忆的痕迹，恐怕是不乐观的。(3)职业教育课程内容呆板，可开发的空间较小。课程内容的编制严密而系统，条理而规范，约束着教师和学生在教学活动中的行为，尤其是专业技术课，不能越雷池半步。例如，某种工具的使用，只能是一个动作，一个姿势；对于某一旅游胜地的介绍，学生要像背台词一样，一字不差，不能增加，也不能减少。课程内容的设计没有预设的空间，教师没有施展才华的余地，学生无法在体验中生成新的知识和技能。

2. 职业教育的文化课与技能课在处理上存在偏差

各类职业学校到底是以文化课为主还是以技能课为主？这仍然是一个颇具争议的问题。有两种观点：一种观点认为职业教育应该以技能培训为主，为经济发展培养素质较高的技术工人或实际操作人员，另一种观点认为随着经济的发展，一个人一辈子可能会从事多种行业的工作，即使不改行，也需要知识的纵向更新或横向扩展，要适应这种知识的更新、扩展，就需要有较扎实的文化课基础，因此，认为职业学校应以文化课为主。而事实上，职业学校的学制、课时与普通高中一样，不可能做到两全其美。因此，如何建立完整、科学的课程体系，如何合理的将理论教学、实践教学和教育实习进行三元整合是中等职业教育发展的当务之急。

3. 职业教育的教师队伍还存在不少需要改善的状况

教师是中等职业学校办学的中坚力量。能否很好地解决教师队伍建设问题，是制约中等职业学校健康发展的关键问题。目前中等职业学校教师队伍中还存在不少需要改善的状况，如学历达标率不高，学历层次偏低；年龄结构失调，职称结构不尽合理；兼职教师作用未能充分发挥及教师来源渠道单一，专任教师对口状况差等。

二、职业教育课程改革的思路

新中国成立以来，我国职业教育课程长期受到计划经济和苏联模式的影响，虽曾经发挥过积极的作用，但是，随着改革开放的到来，许多缺点和弊端日益突出，尤其是在经济体制的转变和世纪之交之际，已有许多不合时宜亟待改革之处。具体可从以下几方面着手：

1. 加强基础理论课程，增加实践性课程

在当今科技迅猛发展、劳动岗位变化加快的时代，学生要在短短的就学期间掌握全部现代科学知识几乎是不可能的。只有掌握了基础理论知识基础，才能提高适应能力。因为基础理论知识是全部知识中最稳定、持久的部分，也是学习一切专业知识的基础。只有学好基础理论知识，才能有助于其他知识的学习。英国罗宾斯高等教育委员会认为，我们应该给学生"更普通的教育"，以便使他们能够在竞争越来越激烈的世界中生存。这里的"更普通的教育"就是指基础理论知识。如今，知识经济在我国已初见端倪，为适应知识经济对技能型人才培养的要求，就必须加强基础理论知识的学习。如澳门中葡职业学校，普通教育内容（基础理论知识）的课程所占的课时较多，专业类的课程相对较少。这种课程设置，既让学生掌握了牢固的基础理论知识，为以后进一步接受高一级的教育打下扎实的基础，又为学生进入劳动力市场提供了有利的条件。

职业教育与生产劳动是最直接的关系，职业教育的任务就是培养具有创新精神和实践能力的技能型人才，发展科学技术，促

进社会主义现代化建设。然而由于多方面的原因，我国职业教育课程体系中实践课程安排得不多。因此，我国职业学校要在今后的课程体系中适度地增加实践课程，培养学生实际操作能力。

2. 增设选修课程

广泛开设各种选修课程，已成为世界发达国家职业教育课程改革的发展趋势。选修课的设置使学校的教学工作灵活多样，学生可以根据自己的水平和学习兴趣选修适合自己需要的课程。它不仅能增强学习的兴趣和信心，发挥个人的特长和才能，扩充学生的知识面，而且也能调动教师的积极性。目前，我国职业学校开设了一定的选修课，但比重过小，有些选修课不切实际，不适应劳动力市场对人才的需求，不能调动学生和老师的积极性和主动性。今后我国职业学校的课程设置要根据实际情况，逐渐加大选修课的比重，允许学生在选修方面有更大的自由度。如根据本地的经济特色，增设一些有利于本地经济发展的课程，作为选修课。值得我们注意的是，在加强基础理论课程、增加实践性课程、增设选修课程的同时，还要把握好基础课程与专业课程、理论课程与实践课程、必修课程与选修课程的适当比例，处理好相互的关系。

3. 完善产学合作制，加强学校和企业的合作

从1979年开始，世界各国正式对产学合作教育的理论和实践进行了有计划、有系统的研究，每年举行一次世界合作教育大会，并于1989年成立了世界合作教育协会。我国于1989年首次参加了世界合作教育大会，正式开始了对合作教育的研究。在2004年的教育工作大会上，教育部部长周济同志也充分肯定了职业教育的产学结合模式，并强调在今后几年要进一步搞好职业教育的产学结合。

我国职业学校与企业的合作很少。学校培养的人才常常不适应社会的要求，导致教育资源的严重浪费。完善产学合作制，加

强学校和企业的联系，是目前我国职业教育课程改革的重要措施。在办学模式方面，我国的职业学校主要依赖政府办学，这不仅增加了国家财政的负担，而且导致了许多有发展潜力但缺少资金的职业学校的倒闭。所以，必须充分调动企业与社会力量参与办学的积极性，有效运用市场机制促进职业教育的发展。

学校与企业联合办学有许多好处：（1）促进学生有目的地学习，因为学生知道自己将来做什么；（2）学校培养的学生毕业以后有去向，减轻了学校和社会的压力；（3）解决了学校办学经费不足的问题，减轻了国家财政的负担；（4）促进工商业事业单位了解自己的人才状况；（5）促进学校不断改进专业、课程的设置。在课程开发方面，职业学校课程开发主要是由教育界专家组织，而企业界人士极少参与。所以，开发出来的课程陈旧，偏离企业的生产实际，不适应人才市场对人才的需求。因此，我国要转变职教课程开发，应该把职业岗位要求作为开发的基础，教育界与企业界相互渗透。职教课程开发应由来自企业界的代表和教育界的课程专家共同完成，这样课程教学大纲才能符合企业和社会的要求，有很好的针对性和实用性，能够充分展现职业教育的特色。学校也可以要求企业参与教学实施和教学评估工作，保持两者间紧密的合作关系。

在加强校企合作时，建立法律保障机制也是非常重要的。国家不仅应在政策上鼓励和引导企业积极参与职业教育的人才培养，而且更应该通过立法的形式，明晰学校与企业在培养人才方面的权利和义务，将校企合作纳入国家法律保障体系中。

4. 推行"双师型"师资队伍建设

我国职业学校师资的数量不足，学历普遍较低，师资队伍的结构不合理。长期以来，我国职业教育师资的培养主要依托普通高等学校。1989—2004 年间，我国已有 160 多所高等院校建立了职业教育师范系、专业和班级，而从企业工商界聘用企业家、技师做兼职教师的极少。与此同时，师资的培训或进修的机会也较少。职业教育师资的这些现状已经严重影响和制约了我国职业教育的发展。

目前，建立一支适合 21 世纪我国职教发展需要的"双师型"师资队伍，已成为我国职业教育发展迫切需要解决的问题。在师资培养方面，一方面通过高等院校培养大批高学历、高质量的人才，提高师资队伍的学历水平、知识水平；同时，高等院校要与企业紧密结合，在提高师范类学生知识水平的同时，也要加强对他们的实践本领与技能的训练。如师范类学生在高等院校学习期间，必须到企业实践一段时间，并获得相应的职业资格证书，才能有资格参加职业教育教师资格证书考试。另一方面，从社会大量选聘专业技术人员到师范院校学习基础文化知识，学习时间至少要一年以上，以保证教师的综合素质。修完基础文化课程以后，必须参加全国教师资格考试，通过考试者才有资格做职业学校的教师。职业学校还可以聘用兼职教师，比如招聘一些具有丰富实践经验的企业家或生产一线的技术工人作为兼职教师或客座教授，即实践指导型教师。

教师的进修是建立"双师型"师资队伍的重要组成部分。要根据教师的不同情况，进行不同程度的进修，可允许长期培训与短期培训、在职进修与脱产进修、系统培训与部分培训等多种形式交替进行。要重视教师的综合素质的培养，更新教学内容，转变传统的教育思想，完善教育方法。同时，对富余职教教师进行转换专业的培训，以解决教师总体缺乏和结构不合理的现象；对学历低的教师应该加强文化水平的提高和专业技能培训。

在知识经济时代，随着终身教育思想的不断深入，职教教师的继续教育日益被世界发达国家所关注。我国职业教育在进行师资学历教育的同时，也要搞好职教师资的继续教育工作，尽快完善职业学校教师继续教育体系，满足职教师资基础文化知识的扩充、专业技能的更新和教师综合能力的再提高的要求。

课程改革与建设是职业学校教学改革的重点、难点和突破口，也是提高职业教育质量的关键之一。职业教育的教育思想、培养目标和人才培养模式等都要通过课程教学来实现。课程改革的最终目的是：树立以全面素质为基础、以能力为本位的指导思想，通过实施"面向 21 世纪职业教育课程改革和教材建设规划"，逐步规范中等职业学校的教育教学，构建适应劳动就业、教育发展和人才成长"立交桥"需要的职业教育课程体系。

参考文献：

1. 刘春生，徐长发．职业教育学．北京：教育科学出版社，2002．

2. 黄育云，等．职业技术教育在中国．成都：电子科技大学出版社，2004．

3. 周明星．职业教育学通论．天津：天津人民出版社，2002．

4. 国家教育发展研究中心．2000 年中国教育绿皮书．北京：教育科学出版社，2000．

5. 王艳玲．发达国家高等职业教育课程改革新动向．成人高等教育，2005．

6. 王艳君．高等职业教育课程改革初探．辽宁高职学报，2005，(3)．

7. 丁锡民．浅析职业教育课程改革的趋势，2005．

8. 郑声衡．职业教育师资队伍建设存在的问题与对策．河南职业技术师范学院学报：职业教育版，2005，(1)．

9. 黄克孝，职业和技术教育课程概论．上海：华东师范大学出版社，2001．

关于中等职业教育会计
实践性教学的思考

——以曲靖工商职业技术学校会计专业
教学改革为例

曲靖工商职业技术学校　资文仙

摘　要： 会计学是一门应用型学科，它的实践性很强，特别是中等职业会计专业毕业的学生更要求具备一定的理论水平和较强的实际操作技能。在中职学校生源质量不断下滑的今天，要培养学生的实际操作能力，增强学生毕业后的工作适应能力，缩短理论和实践之间的距离是会计教学中的一大难题，也是实现中等会计专业素质教育的关键所在，因此在教学中必须高度重视实践性教学。当前进行实践导向的会计教学改革比任何时候都具有现实意义。本文就笔者十多年会计教学经验，对中等职业教育会计实践性教学的重要性进行分析，提出会计实践性教学内容及实践导向的会计教学改革思路，以期将会计专业素质教育落到实处。

关键词： 职业教育　会计实践性教学　教学改革　思考

会计学是一门应用型学科，它的实践性很强。中职会计专业毕业的学生不仅要有一定的理论水平，而且要有较强的实际动手能力。笔者经过十多年的会计教学发现：会计理论对会计事项的描述多以文字叙述为主，一段文字叙述或者一句话就是一张原始凭证。在传统的以理论为主的会计教学模式下，学生根据文字叙述相对容易进行账务处理。而在会计实践中，会计事项都是直接以各种原始凭证或者各种文件的形式摆在会计人员面前，是什么样的业务全靠会计人员自己去判断。但我们的学生在各种单据凭证面前往往不知所措。为此，如何让学生实现从根据文字叙述进行账务处理到直接根据原始凭证进行账务处理，缩短理论和实践之间的距离是会计教学中的一大难题，也是实现中等会计专业素质教育的关键所在，在教学中必须高度重视实践性教学。

一、中等职业教育会计实践性教学的重要性

近年来，高校的扩招导致"普高热"，能上高中的一定上高中，不能上的想办法也要上高中，实在没办法的才进中等职业学校。中等职业学校迎来了前所未有的"招生大战"，就读中职学校不再有分数及年龄的限制，有的学生甚至连初中都未毕业，文化基础和思想基础"双差"学生的面越来越大。而在中职各专业中，会计是相对较难的学科，实现素质教育的难度加大，师生怨气多，师生关系也越来越紧张。因此，研究并落实实践性教学对会计专业素质教育的实现及师生关系的改善具有重要的现实意义。

1. 增强学生团队协作意识，进行会计职业道德教育

在会计实践性教学中，可以通过分组练习、岗位牵制、凭证的传递程序、模拟银行、模拟税务等让学生知道会计工作是需要沟通协作的，以培养学生的团队精神。通过对会计事项的处理及其结果的分析，特别是正反面案例的介绍可以培养学生的职业道德意识，进行会计职业道德教育。

2. 培养学生良好的会计职业习惯和工作作风

在手工会计中，通过会计数码练习、凭证的填制、账簿登记、报表的编制等训练，培养学生良好的会计书写习惯。按照要求上交实训作业，可以培养学生遇事不含糊、办事不拖沓的工作作风。

3. 提高学生实际动手能力，缩短理论和实践之间的距离

在理论学习之后，通过会计实践性教学，可以加深学生对会计理论的理解。通过对学生点钞验钞技术、识别原始凭证、编制记账凭证、登记账簿、编制报表及进行报表分析等实际业务的训练，提高学生的实际动手能力，以缩短学生将来的社会适应期。

4. 活跃课堂气氛，激发学生学习兴趣，改善师生关系，增强教师的职业成就感，促进师生身心健康发展

会计核算理论和实务有较强的政策性和规范性，学生学习有一定的难度。加之生源质量的下滑，纯理论的教学显得枯燥。在理论教学过程中，教师和学生都容易产生畏难情绪，出现一些厌教厌学的现象，师生关系逐渐紧张，甚至产生对立，这种氛围严重影响师生的身心健康。而案例教学、参观实习、学生动手训练等互动式教学方式可以活跃课堂气氛，激发学生学习兴趣。通过师生的沟通与交流，改善师生关系，增强教师的职业成就感，促进师生身心健康发展。

二、中等职业教育会计实践性教学内容

笔者通过多年的会计教学实践认为，实践性教学应贯穿整个会计教学始终。把参观实习、模拟实习和"顶岗实习"结合起来，让学生在潜移默化中得到会计实践的锻炼。会计实践性教学应该包括课程实践、单项模拟实训、参观实习、综合模拟实训、顶岗实习等环节。

（1）课程实践。主要是对会计的几门核心专业课程如基础会计、财务会计、成本会计、电算化会计等以教学文化的形式规定具体的技能目标，要求各任课教师在课程教学中完成。

（2）参观实习。如在成本会计的教学中，产品成本的核算程序与生产工艺流程密切相关，而学生难以理解，可带学生参观企业，让学生在生产工艺流程上有感性认识。

（3）单项模拟实训。主要是会计数码练习、出纳岗位（点钞、验钞）、成本核算、办税、银行业务、应收应付等。这些模拟实训可以单独进行，也可分解到各课程中进行。

（4）综合模拟实训。主要是综合处理一个中小型企业1个月的经济业务。可安排在上述实训结束之后，采用手工核算和计算机账务处理同时进行。

（5）顶岗实习。中等职业教育会计学学生第三年由实习指导教师带他们到企业顶岗实习。

三、中等职业教育会计实践性教学的实施

中等职业教育会计实践性教学的实施是一项系统工程，其关键在于实践导向的会计教学的改革。它涉及政府宏观管理及学校微观技能培养目标的制定及分解，教学计划的制订及调整，以及教材建设、师资队伍建设、教学资源建设、教学管理规章特别是教学评价体系及收入分配制度的建立等多方面。

1. 技能培养目标标准的制定及分解

实用技能培养目标的正确定位，规定了人才培养的规格与质量，在实践性教学实施过程中起着指导性的作用。它决定着各专业教学计划的制订及调整、教师队伍的建设、教学资源的建设、教学质量评估体系的构建等。因此，应充分进行市场需求调查，确定合适的会计实用技能培养目标，突出对学生动手能力的培养。各技能目标制定出来之后再分解落实到具体的课程中，制定出知识目标、技能目标及具体的实施办法。

2. 教学计划的制订与调整

根据技能培养目标调整课程设置。课程设置应体现学生需求、职业资格考试及技能训练要求。压缩基础文化课程，增加专业课程，调整专业课程理论与实践课时比例，实践课时比例可增至 $1/2 \sim 2/3$。在课程教学安排中，应合理安排专业课程授课

时段。

3. 教材建设

教材是教学实施的直接依据，可分为理论教材和实训教材两种。教育行政部门应组织相关专家、学者编写质量较好的教材供各职业学校选择，各职业学校也可以组织校内教师根据当地的会计核算要求编写一部分教材使用。

4. 加强"双师型"师资队伍建设，提高教育教学质量

"学高为师，身正为范"。通常说："要给学生一碗水，教师自己要有一桶水。"实践性教学落实的关键在于教师的日常教学行为，教师首先有较高的知识和技能水平。会计职业教育现状表明，教师无论是在数量还是质量上都满足不了实践性教学的需要。数量上大部分学校会计教师人手不足；质量上，现有的教师大部分都是从学校到学校，有一定的理论知识，但普遍缺乏实践经验。建设会计教师队伍应该突出两个方面：

（1）数量上，要有一批稳定的会计教师队伍。近年来由于中职教育的萎缩，编制紧张，中职教师待遇低下，社会地位下滑，很多学校会计教师流失严重。有经验的会计教师缺乏，或者好不容易有几个也因为疲于应付繁重的教学任务而没有太多精力从事新形势下的会计教学研究及改革。新毕业的大学生因各种原因要么难于胜任，要么不安心工作，在生源质量不尽如人意的今天，很难落实会计职业素质教育。所以政府应关注学校，增加编制，从财政上解决教师的待遇问题。学校可从企业选调一批优秀人才充实教师队伍。

（2）质量上，应提高教师的理论水平和专业技能水平。一方面，应通过在本校培训或送出去培养的方式提高教育教学及会计理论水平。另一方面，在教学工作中，应派教师到企业进行锻炼，保持与企业之间的密切联系。鼓励会计学教师兼职，参加各种会计职业资格考试以提高自身的专业实践能力。

5. 实践性教学资源建设

加大经费投入，加强会计模拟实验室和实训基地的建设。和计划经济时代相比，现在的企业大多为自主经营，学校要联系和组织会计专业的实习很艰难，很多时候是靠教师的私人关系在维系，没有任何政策保障。我认为这方面政府应出台相关政策法规，明确企业在培养职业人才方面的责任，并可在税收方面适当优惠，以调动企业在培养职业人才方面的积极性。帮助学校建立实训基地，真正实现会计职业的素质教育目标。

6. 教学评价体系中应强化实践技能的考核

教学评价采取对学生和教师的双重考核形式。对学生的考核，可以多种考核方式结合，一是进行传统的期末考试。期末考试在考试命题原则、形式、成绩构成上应强化实践技能的考核，加大实训分值比例，使期末考试由"应试教育"转变到"技能培养、就业教育"上来。二是组织学生参加各种会计职业资格考试及各种技能比赛。对教师的考核，既要注重对常规教学各环节实践性教学落实程度的考核，又要注重与学生学习效果的考核相结合，以科学的考核评价体系调动会计教师进行实践导向的会计职业教育教学改革的积极性。

7. 向实践课程倾斜的收入分配制度

由于教学计划内的各门课程在会计技能培养目标实现过程中的地位、作用、任务不同，各类课程教师的课时酬金应有所区别。收入分配应向实践技能课程倾斜，比如通过系数来调整，以调动教师实践性教学的积极性，让有知识、有技能的教师安心教学，投身实践性教学改革，提高教学质量。

总之，实践性教学的改革是一个系统工程，它涉及的环节多，影响因素也多，需要政府的支持、社会的关注、学校的重视，更需要广大职业教育工作者的不懈努力。

参考文献：

1. 曲靖工商职业技术学校各种会计教学改革资料．

2. 陈云山，等．东陆职教论坛．昆明：云南大学出版社，2005，2006.

3. 云南省会计从业资格考试辅导教材编写组．财经法规与会计职业道德，北京：经济科学出版社，2005.

分组讨论法在"财务管理"教学中的应用

宁波行知中等职业学校　岑东益

摘　要： 根据全国职教会议的精神，培养技能型、应用型的人才已成为中职教育的主旋律。如何创新教学方法进行教学改革，成为中职专业课教师面前的重要课题。分组讨论法教学是实践新课改、转变学习方式、提高课堂效率的重要途径。学生分小组讨论，既有利于体现学生在学习中的主体地位，又有利于培养学生团结协作、合作探究的能力和习惯，还能创造出一种和谐、平等、宽松的学习氛围，符合教学改革的要求。本文结合自己的教学实践，对在"财务管理"教学中如何应用分组讨论法进行探索。

关键词： 分组讨论法　货币时间价值　教学　运用　能力

随着职业中学新课程改革的深入开展，培养创新精神和专业实践技能已成为职业中学素质教育的主旋律。而中等职业学校的教学现状是：学生在课堂上总是被动地、机械地接受和部分接受老师的知识，往往使得我们的课堂教学效果事倍功半，所以传统的教学方法使专业教学计划很难真正在这些中职学生身上落实。

所以如何选择好的教学方法来改进教学效果，成为摆在职业中学专业课教师面前的重要课题。布鲁姆说过，"知识的获得是一个主动的过程。学习者不应是信息的被动接受者，而应该是知识获得的主动参与者"。一堂好的专业课，学生应该成为学习、探究专业理论和专业操作技能的积极参与者。分组讨论法教学就是实践教改、转变学习方式的重要途径。

一、分组讨论法的概述

1. 分组讨论法的定义

所谓分组讨论法，是指"在教师指导下，由全班或小组成员围绕某一中心问题，发表自己的看法从而进行相互学习的一种方法"。课堂讨论作为教学结构中的一个重要组成部分，它不仅有利于营造学生积极参与教学过程的良好氛围，有利于培养学生团结协作、合作探究的习惯，而且更有利于开发学生的创造性思维，真正提高学生学习的能力。在职业教育新课程基本理念的指导下，我在会计专业的"财务管理"教学中进行了分组讨论法的尝试，感觉颇有收益。

2. 分组讨论法的特点

在教师的引导下各小组学生就某一问题在组内开展讨论，要求人人自主参与，并根据已有知识和经验探究得出新的知识或总结出新的规律。

二、会计专业课程知识体系的特征

（1）专业性、理论性强，学生对知识体系的理解和接受具有一定的难度。

（2）知识体系前后联系紧密，逻辑性强，与职中学生的逻辑思维能力具有一定的差距。

（3）教材中的例子操作性不强，与会计岗位实务要求有一定距离。

三、分组讨论法在会计专业课程教学中的运用

本人在会计主干课程"财务管理"中多次尝试用分组讨论法进行教学。下面主要以"货币时间价值"这一节课所采取的分组讨论教学的具体教学过程为例，阐述如下：

1. 课前准备

（1）合理分组，分工责任明确。

分组讨论法是一种有系统、有结构的教学组织形式。布鲁姆曾在小组规模研究的总结中建议，5~6人是小组讨论的理想数字，我把全班同学按4人（前后两桌）为一小组进行分组，小组一般采用组间同质、组内异质的分组原则，组内异质为小组成员内部互助提供了可能，而组间同质又为各组间的公平竞争打下基础。

讨论小组的划定，使小组成员有了共同的期望和目标，但关键还要能吸引小组成员都积极参与到讨论的过程中。因此从高要求讲，组内成员各自明确分工、各司其职也是至关重要的。小组内每个组员都要担任一个不同的角色，如财务总监（往往又是发言者）、会计员、统计员、出纳员等；并采用角色定期互换的办法，使每个学生都能担当不同的角色，从而在不同位置上得到体验、锻炼，共同提高。

（2）精心设题，注重问题设计。

讨论问题的设计是影响讨论效果的关键因素，是讨论法成功实施的前提。教师在认真钻研教材的基础上要准备一份详尽的计划，最好能从学生的兴趣和实际出发，在教材的知识点上精心设计有意义的主题或有争论性的问题，尽可能难易适中、由浅入深，体现最近发展区的教学原理（让学生在讨论过程中有一种跳一跳就能摘得到桃子的感觉），有利于启发学生的多向思维。有时可出示导读提纲，要求学生先带着问题阅读教材，并指导学

生把阅读中遇到的疑点、难点做好标记以待小组讨论时商议。

在本堂课中设计的问题如下：

问题 1：现在存入 1 000 元钱，利率 10%，单利条件下每年的利息及三年后的本利和是多少？并根据例题计算过程推导出单利条件下利息和本利和的计算公式。

问题 2：上例在复利条件下每年的利息和三年后的本利和是多少？并根据例题计算过程推导出复利条件下利息和本利和的计算公式，并分析单利和复利计算公式的联系与区别？

问题 3：如果某人 3 年后要用 100 万元买一套商品房，问现在应存入银行多少钱？分别用单、复利考虑？

问题 4：如果某人 3 年后要用 100 万元买一套商品房，问现在起每年应存入银行多少钱？

设计以上四个问题的意图：第一是在货币时间价值的知识体系中体现由浅入深，符合学生的认知规律；第二是把货币时间价值的理论知识和借款、住房按揭等实际的问题进行有效地结合，体现理论联系实际的教学原则；第三是由理论的知识延伸到实践的问题，指引学生去思考、分析，提高学生解决实际问题的能力，从而使学生的知识和能力得到有效的拓展，使学生的能力得到全面提高。

2. 教学组织

经过精心的课前准备及设计，在教学过程中教师可先组织学生就教材的重点和难点提出疑问（质疑），通过师生间、学生间的多向交流，了解问题的来龙去脉，解决问题并得出结论（释疑）。即通过质疑→释疑的过程米完成对知识内容的落实。

"兴趣是最好的老师"，学生只有对本学科知识产生了兴趣，才能有探求这门学科的欲望，而这种兴趣的激发则在很大程度上要依靠教师所创设的教学情境。

在讲"财务管理"中的"货币时间价值"时，学生对利息已有实际生活中的初步印象，并且还有一定的数学基础，但对怎么会产生利息，用怎样的方法计算利息还不是很清楚。所以我在讲清楚了现值、终值、单利、复利等基本概念后分四步逐步进行讨论。

首先提出一个比较简单的问题 1：问现在存入银行 1000 元钱，利率 10%，单利条件下每年的利息及三年后的本利和是多少？请学生分组讨论，然后随机抽一组学生回答，请其他组学生判断是否正确。然后请另一组学生自己根据例题计算过程推导出单利条件下的计算公式。

在上述例题讨论的基础上再设计问题 2：上述案例中在复利条件下每年的利息和三年后的本利和。并根据例题计算过程推导出复利条件下利息和本利和的计算公式。并分析与单利公式的联系与区别？进一步进行分组讨论，随机抽一组学生回答，请其他组学生判断是否正确。然后随机抽另一组学生根据例题计算过程推导出复利条件下的计算公式，再随机抽一组学生分析复利与单利计算公式的联系与区别。

在上面的例题中除计算利息以外都是根据现值计算终值，所以还可以结合实际生活设计问题 3：如果某人 3 年后要用 100 万元买一套商品房，问现在应存入银行多少钱？分别用单、复利考虑？请学生分组讨论并随机抽一组回答。

授课的最后再安排 5 分钟要求学生用比较的方法总结单、复时间价值的计算公式，并设计问题 4，请学生课后分组讨论：如果某人 3 年后要用 100 万元买一套商品房，问现在起每年应等额存入银行多少钱？从而为下节课的年金作好铺垫，加强其连贯性和延续性。

在上述的讨论教学过程中我构建的课堂教学流程如下：

问题设计 —→ 讨论组织 —→ 讨论结果 —→ 达到目标

问题1 —→ 学 生 分 组 讨 论 —→ 结论1 —→ 1.问题设计体现由浅入深，符合学生认知规律；

问题2 —→ 结论2 —→ 2.用已有知识结合生活实例通过讨论探究出要掌握的知识，体现理论联系实际的教学原则；

问题3 —→ 结论3 —→ 3.由理论的知识延伸到实践的问题，提高学生分析问题和解决实际问题的能力，使学生的能力得到全面提升。

问题4 —→ 结论4 —→

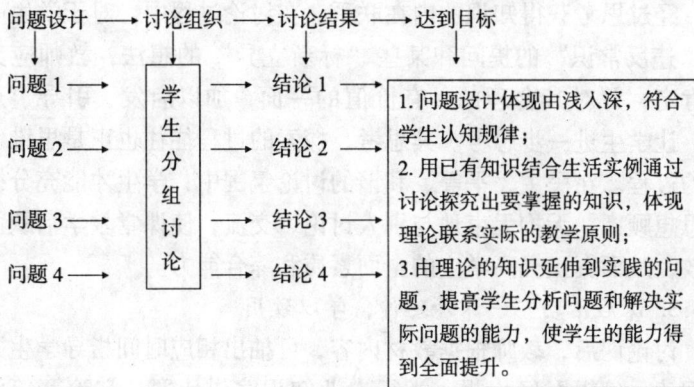

问题1：现在存入1 000元钱，利率10%，单利条件下每年的利息及三年后的本利和？

结论1：单利终值的计算公式：单利终值＝本金×（1＋利率×期数）

问题2：上述例题在复利条件下每年的利息和三年后的本利和。

结论2：复利终值的计算公式：复利终值＝本金×（1＋利率）^{期数}

问题3：如果某人3年后要用100万元买一套商品房，问现在应存入银行多少钱？分别用单、复利考虑。

结论3：单、复利计息方式的不同：单利只考虑本金产生利息，复利除此外还要考虑本期利息在下一期产生的利息。

问题4：如果某人3年后要用100万元买一套商品房，问现在起每年应存入银行多少钱？

结论4：引出年金定义，为下节课内容作铺垫。

在上述教学过程中教师要设法把学生置于"发现者"和"探索者"的位置上，让学生随教材内容的展现，不断发现问题，经过思考获得知识的内在联系。在讨论过程中，对于学生一些"违反常识"的提问和某些"标新立异"的想法，教师应充分肯定，并对其合理的、有价值的一面，加以启发、引导、点拨，让学生进一步思考。其思考、探索的过程往往也正是思维创新的过程。在民主、平等、和谐的讨论氛围中，学生才能充分抛开思想顾虑，无拘无束地与别人讨论、交流，使课堂教学活跃而高效，从而真正提高学生的全面素质和综合能力。

3. 课后活动——课外延伸，学以致用

讨论课后，教师根据教材内容，可抽出相应时间指导学生开展阅读、编辑财经小报、举行专业知识演讲比赛、辩论赛等活动，让学生动脑、动手更动心。这样课内与课外、理论和实践相结合，不仅丰富和拓展了学生的课外知识，还有助于不断完善和改进我们的课堂教学，进一步提高教学质量。当然这些活动要能激发学生的兴趣并尽可能得到班主任和学校分管领导的支持，任课老师要精心策划，学生要积极准备。

四、分组讨论法实施的教学感想

现将有关的实施过程的教学感想总结如下：

1. 问题设计的感想

巧妙的问题情境设计在课堂讨论中会收到良好的教学效果，它可以在极短的时间内把学生的注意力吸引到教学主题上来，激发学生的求知欲望和参与热情。这种师生互动，共同创设问题情境的过程，就是学生探究问题和解决问题的过程。这也向着真正实现"变教为诱，变学为思，以诱达思，促进发展"迈进了一大步。

2. 师生关系的感想

课堂教学过程是师生共同成长的过程。教师要善于发现、诱导、激励、培养和保护学生的创造精神，给学生提供发挥创造性的条件和空间。在讨论过程中，教师期待着学生的进步和提高，因为这种进步和提高是对教师教学成果的肯定；同时，学生也期待着教师的关注、指导和肯定，这种关注、指导和肯定将转化为日后学习的动力和源泉。师生双方都在和谐、期待中获得一种心理上的满足，形成教与学的良性循环。

3. 教学评价的感想

尝试分组讨论法多年来，我一直把"不求人人成功，但求人人进步"作为教学评价的最终目标，把学生个人之间的竞争变为小组间的竞争，形成组内合作、组间竞争的格局。在这种目标结构中，"人人为我，我为人人"，改变了单纯的"输—赢"关系，增强了"利益共同体"的集体荣誉感，从而激发了学生参与学习、乐于学习的兴趣和动机，不仅满足了学生的求知欲、成功欲和表现欲，体现了以人为本的现代教育理念，而且拉近了师生之间的距离，更能够体现课程由教师和学生共同建构的新理念。

4. 教学问题的感想

当然，分组讨论法在实际操作中也存在一些问题，比如它要求时间要充裕、讨论主题要明确、学生知识准备要充分，等等。因此，如何将分组讨论法与传统教学法有机地结合在一起，应用在职业中学专业课堂教学中，将是一个有待深入研究的问题。

教学是一种艺术，艺术贵在独创。只要我们在博采众长、集思广益中结合教学实际加以创新，就一定能走出自己的一条路子来。我相信，随着职教教改的深入，讨论法教学必将焕发新的活力，产生新的效益。

参考文献：

1. 张海林．财务管理．北京：高等教育出版社．

2. 蔡克勇．21世纪我国高等教育的走向．宣传教育参考，

（97），（98）．

3. 皮亚杰．皮亚杰教育论著选．电化教育研究，1997，
（3），（4）．北京：人民教育出版社，1990.

4. 何克抗．建构主义——革新传统教学的理论基础．

素质教育

对心理健康教育的浅思

云南大学职业与继续教育学院　施　芳

摘　要：本文结合笔者多年的实践经验，提出心理健康教育要结合各学科教育来展开，要在互动中进行，方法要灵活多样，并运用教学实例对此进行了详细分析论证，以期促进心理健康教育的发展，培养能为社会作出更大贡献的学业和心理都合格健康的学生。

关键词：心理健康

随着改革开放和市场经济的发展，人们的心理压力越来越大，心理问题凸现出来。大学生的心理健康（Mental Health）教育越来越成为高等教育理论和实践领域受关注的问题之一。

经济发展不平衡造成人们收入差距的扩大，离婚率的上升造成单亲家庭子女的增多，高昂的学费，升学、就业的竞争造成了心理负担过重，使得当代学生容易出现一系列心理问题，诸如自卑、孤独、紧张、恐惧、猜疑、忧郁、嫉妒、报复等不良心理状态，造成神经衰弱、精神分裂，甚至出现离家出走、杀人、自杀等恶性事件。实践证明，解决这些问题，不是单纯的政治教育、思想教育、法纪教育、道德教育可以完全奏效的，而需要加强心理健康教育。心理健康教育可以针对不同年龄阶段学生的心理特点和心理问题，进行有针对性和实效性的心理健康和心理发展教育，重点是增强学生的心理适应能力、心理承受能力和心理调节能力，让他们以健康的心理、良好的心境、积极的心态面对学习和生活。

近年来，笔者在教学过程中，深切感受到学生急需心理健康教育，但这恰恰又是当前教育的一个弱项。当前教育往往忽视了学生的一些最起码、最基本和最一般的人格内容，如学生的社会适应、职业选择、应付挫折的能力、情绪调适及人际交往等。本文就如何更好地进行心理健康教育进行了总结和反思。

一、心理健康教育要结合各学科教育来展开

现在的学校教育中有一个误区：把心理健康教育认为是思想道德修养课的内容，或是认为这是学校学生工作部门的事情，专业课老师的任务就是教好自己的专业知识就行了。实际上，师者，传道、授业、解惑也。为人师，必将履行帮助学生解除疑惑的任务。如果老师能够在传授专业知识的同时，将一些正确的人生理念告知学生，帮助他们走出人生的阴影，维持良好的心理健康，将有助于培养融洽的师生关系，让学生敬仰老师，从而在促进学生对专业知识学习的同时，学会保持健康的心理，有利于把学生培养成为真正全面发展，能够适应社会的人。因此，学校日常的教育教学活动应成为心理健康教育的主渠道，只有将心理健康教育的思想、内容渗透到教师每天大量而具体的教育教学工作中去，才能把心理健康教育真正做到实处。

给笔者留下深刻印象的是教授管理思想史章节中的"霍桑试验"时涉及的心理健康的内容，学生表现出的热情远远超出了预料。

霍桑试验是 1924—1932 年间在美国西方电器公司的霍桑工厂进行的一项著名的管理试验，霍桑工厂具有在同时代并不多见的较完善的娱乐设施和较健全的医疗制度与养老金制度，但是工人们的生产业绩却并不理想。为了探求原因，由美国国家科学院

全国科学研究委员会提供经费，在这个工厂进行了为期 8 年的研究。这项试验的内容包括四个方面：照明试验、福利试验、群体试验和谈话试验。在谈话试验中，专家组织了一个涉及面极广的态度调查，花了两年多的时间，找工人个别谈话两万余次，以了解工人对工作和工作环境的看法，倾听工人对当局和厂方的意见和不满，并做详细的记录，但不对工人训斥和反驳。这项谈话试验收到了意想不到的效果，原来只想了解情况，结果却使工厂产量大幅度提高。调查者梅奥认为，这是由于调查使工人将长期对管理当局的不满宣泄出来，因而心情舒畅，引起了产量的提高。梅奥因此提出"社会人"的假设，管理者应该深刻认识到他们的下属是一些有思想、有感情的活生生的人，管理者不仅应该对下属进行监控和指导，还应关注其归属感、地位感和心理健康。[①]

我结合"谈话试验"，详细分析了宣泄对维护心理健康的重要性，宣泄就像泄洪一样，把人崩溃的危险消除了，通过宣泄可以将心中的不满充分表达出来，大大减轻心理压力，缓和人际关系，有利于人们进行正常的工作和生活。我还给学生讲了自己大学时代的困惑是怎么通过宣泄来消解的。

讲完这些后，我明显感到学生的注意力比以前集中。他们的眼睛中透出兴趣的光芒。课后，有同学发邮件给我这样说："我一直以为管理学的课程很枯燥，没想到还能学到那么实用的东西；我一直以为老师会照本宣科地讲课，没想到还会关心我们的内心世界，还给我们讲老师大学时的事，显得那么真诚。我以后会认真上课，认真关注自己和周围人的心理健康。"以后又有很多同学在课程要求中提出教学不要仅仅局限在书本知识中，可以

---

① 霍桑试验的内容介绍转引自《超越平凡——管理中的心理规律及其应用》，聂琴著，云南民族出版社，2001 年 5 月第 1 版，第 21~26 页。引用时略缩改。

多给他们一些心理健康方面的引导。由此更坚定了我在教学中结合心理健康教育的想法。实践下来，效果很好，学生带着兴趣来上课，不仅学好了专业知识，也思考了如何维护心理健康，师生关系也变得很融洽，即使这门专业课的教学结束了，大家仍然会经常联系和交流，因为心理健康问题是一生的永恒问题。

二、心理健康教育要在互动中进行

老师可以把自己的心理健康的知识、经验和教训告诉学生，形成师生互动，也可以用讨论或辩论等方式加强学生间的互动，他们年龄阅历相同，朝夕相处，大家在互动中达成共识，发现问题，可以更好地互相帮助，促进整个群体的心理健康，相比老师而言，同学会成为更方便、更持久的且没有代沟的心理健康帮助伙伴。

因此，在讲解了谈话试验后，我组织学生进行讨论，谈谈如何通过宣泄来保持心理健康。在积极踊跃的发言中，学生们提出了许多宣泄方法，共同的方法有：睡觉、运动、听音乐等。女性常用的方法有：吃东西、逛街、购物、打电话、写日记、大吼大叫等；男性常用的方法有：打游戏、抽烟、喝酒、打牌等。通过讨论，大家不仅学到了许多新的宣泄方法，分析了男女两性的差异，加深了对异性的正确了解，同时也认识到宣泄必须是健康的、适合自己的、不对他人造成不良影响的。

讨论过后，每当有同学用喝酒来宣泄时，旁人就会提醒他，这种宣泄方式要适量，可以选用其他的方式，有很多人因此学会了用别的方式来宣泄，变得更加健康。还有一个女同学，一不高兴就阴沉着脸，对别人发脾气，以为只要事后道歉就行了，别人就会原谅她。通过讨论中别人的提示，她认识到这种宣泄方式会伤害到别人，开始尝试用微笑去面对身边的人和烦心的事，人际关系大为改善。参加工作后，她的微笑和乐观赢得了职场升迁，而另一个同事因为用乱发脾气的不当方式宣泄内心的不快而遭到同事冷落，但自己还浑然不知，以至于丧失了很多发展机会。这个学生非常庆幸自己在互动中得到了同学的帮助，找到了保持心理健康的正确方式，让自己的学习和工作生涯变得顺畅。

三、心理健康教育的方法要灵活多样

心理健康教育不能成为说教，不能只停留在口头上，而应深入生活，在实践中加以训练、巩固。为此，我们倡导注重实践，给学生机会，让学生在参与中、在"做"中真正受到心理健康教育。因此要引入更多的教学资源来充实学生的心理健康教育，在实践中，以下方法比较受学生好评：

（1）案例分析。在教学中我曾介绍了日本一家公司设立"情绪宣泄控制室"，屋子前方悬挂总经理照片，顺着墙摆放着各级负责人的仿真橡皮人，旁边有木棒，屋子后方有一排哈哈镜。如果员工心理有压力，就可以到这个房间自由宣泄，不论喜怒笑骂，都不受干预，只要保证宣泄过后以良好的心态投入工作就可以了。学生听了这个例子后都很有启发，还进一步自发分析了这种方法的优劣，探讨在中日不同的国情下，宣泄方法应该如何吸收借鉴和变革。在这之后，很多学生都十分注意收集不同国家在宣泄方面的例子，从中总结好的宣泄方法。

（2）现身说法。学生学习了如何维护心理健康的理论知识后，在实践运用上还存在滞后性，让相关人士直接给学生讲解实践经验，则可以提高学生理论结合实践的能力。笔者曾经把心理医生、心理咨询师、电台心理咨询热线的节目主持人、心理沙龙参与者、管理界人士等与心理健康密切相关的知名人士请到课堂中来给学生现身说法，效果很好。记得一个企业的管理者提到他请员工唱歌，结果第二天员工的工作态度有了转变，原来是在唱歌中员工宣泄了压力和不满，所以他决定在公司的规章制度中加

入定期宣泄的规定，让宣泄成为制度化、公开化、普遍化的事情。后来一个学生工作后就此问题也给他的领导写了一个报告"唱歌不是简单的唱歌"，提出建立定期宣泄的制度，让领导眼前一亮，对该学生另眼相看。可见，如果增加了心理健康教育的实用性，学生会自觉自愿地学习这些知识。

（3）心理健康教育要充分利用现代科技来进行。如果把计算机技术和心理健康教育结合起来，就可以极大拓展教育的范围，让心理健康教育不仅在课堂上进行，也可以融入学生的课余生活。比如建立班级网站，开办博客，让大家充分交流、资料共享、互相启发。记得我曾经把一份维护心理健康的资料①张贴在班级网站中，引起了极大关注。很多同学反馈这个帖子让他们从心理阴影中走出来，变得更加阳光和明媚。心理问题具有隐秘性，在网上交流，学生更容易敞开心扉，克服心理障碍。他们听课后开始思考，但并不一定在课堂上说真心话，实际的、最艰涩的问题往往会通过邮件、QQ 等方式和老师、同学交流，老师通过互联网来给予学生指导，这种沟通的方式效果很好。

---

① 日常生活中注意心理保护（WWW. BIYELUNWEN. CN 中国毕业论文网）：1. 每天早上都要抱着这个信念起床：一切都会很好！走出家门时不要像被霜打了的茄子一样，或者像要被押赴刑场似的，要充满自信地准备好处理即将发生的事，相信自己能游刃有余地处理好任何事。2. 养成习惯先处理最不愉快的工作。摆平它后，称赞一下自己。这样一天都会过得很轻松。3. 让自己精力集中。聚精会神地处理手头上的事很有益处。4. 在任何情况下都应表现得很有礼貌，举止得体。5. 不要总是一个劲儿地责怪自己。如果你确实做错了，那就承认错误，努力挽回错误带来的损失。不说什么"我今后再也不了"或其他抱怨的话。一味地自我鞭挞和贬低，这是忧郁症和精神病的温床。6. 认真地对待自己周围的人。了解他们在什么情况下会有什么样的反应，从而知道自己什么话不该说，什么事不该做。7. 努力用乐观的态度对待任何事，哪怕是最棘手的事。虽然这件事办起来不会变得更容易，但是你一旦对它的态度改变了，就一定会找到好的解决办法。8. 不要遇到什么事都前怕狼后怕虎的，应该行动起来。行动能快速地解决一切，犹豫不决，思来想去没有任何帮助。9. 别去抱怨别人，包容的心态和鲜明的个性更能赢得尊重。10. 晚上回到家，一定要用乐观幽默的眼光分析一下过去的这一天，别把委屈和疑虑带到明天。现在就完全放松下来，这样头脑里就只会剩下那些令人愉快的事。

总之，心理健康是一个终生相随的人生课题。没有绝对心理健康的人，心理健康是我们每一个社会成员都会面临的问题，在每个人身上都会同时存在心理健康和不健康的方面，只是哪种情况占主流或程度的不同而已。心理健康的这种相对性说明心理健康具有全员性，开展心理健康教育是必要的，具有重要价值和意义。一个面临心理危机的学生，如果得到及时有效的关注与帮助，在其后的发展中就有可能摆脱心理危机而踏上心理健康发展的道路。作为老师，必须重视心理健康教育，把学生培养成为现代社会需要的、认知功能正常、情绪反应适当、意志品质健全、自我意识正确、个性结构完整、人际关系协调、人生态度积极、社会适应良好、行为表现规范和行为与年龄相符的心理健康的人。

参考文献：

1. 东陆职教论坛．昆明：云南大学出版社，2003，2004，2005，2006.

2. 吴晓义，杜今锋．管理心理学．广州：中山大学出版社，2006.

3. 车文博．心理咨询百科全书．长春：吉林人民出版社，1991.

4. 中国毕业论文网 WWW. BIYELUNWEN. CN.

5. 中国大中学生心理健康教育在线．

6. 西南大学心理健康教育研究中心网站．

7. 12 教学网．

职业教育中必须加强思想
道德素质教育

云南大学职业与继续教育学院　瞿天凤

一

在国务院 20 世纪 90 年代制定的《中国教育改革和发展纲要》｛中共中央、国务院印中发［1993］3 号（1993 年 2 月 13 日）｝中，已明确指出了发展中国教育，进行教育改革的必要性以及教育发展和改革的路径、方法。其宗旨就是提高全民的整体素质。时至今日，这一教育宗旨始终没有改变，提高全民的综合素质仍然是我们的目的和任务。首先我们来看一下什么是素质教育。素质教育是依据人的发展和社会发展的需要，以全面提高全体学生的基本素质为根本目的，以尊重学生主体和弘扬人的主动精神、开发人的智慧潜能、培育人的健全个性，发展人的创新能力为根本特征的教育，是"为人生做准备""为未来做准备"的公民教育。因而素质教育不是生产型模式而是交往型模式。素质教育注重科学精神和人文精神的培育；注重教育的基础性；注重活动和实践；注重培养学生的良好知识结构；注重养成学生的认知能力、发现能力、学习能力及创造能力；注重潜移默化地培养学生对教材中所隐含的道德原则、审美情趣、生活态度等的认同；注重形象思维与逻辑思维的协同训练，协调开发学生的左右脑；注重现代教育技术的运用。从某种意义上说，素质教育就是人的教育，促进人的发展的教育。当今大学的素质教育就是以追求大学生的全面发展为根本目标，努力使大学生的整体素质不断提高。大学生的整体素质包括思想道德素质、科学文化素质和身体健康素质等方面，这几个方面相互依存。当代大学生的成长成才、全面发展就是这几方面素质的整体提高。本文将着重谈谈加强思想道德素质教育在整个职业教育过程中的重要性以及相应采取的一些措施和做法。

二

对于高等职业教育，在教育过程中同样也需要加强对学生的思想道德素质教育。近年来，高等职业技术教育得到了跨越式发展。职业教育的目的性强，目标与时俱进。办学思维、模式逐渐灵活、多样化。高等职业教育培养出了适合于社会需要的大批人才，为社会作出了贡献。那么，学生在职业、技术方面能胜任和能适应社会需要，这就够了吗？我认为，职业教育中同样需要加强素质教育，这样，培养出来的学生才能既有较高素养，又具有专业技术知识，这也是学生、社会双方所需要的。

在过去十年的中国教育发展改革中，特别注重对学生这三方面的培养，即注重素质教育，注重创新能力培养，注重个性的发展。的确，大学生在以上几方面受到了培养和训练，也取得了一定成效。特别是在大学扩招后，接受教育的总人数有了大幅度增加，学生在个性发展方面的成果尤其显著。但是同时也暴露出了诸多问题，如大学生犯罪、考试作弊、剽窃文章、缺课旷课等现象。这些都与学生的思想道德观、价值取向以及人生哲学等有关。因此，在全面贯彻党的教育方针、深化教育改革的新形势下，文化素质教育与思想政治教育有机结合成为紧迫的时代课题。

首先谈谈考试作弊的问题。在我国的考试中出现的这样那样的问题确实不少，有些问题还确实很严重。这不但使考试质量出现了下降，而且正在破坏着整个社会的诚信建设。从新闻媒体的各种报道中得知，无论是大到在全国英语四、六级考试，还是小到各班级的专业考试，都存在夹带作弊、替考等现象，而且大有愈演愈烈之势。如果任由这种情况发展下去，将会带来严重后果。因此，采取有效措施制止和迅速改变这种情况确实迫在眉睫。出台一些规范考试纪律的制度、办法和规定，是非常必要的。对此，已由重庆市专家起草完毕，填补我国一项法律空白的重要法律《国家教育考试法》目前已进入征集意见和立法讨论阶段。其中最引人注目的内容是将一些考试过程中的违纪作弊、徇私舞弊行为视为违法甚至犯罪。

然而将考试中作弊定为违法行为，很值得商榷。

严格地讲，考试作弊是一个道德上的问题。解决考试作弊的问题，首先必须从五花八门的考试本身查找原因。中小学以"考"定终身的做法，早就应该被素质教育取代了；单位、机关有些考试本身就是在走过场；各个行业五花八门的准入资格证书考试也正在越办越松懈；社会上随便动用"考试"这个法宝，已经使考试的信誉和质量在下降。因此，规范和净化考试环境，克服"乱考"问题，提高考试质量和信誉，是需要首先解决的问题。

其次，要明确告知学生，考试作弊是可耻的，是缺乏道德的人的所作所为。如果说小学生作弊是因为看到别人这样做，就去效仿别人，那么，中学生、大学生作弊的原因可能就不那么简单了。因此，必须从小学生就抓起。在学生一跨入学校大门，就要给他们灌输这样的思想，即考试作弊是可耻的，是被社会所鄙视的一种行为，甚至可以被认为是一种"道德禁忌"。

再次，道德层面的东西需要靠规范道德行为来解决。比如大学生在入学时，必须与学校签订《诚信考试承诺书》，让学生仔细阅读并签上名字。《诚信考试承诺书》上同时明确指出考试作弊的处理规定，即开除学籍。一定要让学生从骨子里认识到考试作弊的后果。这当然需要校方严格执行这一规定，否则，这将成为一纸空文。也可以将考试作弊者记入其社会诚信档案，让学生深刻意识到考试作弊还会影响到其今后的工作和生活。只有制定这种严格的措施并认真地执行，逮到一个就严肃地处理一个，才能从根本上刹住这股歪风，最终达到杜绝作弊的目的。至于一些泄露考试试题、进行团体性舞弊的行为，现有法律已经能够找到惩治的条款，并且一直在进行惩治和打击，关键在于严格执行法律的问题。

其实，笔者提出的以上几点针对作弊的措施，是借鉴了美国惠特曼学院的一些做法。我认为它们确实可行，而且行之有效。在那里留学的一年期间，确实没有见过一起作弊行为。我所经历的，所看到的情况是：老师进教室发完卷子之后，就离开了，回自己的办公室。考试期间，没有任何监考老师，没有学生之间的交头接耳，没有人对答案，更没有人翻书看。人人专心致志地做自己的，考试井然有序。做完试卷后，自己收拾好东西，把考卷送到等候在办公室的老师那里去。在那里，考试仿佛不是考成绩的高低，而是考学生的诚信度。在美国，人们确实是把诚信看成是做人的首要原则。如果一个人连最起码的诚信都没有，那么，他在社会中就几乎什么都没有了。

大学生在入学时，必须要在学校制定的《诚信写作承诺书》上签上自己的大名。一定要让学生知道剽窃文章是严格禁止的，而且要对此付出惨重的代价，即开除学籍。我在这里并不想探究剽窃文章如此盛行的原因，而是想强调，剽窃和考试作弊一样，是道德和法律上都严禁人们去做的。剽窃违背了做人的诚信这一最基本的，也是底线的原则。不是自己的观点，就不要占为己有。剽窃和偷东西没有两样。我认为，学生剽窃之所以这么普遍，特别是毕业论文尤其突出，有的甚至是整篇文章一字不改就偷过来用，部分原因是教师没有正确引导学生该怎样正确引用、借鉴别人的东西、观点。教师应该鼓励学生多阅读，多去搜集、分析别人的观点。在分析、归纳别人的观点的基础上，得出自己的看法和观点。这样的文章才是透彻的、有说服力的好文章。反之，如果整篇文章只是自说自唱，难免会让人看了觉得太苍白。借用了别人的观点的地方或是沿用别人东西的地方，一定要用双引号标明其出处，如出自哪个作者、哪本书、第几页。如果严格按这样的要求来做，既尊重了别人的知识（产权），又体现了自己治学的诚实，更能让自己的文章有说服力，何乐而不为呢？

大学生缺课、逃课的现象日趋严重，虽然有各方面的原因，但是，这与学生整体素质下降有关。部分学生懒惰，学业方面不想有任何付出，就想要得到回报。借口老师上的课不好，平日自己逃课睡觉、玩电脑。四年下来，根本没学习，更没学到该学的知识。可以想象，这样的学生踏入社会后，不可能适应社会，更不会为社会作出任何贡献。针对逃课这一现象，可以从几方面来着手解决。第一，教师提高自己上课的质量，让学生觉得能学到东西。可以采用灵活多样的授课形式，如讨论、实践与课堂教学结合等，想办法提高学生的学习兴趣。第二，不规则地抽查点名，而且规定有出勤分，最好根据各门课的特点，把出勤分比例算作总评分的 10% 到 20% 不等。这一做法在我所留学的学院中也很盛行。我所选过的课程中，有三个老师就是这样做的。第三，加大考试中测试应用能力的题目，让学生找不到可以抄的地方，同时也能达到教育的目的，即能运用所学的知识。这样一来，作弊也就没有用了。

三

以上针对大学生考试作弊、剽窃文章、缺课逃课等几方面现象，初步谈了一下自己的认识和对策。这是综合了自己从教近二十年的经验及感受和到美国进修时的经历和体验得出的。总之，纵然学生在文化素质方面有了提高，但是，如果缺少了基本的思想道德素质，那么，我们的教育仍不能算是合格的教育，更没达到我们教育的初衷和目的。因此，在我们的教育发展和改革中，必须加强思想道德素质的教育。我们要牢记的一点，也是老祖宗一直教导我们的，即先要做人。做人就要有诚信。诚信是做人的基本原则。我们可以通过从小给学生灌输诚信的原则，同时采用其他的措施，如在《诚信考试承诺书》和《诚信写作承诺书》上签名等，来有效地制止这些有悖于道德的事情的发生。我附上美国惠特曼学院的另外一项宣言，它是让学生保护、爱护环境；同时，也要求学生们节约能源，对废物进行回收利用。这种宣言在我国可以说是闻所未闻过的。它同样体现了对学生道德素质方面的综合要求。其具体内容如下：

（1）减少使用不能回收的材料；可能的话，重复使用材料，使用可回收使用的材料。

（2）思考对生态环境有利的科学与技术，用来减少对生态的冲击。

（3）继续在21世纪建立高效能的校园。

（4）资助那些积极保护环境，不让环境进一步恶化的公司。

（5）通过环境教育，提高个人的环境保护责任心。

（6）在对切实可行的发展项目做出决策时，在有选择的情况下，考虑（选用）对环境有利的选择。

（7）更进一步地使用用过的材料，使用可回收利用的材料，在校交流时是用因特网。

（8）鼓励和要求食堂在购买食物、原料时，减少浪费，重复使用材料。

（9）在维护校园环境时，使用对生态有利的物质和服务。

（10）尽力改善和提高目前已有的做法，这样可以使日趋工业化的世界与自然环境和谐共处。

（11）略。

其原文如下（http：//www. whitman. edu）：

Recognizing the impact Whitman College has on the environment and the leadership role Whitman College plays as an institution of higher learning, the college affirms the following environmental principles and standards, which shall be consulted to explore the practical ways Whitman College can promote an environmentally conscious campus.

- To reduce the amount of non-recyclable materials, to reuse materials when possible, and utilize recycled materials.

- To consider the eco - friendliest science and technology available to decrease our environmental impact.

- To continue to build an energy-efficient campus in the 21st century.

- To patronize companies that are active in their defense of the environment from further degradation.

- To encourage individuals' environmental accountability through programs of environmental education.

- To consider environmentally friendly options when they exist and are practical in decisions regarding developmental projects.

- To further the use of reused materials, recyclable materials, and the Internet for campus communications.

- To encourage and request food service to make environmentally friendly decisions in purchasing food and supplies, reducing waste, and reusing materials.

- To maintain campus grounds through the employment of bio-friendly substances and services.

• To strive to improve upon current practices so we may harmonize the trends of the industrial world with the natural environment.

• Questions or comments? Contact the chair of the Whitman Conservation Committee, Jed Schwendiman.

参考文献：

毛晶晶. 浅谈新时期素质教育的内容和方法. 中国教育网站.

个性差异与职业选择

云南大学职业与继续教育学院　刘晟旻

上把它们大致分为兴趣、气质、性格、能力、需要、动机等不**摘　要：**个性差异主要是指个人心理过程特征的差异，心理同方面。从个体差异与职业活动的关系来看，每种心理过程特征都有其相应的作用，但其对职业活动的影响及制约程度是不一样的。人与人之间存在着种种个体差异是客观存在的，而深入了解和尽可能准确识别个体的特征是职业生涯规划和管理的前提条件。本文认为气质、性格、动机等因素对职业活动也有不同方面和相当程度的影响，并使同学对职业有所了解，从而树立正确的职业观念，拥有良好的职业素质。

关键词：个性差异　兴趣差异　气质差异　性格差异　能力差异　职业

个性一词来源于拉丁语 Parson，是指演员戴的假面具，心理学沿用了 Parson 的含义，把个性定义为一个人稳定心理特点的综合。个性是人的心理的重要组成部分，不仅使每个人的心理活动和行为表现出个人特色，而且还是人们各种心理活动和行为的动力源泉。个性心理特征是个性结构中比较稳定的部分，是指一个人身上经常且稳定地表现出来的心理特点，主要包括能力、气质和性格。

个性差异主要是指个人心理过程特征的差异，心理学上把它

· 116 ·

们大致分为兴趣、气质、性格、能力、需要、动机等不同。从个体差异与职业活动的关系来看，每种心理过程特征都有其相应的作用，但其对职业活动的影响及制约程度是不一样的。

个性影响人的行为，也影响人在职业中的行为。不同的职业需要不同的行为，对不同个性的人的要求也不同。从人的角度来说，个人希望在职业生涯中充分发挥自己的个性特点，也对从事什么样的职业有一定的要求和选择。因此，职业和个体的个性要求互相匹配，这种个性与职业之间的适应性，是职业选择的基础。

一、兴趣差异与职业

1. 兴趣在职业活动中的作用

兴趣就是一个人的大脑两半球内的有关部位由于附近已形成特殊的暂时神经联系，因而特别易于感受某类事物的刺激，并且特别易于在这类事物的刺激作用之下，形成最优越的兴奋中心的倾向。职业兴趣就是个人对某种类型职业和与其相关的活动、学习科目等的喜好。个体的兴趣可能有很多种，本章中所说的兴趣指的是一个人的中心兴趣，即相当稳定的兴趣。对于兴趣的研究主要是适应职业选择的需要，因为人们在选择职业时，需要知道自己对哪类工作感兴趣并能满足个人的意愿，只有将能力和兴趣结合起来考虑，才更有可能取得对职业的适应和成功。对个人来说，他从事有兴趣的工作，就会更加努力，而有努力就会有成绩。

兴趣对人们的职业活动的影响主要表现在三个方面：（1）兴趣是人们进行职业选择的重要依据。（2）兴趣可以增强人的职业适应性。（3）兴趣在某些情况下具有决定性作用。

2. 职业兴趣品质

所谓兴趣品质，就是人与人之间兴趣的差异性表现，一般可

概述为四个方面:

(1) 职业兴趣的倾向性。指个体对什么职业发生兴趣。

(2) 职业兴趣的广博性。又称为职业兴趣的广度,其含义是指个体职业兴趣的范围大小。

(3) 职业兴趣的持久性。指职业兴趣稳定的程度。

(4) 职业兴趣的效能性。指兴趣具有推动活动的力量。

3. 职业兴趣差异与相应的职业

人类的职业兴趣是多种多样的,可以从不同的角度,依据不同的标准进行划分。如根据职业兴趣的内容,可以将其分为物质兴趣和精神兴趣;根据职业兴趣所指向的目标,可以将其分为直接兴趣和间接兴趣。

• 加拿大学者的分类

根据加拿大学者研究,可以将人的职业兴趣类型分为十种:

(1) 愿与事物打交道。(2) 愿与人接触。(3) 愿干有规律的工作。(4) 愿从事社会福利和帮助人的工作。(5) 愿做领导和组织工作。(6) 愿研究人的行为。(7) 愿从事科学技术事业。(8) 愿从事抽象性和创造性的工作。(9) 愿做操作机器的技术工作。(10) 愿从事具体的工作。

• 霍兰德职业兴趣分类

霍兰德认为大多数人可以划分为以下六种职业兴趣类型:

(1) 实际型 (R);(2) 研究型 (I);(3) 艺术型 (A);(4) 社会型 (S);(5) 企业型 (E);(6) 传统型 (C)。

然而上述的人格类型与职业关系也并非绝对的。霍兰德在实验中发现,尽管大多数人的人格类型可以主要地划分为某一类型,但个人又有着广泛的适应能力,其人格类型在某种程度上相近于另外两种人格类型,则也能适应另两种职业类型的工作。也就是说,某些类型之间存在着较多的相关性,同时每一类型又有一种极为相斥的职业环境类型。

二、气质差异与职业

气质是个体心理活动的动力特性，影响着个体活动的方方面面，仿佛使一个人的整个活动表现都涂上了个人独特的色彩。具有某些气质特征的人，常常在不同的活动中显示出同样性质的动力特点。

1. 气质的类型

气质这个概念最早是由古希腊医生希波克拉底提出来的，后来罗马医生盖仑（Galen）作了整理。他们认为人有四种体液——血液、粘液、黄胆汁和黑胆汁。这四种体液在每个人体内所占比例不同，从而确定了胆汁质、多血质、粘液质、抑郁质四种气质类型，其典型心理特征如下：

气质类型	感受性	耐受性	敏捷性	可塑性	情绪兴奋性	倾向性	速度
胆汁质	低	较高	灵活	小	高	外向	快
多血质	低	较高	灵活	大	高	外向	快
粘液质	低	高	不灵活	稳定	低	内向	慢
抑郁质	高	低	不灵活	刻板	体验深刻	内向	慢

其实，在现实生活中，只有非常少数的人具有单一的、典型的气质类型，大多数人都是混合型的，只是某一种类型的表现更突出一些。

2. 气质差异与职业

人的气质不同，在活动中的表现也不一样，其职业活动的适应性也会有一定的差异。

（1）多血质类型的人反应敏捷、灵活、情绪外露、活泼开朗、善于交往，具有较突出的外向型特点，对新环境适应能力较强，给人以颇有优越性或特殊才能的感觉。

（2）胆汁质类型的人热情、行动迅速、精力充沛、思维敏锐、勇敢、喜欢表现自己，但又往往给人以不稳重、易冲动的感觉，因此，胆汁质的人适合选择有挑战性的工作。

（3）粘液质类型的人理智、稳重、安静、吃苦耐劳，善于控制和忍耐，但反应缓慢，常给人以呆板、执拗的感觉，适合接受各种有条不紊、勤勤恳恳、需要长时间完成的工作任务。

（4）抑郁质类型的人内向、感情丰富细腻、情绪体验深刻，工作责任心强，但给人孤僻、怯懦、拘束的感觉，行动迟缓。他们比较适合选择稳定性强、变动小的工作。

由于人的气质类型的不同和不同的职业对人气质特征的要求也不同，大学生在择业时，有必要充分了解自己的气质特点，了解不同职业对人的气质特征的要求，然后选择适合自己，能发挥自己特长的职业，从而在职业活动中充分展现自己的才华。

三、性格差异与职业

心理学上把性格定义为个人对现实的稳定态度和习惯化了的行为方式。同气质相比它具有更大的后天性，是人在社会活动中通过与环境相互作用而逐步形成的。它一经形成就具有一定的稳定性。世界上没有性格完全相同的两个人，每个人都与别人有所不同。

1. 性格差异分析

性格的类型是指在一类人身上所共有的性格特征的独特结合。许多心理学家曾试图对性格进行分类，来体现性格的差异，现列举以下几种：

• 机能类型

机能类型是一种按理智、意志、情绪三种心理机能中哪一种占优势来确定性格类型的分类方法。理智型者通常以理智来衡量和支配自己的行动；情绪型者情绪体验深，言行举止易受情绪左右；意志型者具有较明确的活动目标，行为活动具有目的性、主动性、持久性和坚定性。

● 内外倾向型

内向型的人心理活动倾向于内部：感情深沉，待人接物较谨慎小心；处理事物缺乏决断力，但一旦下定决心办某件事总能锲而不舍。外向型的人则相反。

● 顺从性与独立型

顺从型的人独立性差，处理问题时倾向于外在参照，易受外界、社会和他人的影响。独立型的人独立性强，处理问题时倾向于内在参照，有坚定的个人信念，自尊，自强，不易受外界、社会和他人的影响，能独立发挥自己的力量。

● 优越型与自卑型

前者恃强好胜总想超过别人；后者甘愿退让，缺乏进取心。

2. 性格差异与职业

性格和职业的关系可以说是彼此制约、相互促进的关系。首先，选择职业要考虑性格的职业品质，尽量选择适合自己性格特点的工作，因为几乎每一种工作都对性格品质提出了特定的要求，要去适应这一职业就必须具备这一职业所要求的性格特征。

（1）独立性。高独立性者自信，有独立见解，遇事通常自己做主，不依赖他人，但较为固执。从事创造性工作、管理工作和需要当机立断采取行动的工作，需要有高独立性。

（2）敢为性。高敢为性者不怕失败和挫折，意志较为坚毅。低敢为性者通常缺乏自信，自卑感较重，因而较易适应无风险但难引人注目的职业，如一般的办事员。

（3）幻想性。高幻想性者富于想象，常以自己的兴趣为行动出发点，容易感情冲动，不够踏实。低幻想性者踏实，稳重，行动符合现成的规范，考虑问题较现实，办事稳妥，但缺乏创造精神。

（4）怀疑性。高怀疑性者警惕性较高，对外界的变动十分敏感。低怀疑性者为人随和，善于体贴信赖别人，与人合作得很好，不喜欢与人争斗，但有时过于轻信别人。

（5）克制性。高克制性者行为温顺、合乎常规，能迎合别人旨意而克制自己，不善于表达自己内心的要求、欲望和情感。低克制性者喜怒于色，遇事好冲动。

（6）乐群性。高乐群性者热情、开朗、随和，喜欢和别人一起学习、工作，易于搞好社会人际关系。低乐群性者性格内向，喜欢独自活动，常坚持自己独特的思想观点，能冷静、严肃地完成自己的工作。

（7）缜密性。高缜密性者做事十分细心、负责、有始有终，处事谨慎。低缜密性者做事较粗心，丢三落四，忽略细节，但工作速度较快，喜欢出新点子以追求效率。

（8）稳定性。高稳定性者情绪平稳，遇事不慌不躁不冲动。低稳定性者情绪波动大，易冲动，易烦恼，易受环境的影响和支配，但感情丰富，富于幻想。

（9）外向性。高外向性者性格外向，好动不好静，喜怒哀乐皆形于色，容易适应各种社会环境。低外向性者性格内向，好静不好动，感情深沉、含蓄，不轻易外露，处事稳重。

（10）显示性。高显示性者有较高的成就欲望，喜欢出头露面，引人注目，千方百计想显示自己的能力和成就。低显示性者为人谦虚、温和，不喜欢出头露面，不追求名声、地位，但常有自卑感。

在处理性格和职业的关系时，我们既要看到职业性格是职业活动本身所要求的，同时也要看到人的职业性格品质也是在职业活动中造就的，特殊的职业会造就特殊的性格特征，性格并不是一成不变的，它具有很大的可塑性，在长期的职业实践中经过磨炼，也会发生相应的变化。

四、能力差异与职业

1. 能力的类型

能力是人顺利完成某种活动所必需的并直接影响活动效率的个性心理特征。有两种含义：其一指已表现出来的实际能力和已达到的某种熟练程度，可用测验来测量；其二指潜在能力，即尚未表现出来的心理能量，而是通过学习或训练后可能发展起来的能力与可能达到的某种熟练程度，可用性向测验来测量。实际能力和心理潜能是不可分割的统一体，能力的种类按不同标准可作如下分类：

（1）按能力所表现的活动领域不同可以分为一般能力和特殊能力；

（2）按照活动中能力创造性的大小把能力分为模仿能力和创造能力；

（3）按照能力的功能可以把能力划分为认识能力、实践能力和社会交往能力。

影响能力形成和发展的因素很多，概括地讲有三个方面：一是先天性因素，包括遗传基因和胎儿期因母体内环境影响所造成的个体特征；二是后天环境因素，包括家庭影响、学校教育和社会历史文化的作用等；三是个人的主观努力。

2. 能力差异与职业

人们的能力可分为一般能力和特殊能力两大类。一般能力通常又称为智力，包括注意力、观察力、记忆力、思维能力和想象力等，一般能力是人们顺利完成各项任务都必须具备的一些基本能力，相当于人们通常所说的智力。智力是能力的核心和主要部分，而智力的核心是逻辑思维能力。

特殊能力是指从事各项专业活动的能力，也可称特长，如计算能力、音乐能力、动作协调能力、语言表达能力、空间判断能力等。由此可见，能力是一个人完成任务的前提条件，是影响工作效果的基本因素。能力的不同，对职业选择就有差异。从能力差异的角度来看，在职业选择时应遵循以下原则：

● 注意能力类型与职业相吻合

能力水平要与职业层次一致或基本一致。对一种职业或职业类型来说，由于所承担的责任不同，又可分为不同层次，不同的层次对人的能力有不同的要求。因而，在根据能力类型确定了职业类型后，还应根据自己所达到或可能达到的能力水平确定相吻合的职业层次。只有这样，才能使能力与职业的吻合具体化。

● 注意一般能力与职业相吻合

一般能力包括注意力、观察力、记忆力、思维能力和想象力等。不同的职业对人的一般能力的要求不同。

● 注意特殊能力与职业相吻合

特殊能力是指从事某项专业活动的能力，也可称特长，如计算能力、音乐能力、动作协调能力、语言表达能力等。要顺利完成某项工作，除要具有一般能力外，又要具有该项工作所要求的特殊能力。

一个人的个性会影响到职业的适宜度。当他从事的职业与其个性相吻合时，就可能发挥出能力，容易做出成就；反之可能导致其原有才能的浪费，或者必须付出更大的努力才能成功。

参考文献：

1. 姚裕群．职业生涯规划与发展．北京：首都经济贸易大学出版社，2003．

2. 沈之菲．生涯心理辅导．上海：上海教育出版社，2000．

3. 张振学．青年性格与命运指引．北京：中国商业出版社，2000．

4．章志友．职业生涯规划与管理．厦门：厦门大学出版社，2005．

5．Clarke G·Carney，等．找到适合你的职业．北京：中国轻工业出版社，1996．

6．罗双平．职业生涯规划．北京：中国人事出版社，1999．

浅谈少数民族中专生心理问题及其教育管理对策

——少数民族中专生教育管理模式研究之三
（以云南省民族中等专业学校为例）

云南省民族中等专业学校　寸建平

　　摘　要：少数民族中专生的教育管理是当前我省中等职业学校教育管理中的重点和难点，由于少数民族中专生与汉族学生的差异性较明显，心理健康状况普遍较低，因而教育者只有针对少数民族学生的差异性和心理状况采取相应的教育管理措施，才能取得良好的教育效果，从而促进整体发展。本文以云南省民族中等专业学校为例，总结了少数民族中专生的心理问题特征，并从分析成因入手，提出了实施教育管理的对策，对民族教育工作者具有一定借鉴意义。

　　关键词：少数民族中专生　心理问题　教育管理　对策

　　我国是一个多民族国家，各学校教育目的具有统一性，要求所有学生都要成为德、智、体、美、劳全面发展的人，任何民族都不能例外。然而，作为教育工作者，为使各民族学生达到统一的教育目的，不能简单地进行集体教育，而应了解不同民族学生的个性特点及心理状况，从不同的起点或角度上看学生的发展与进步，并提出不同的要求，针对民族学生的差异性采取相应的教育措施，才能取得良好的教育效果。笔者所工作的学校——云南省民族中等专业学校，是云南省属唯一的民族类国家级重点中专，拥有全省 26 个民族的近 2 000 名学生。为使这些来自不同地域、不同民族、不同文化背景的少数民族中专生达到我校统一的教育目的，我校克服了近年来中专生素质下滑、教育管理难度加大的被动局面，不断总结研究，探索出一套行之有效的针对我省少数民族中专生进行教育管理的模式。以下就针对少数民族中专生的个性特点及心理问题实施教育管理进行探讨。

一、我校少数民族学生的构成状况

我校现有 26 个民族学生 1 880 人，其中有少数民族学生 1 470 人，少数民族学生占学生总数的 78%，具体构成情况如下：

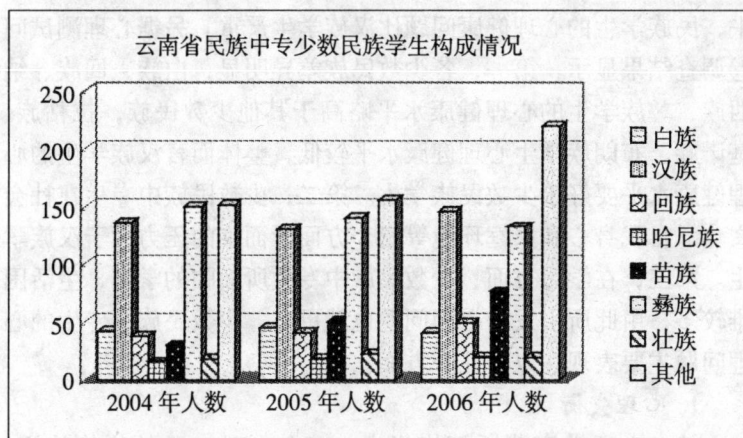

云南省民族中专少数民族学生构成情况

以上统计表明，与其他普通学校相比较，我校学生构成具有特殊性，这种特殊性决定了我校教育管理工作的针对性。由于历史和社会原因，长期生活在少、边、山、穷地区的民族学生的个性心理特点与汉族学生差异较大。教育对象的这一特殊性，决定了我校教育管理工作从形式到内容都必须有独到之处。

二、少数民族中专生的心理状况分析

来自民族地区的中专学生的心理健康状况普遍较差。这类研究均以我们使用的信度、效度较高的心理健康测查量表 SCL – 90 对我校彝族、白族、纳西族、回族、藏族、傈僳族、佤族、哈尼族、拉祜族、基诺族、傣族、布朗族、普米族、怒族、独龙族、阿昌族等 16 个少数民族学生进行了测查分析。研究表明云南边疆民族学生的各因子得分均高于国内常模，中专学生的心理健康水平显著低于全国青年群体和云南省大学生群体的心理健康水平，民族学生的心理健康问题比汉族学生严重。另据心理测试问卷调查结果显示：第一，各少数民族差异明显，白族、回族、纳西族、彝族学生的心理健康水平略高于其他少数民族，拉祜族、基诺族、布朗族学生心理健康水平较低，整体而言汉族学生的心理健康水平要好于少数民族学生。第二，少数民族中专生在社会文化、自我身心和家庭环境等三个方面所面临的压力大于汉族学生。第三，在学习方面，少数民族中专生所面临的学习、生活困难较多，由此所引发的心理问题也就更多。少数民族中专生的心理问题主要表现在以下几个方面：

1. 心理失衡

社会心理学家菲斯汀格指出，一个人对自己的价值认识，"是通过与他人的能力和条件的比较而实现的"。大多数少数民族中专生由于考不上高中，大学梦破灭，心情失落，加之离开民族地区来到省城上中专后，不适应新的"重技能，轻理论"的中专学习方法，因而对自己的人生价值取向和人生态度产生怀疑，自尊心受到挫伤，个别少数民族中专生由自尊走向自卑，信心下降，意志消沉，缺乏进取心。同时，由于我校少数民族中专生大多来自集边疆、贫困、山区等特征于一体的少数民族地区，一进入省级学校，就明显感受到自己在家庭经济条件、语言文化、生活习俗、学习基础等方面与汉族地区学生的巨大差异，有些少数民族学生不适应新的生活环境，容易形成抑郁型、敏感型人格，畏缩不前，悲观失望，怀疑自己，贬斥自己，甚至认为自己没有存在的价值，常常通过酗酒、打架、谈恋爱、逃课等方式进行宣泄，更为严重的甚至导致违法等。

2. 人际关系障碍

部分少数民族中专生因长期在本民族群体中生活，长期使用本民族语言，一旦离开本民族聚居地区到省城中专学习，由于语言文化原因而遇到汉族学生想象不到的巨大困难。加上部分少数民族中专生知识结构单一，对新环境认识不足，缺乏社交的积极态度和技能，自卑感特别严重，很少与外乡人、外族人交际，担心自己说不好话，怕被人看不起，从而造成心理封闭，最终形成人际关系障碍。为排遣由此带来的孤独感、寂寞感，有部分少数民族中专生便热衷于在校内搞"同乡会、同族会"。笔者多年的教育管理经验证明，搞"同乡会、同族会"对刚步入新环境的少数民族学生而言，能起到一定排遣孤独感、寂寞感，缓解人际关系紧张的作用，但总体而言弊大于利。弊端在于：一方面，"同乡会、同族会"具有较强的排他性，对外自我封闭，不愿敞开心扉接纳外乡、外族人，常造成来自不同地区、不同民族同学间的隔阂、对立；另一方面，"同乡会、同族会"内部凝聚力强，成员间迫切希望社交，得到友谊，为显示自己的"力量、本事"，常常惹是生非，一人"吃亏"，众人相帮，极易引发学生群体事件。由此可见，人际交往障碍是导致少数民族中专生之间沟通不良，并产生冲突的重要原因。

3. 心理处于不稳定期

我校少数民族中专生多处于 14～18 岁阶段，身体及心理都处于发育时期，使其心理处于不稳定期。我校招生长期实行"三定向"，即定向边疆、定向农村、定向少数民族的招生原则，因而与其他学校的学生相比，我校少数民族中专生一般来自偏远的贫困山区，他们跨入中专后，远离熟悉的环境，走向一个竞争更为激烈的陌生环境，往往感到孤立无援。在这一过程中潜藏着大量的心理矛盾和冲突，使他们对一些问题的思考通常较为偏激，容易从一个极端走向另一个极端。他们有时会过高地估计自己；有时会自我否定，自我拒绝。有的少数民族学生来到新的环境，感到理想与现实的反差较大，会产生失意、压抑、焦虑，甚至出现神经衰弱症，等等。

4. 个性心理既具有强烈的时代性，又具有鲜明的民族性

少数民族中专生由于入学后环境发生变化，他们看到汉族地区经济文化发达，对比家乡的贫穷落后，会激发强烈的时代需求性：求知、求新、求富、求变。因而，部分学生特别能珍惜来之不易的学习机会，他们作风朴实，吃苦耐劳，勤学上进，深得教师喜爱。但部分学生由于自小生活在较为独特的本民族生活环境中，其个性心理又具有较强的民族思维定式：他们有改变家乡和本民族落后面貌的愿望，但又缺乏家乡致富的信心；有努力成才的愿望，但又无必定成功的信心；渴望受尊重，强调自我，但又有较强的自卑感；思维活跃，富于想象，但视野狭窄，包容性差；热爱家乡、热爱民族，但又有离家到富裕地区生活的念头。

5. 心理依赖性

我国历来对民族教育实行较为优惠的政策，例如我省对少数民族居住的边境地区实行了"两免一补"政策。我校对人口较少民族学生实行了免学费、免杂费、免生活费的全免费教育政策，对其他少数民族学生实行学费减免政策，这总体上体现了党和国家对民族教育的关心支持，激励了少数民族学子奋发向上、自强成才、回报社会的精神，促进了民族教育的发展。但也有少部分民族学生长期以来受国家统包统办过多，学生家长及学生对政策的依赖心理严重，缺乏通过自身努力摆脱贫困、获取成功的

积极性，导致这部分学生创新进取、自立自强的意识不强，整体竞争能力弱。例如，为争取到我校针对我省特有民族及贫困学生的优惠政策，获得学费减免，有的学生家长一方面更改学生民族成分，开假贫困证明，让子女享受政策，助长子女的依赖心理；另一方面却疏于培养子女树立自立、自强、自尊、自爱的意识，导致这部分学生入校后自我意识弱，自控能力差，频繁违纪，造成不良影响。

三、实施教育管理的前提及对策

1. 前 提

作为民族学校，拥有一支热爱民族教育事业、熟悉少数民族学生特点、掌握民族理论和政策、具有民族工作经验的师资队伍和充满民族和谐的教育管理环境，是搞好教育管理的前提。

● 教师要热爱民族教育，热爱民族学生

首先要热爱民族教育事业。云南是民族大省，少数民族占总人口的1/3，在云南从事教育，你任何时候都不可避免地要面对少数民族学生，因而，你所从事的教育工作与民族教育事业密不可分。教师应当在教育实践中不断提高自己的职业认识，要认识到民族教育事业的振兴直接关系到少数民族和民族地区经济文化的发展，民族教育工作者从事的是一项神圣而崇高的事业。

其次要热爱少数民族学生。作为民族教育工作者必不可少的品质就是要热爱少数民族学生，如果教师把对民族教育事业的爱和对少数民族学生的爱融为一体，他就是一个成功的民族教育工作者。如果一个教师对少数民族学生抱有成见或偏见，则教师首先就失去了教育管理好民族学生的心理基础，甚至会激起民族学生的逆反心理和敌对情绪。前苏联教育家苏霍姆林斯基说过"没有爱就没有教育"。这句话用在少数民族学生上就更为合适。大量的事实告诉我们，热爱少数民族学生是民族教育工作者强大的教育力量。教师对少数民族学生的感情越深,责任感就越强,教育方式也就越多。

• 教师要深入了解各民族历史、文化、生活习俗

少数民族学生心理健康问题与其生活的独特文化环境、自然环境密不可分。民族教育工作者必须深入研究少数民族地区的生产方式、生活方式、风俗习惯、宗教信仰、政治经济与少数民族学生的思维水平、心理健康方面的关系,这一方面可以帮助教师深入了解民族学生的个性心理及成因,另一方面可以帮助教师正确认识学生的心理问题,准确掌握其思想脉搏,科学选择教育途径和方法。否则,教师只按学校所处大环境,只用教师自己过去生活的大环境所形成的教育观念去观察理解少数民族学生的个性心理特点,将难以找到合理有效的教育途径和方法,容易产生教育管理偏差。

2. 对 策

• 开设心理教育课程,建立心理咨询和心理辅导机构

针对当前少数民族学生心理问题现状,民族类学校应逐步完善两个方面的工作:其一,学校应多渠道开展心理教育,并将心理教育课程化。学校应根据少数民族中专生的心理健康状况,有针对性地开设相关的课程,大力普及心理健康知识,使少数民族中专生学会自我心理调适,消除心理困惑,提高承受力、适应力和应对挫折的能力。其二,培养专业人员,强化心理咨询功能。民族类学校的心理咨询是一项专业性、民族性很强的工作,要求专业人员必须加强对民族心理学的学习与研究,否则容易在引导方法上产生偏差。因此,民族类学校应着力培养民族心理学方面的专业人员,强化心理咨询功能。其三,建立心理咨询和心理辅导机构,开设少数民族中专生的专业咨询。在民族类中专学校中建立心理咨询和心理辅导机构,是提高少数民族中专生心理健康水平的重要途径和手段。针对少数民族学生的心理咨询工作应该

内容丰富，形式多样，以预防为主并结合实际情况，在开设的心理咨询和心理辅导机构中，开辟少数民族中专生的专项咨询，可以对学生出现的心理问题进行有效疏导和矫正，使学生的烦恼，郁闷能有渠道宣泄和排遣。除进行障碍性咨询，还应该进行适应性咨询，开辟一些心理咨询的宣传栏，举办心理卫生知识讲座。

3. 德育工作要突出民族特色

首先，民族类中专学校应对学生进行民族常识教育和党的民族政策教育。《爱国主义教育实施纲要》中指出："中华民族是一个多民族的大家庭，不论是在内地还是在边疆，不论是在汉族地区还是在少数民族地区，都要加强马克思主义民族观、宗教观和党的民族政策、宗教政策的教育。"民族类学校尤其要重视对学生进行民族常识教育和党的民族政策教育，要增强少数民族学生民族团结的意识，养成相互尊重民族风俗的习惯。例如，我校开设《民族理论与政策》课程，发放民族教育读本《平等与发展》，对少数民族学生学习民族常识、政策及理论起到了良好作用，为学校实施教育管理打下了坚实的理论基础。

其次，民族类中专学校制定规章制度要有倾斜性，制定校规要有民族性。由于历史的原因，我国少数民族的经济文化普遍落后于汉族地区的经济文化，民族教育的水平也普遍低于国民教育的总体水平。不同的起点决定了衡量少数民族学生和汉族学生水平的标准和尺度的区别。要真正实现少数民族学生在教育上的公平性，就必须给予适当的优惠政策，通过"倾斜性"实现"平等性"。例如，我校对部分生产力发展水平相对较低的地区的少数民族学生，实行了学费免除或减免政策，使这些学生充分感受到了党的民族政策的温暖，他们中的大部分较能珍惜这来之不易的学习机会，并能将之转化为学习上的动力，这部分学生违纪率一般较低。另外，作为民族类学校，制定校规校纪还应该体现一定的民族性，要"因族制宜"，体现一定的弹性和柔性，但也不能"因族而异",无原则迁就。例如,在刀具管理问题上,我国民族自治地方法明确规定,有佩刀习惯的少数民族可以在民族自治地方佩刀,但其他非自治区域除外。我校部分少数民族学生来自民族自治地区,由于不了解有关条款,习惯成自然,将刀具带入学校,考虑到问题的特殊性,我校在处理此类问题时,并没有简单地采用没收的"硬"办法,而是采用了由学校代为保管,毕业回乡时归还的"软"办法,事实证明,这一办法既考虑了校规的严肃性,又体现了民族政策的柔性。又如,我省少数民族多有饮酒的习惯,部分少数民族中专生在碰到心理问题时,常常借酒消愁,甚至于把饮酒当做是一种"民族习惯",当这一"习惯"与校规校纪相抵触时,又有部分学生不服从管理,甚至与教师发生冲突。对待这一"民族习惯"问题,我校并没有采取"怀柔"政策,相反强化校规的约束作用,制定了《禁酒令》,对少数民族学生饮酒作出了较为严厉的处罚规定,这不仅有效地控制了民族学生因饮酒而引发的打架、犯罪等事件的发生率,而且还体现了校规校纪的刚性。

再次,校园文化和校园环境要体现民族特色。民族类学校除了内涵应具有民族性以外,在校园文化的外在表现形式上,也应该突出民族主题。这对弘扬民族文化,增强民族学生的自信心,加强各民族学生之间的交流,消除各民族学生之间的隔阂有重要作用。例如,学校可定期举办民族文化节,节日期间开展民族知识竞赛、民族时装秀、民族歌舞表演及民族传统体育竞赛等,既突出了校园文化的特色,又增进了少数民族学生间的相互了解、沟通和融合。另外,学校在建筑设施、环境美化、学生着装及各种礼仪仪式等方面都应该体现民族特色和民族风格。

4. 分析差异性,因族施教

少数民族风俗习惯对民族学生心理具有潜移默化的作用。民族风俗的习惯势力对本民族的行为规范具有强制性、约束力,独特的文化、精神生活具有巨大隐性作用，使人们形成本民族的世界观、价值观。因此，教师要分析不同民族间学生的差异性，要坚持因族施教的原则，尊重各少数民族风俗、习惯，充分理解少数民族学生的世界观、价值观，并进行科学引导。在教育管理时，应认真分析不同民族学生的心理状态，应和风细雨，切忌简单粗暴，搞一刀切。例如：对待回族、藏族、傣族这类全民信教，宗教意识强的少数民族学生，在教育管理中既要注意不违反宗教政策，又要结合校规校纪进行科学引导；对待来自贫困山区、生产力发展水平较低的独龙、怒、普米、阿昌、德昂、布朗、基诺等人口较少民族和傈僳族、哈尼族、苗族、佤族学生，在教育管理中应多采用感化教育法，在生活、学习等方面多一些帮助与关心；在对待来自坝区，生产力发展水平相对较高，个性心理与汉族学生差异较小的白族、彝族、纳西族、壮族学生，可适当提高标准，严格要求。

5. **加强民族教育师资队伍建设，提高教师的专业和教育科学水平**

民族学校教师素质的优劣、水平的高低，直接关系到学校对少数民族学生实施教育管理的成败。民族学校教师除了具备一般教师应有的素养外，还应了解我国民族教育政策，具备少数民族的文化、风俗、习惯等方面的常识。而部分从事民族教育的教师对民族政策了解不够，对民族知识掌握不够，对民族心理研究不够，不仅不能对学生心理问题进行正确疏导，反而使学生形成新的心理问题。如有的教师对少数民族学生名字、长相、风俗、信仰等进行不恰当的评论，甚至于对之取笑，这在一定程度上会伤害少数民族学生的自尊心，造成学生与教师心理上的对立。因而迅速提高民族学校教师的素质，无疑是振兴民族教育的一个关键环节。作为民族学校，一方面，要加强教师民族知识积累，在教学研究活动中增添少数民族文化、少数民族青年心理问题等内容，定期在教师中开展民族知识竞赛，并将竞赛成绩纳入业务考核范围，提高教师学习民族知识的积极性，使民族学校的教师能很快适应民族教育工作；另一方面，要制订切实可行的计划，将涉及各民族学生教育的普遍问题分为不同的专题进行研究，也可对涉及特定民族的特定问题进行专题研究，并采取各种形式，有的放矢地对教师开展培训，特别是对在职教师的岗位培训，使教师不仅更新知识，而且增长实际的教育管理能力。加强民族类学校师资队伍建设还应包括学校要适当引进各民族优秀教师，使民族教师占有一定比例。事实证明，由于大多数民族教师与民族学生有着相同或相似的文化背景，因而比较而言，民族教师更了解民族地区的实际，认同本民族文化，富有民族感情，懂得民族学生心理，与少数民族学生有天然的民族亲和感。这些都有利于加强对民族学生的管理和实施教育教学。

参考文献：

1. 陈家麟．学校心理教育．

2. 时俊卿．不同性格与教育对策．北京教育．

3. 王锡宏．论少数民族教育文化背景民族差异性．

4. 李辉，李红．云南边疆少数民族中学生的心理健康状况调查分析．学术探索．

5. 万明钢．我国少数民族发展与教育心理研究述评．

6. 深入研究少数民族学生个性是实施少数民族素质教育的重要前提．民族教育研究．

如何架好心灵之桥

——浅谈师生之间的关系

贵州省贸易经济学校 丁 汀

摘 要：走进学生的"心世界"与学生架起心灵之桥，是每一名教师都想做好的一件事情。只有增进师生之间的沟通，才能够有效地做好学生的管理工作。教师是教育的主要实施者，也是沟通学校、家庭和社会教育的桥梁。作为一名中职教师更应该从中职教学的实际特点出发，将师生之间的沟通作为教育教学的一个重要环节。

关键词：心灵的沟通 平等和谐 合理的目标 个别谈话

走进学生的"心世界"与学生架起心灵之桥，是每一名教师都想做好的一件事情。只有增进师生之间的沟通，才能够有效地做好学生的管理工作。教师是教育的主要实施者，也是沟通学校、家庭和社会教育的桥梁。作为一名中职教师更应该从中职教学的实际特点出发，将师生之间的沟通作为教育教学的一个重要环节。

一、架好心灵之桥从营造平等和谐的氛围开始

放下教师的"架子"，也就是要放下传统的教育中的"师道尊严"。学生作为独立的社会个体，他们身上具有无限的潜能。教师的作用正在于帮助学生最充分地发挥其内在的潜能，所以必须放下为师的"架子"，以朋友的身份走近学生，让学生从心理

上接受你。每个人都有权利表明自己的观点，也应接受他人的批评，包括教师在内。教师不再是自我权威的维护者和教材的代言人，而应是学生能力的激发者、培养者和欣赏者。

特别是中职的学生，他们相对于高中学生来说，学习的基础较差，这就导致他们在某些方面感到自卑，而这种自卑，则更多地表现为不愿意与教师接近。真正做好师生之间的沟通，最好的方式是教师放下自己的身份，从朋友的角度去理解、关心学生。在这样平等、和谐的氛围中，让学生能够从心里真正地接受你。同时，教师要为人师表，用自己的言行让学生感受到教师热爱本职工作、忠诚教育事业的敬业精神；要不断提高自己的知识水平，以良好的师德修养和渊博的知识树立起自己在学生心目中的威信。当学生对教师的才能非常欣赏，并产生发自内心的敬佩感和信任感时，才真正愿意与教师接近，并乐于接受其教导。教师应做到既是学生的师长，又是学生的朋友。集这两种角色于一身的教师就会对学生具有更大的吸引力和凝聚力。

教师在处理一些问题的时候，可以采取"角色互换"的方法，问问自己："如果我是学生的话，我会怎样来做这件事情？"尝试从学生的角度来理解他们，从而更好地解决问题。我的班级里曾经有一位同学在课堂上顶撞老师。课后我知道了这件事情，并没有直接批评他，而是以朋友的身份听他讲述了事情的经过。然后我们一起来找这件事情当中存在的问题。我让他明白问题出现之后，应该是先找自己的不足，而不是去推卸自己的责任。作为朋友的劝告比作为老师的教诲更能够帮助和引导学生。第二天，他向老师道歉后对我说，这是他第一次真正发自内心给老师道歉，也是第一次觉得老师在他的心目中没有那么"可恨"、"可怕"。其实学生需要的是一个平等、和谐的氛围，教师不能一直高高在上，有的时候应该放下教师的"架子"，学会平等地对待学生，当学生了解了教师的良苦用心后，教师还需要与学生进一步拉近心理距离。这就需要更多地寻找自己和学生的共同点，让他们视你为"自己人"，使双方的感情不断融洽，沟通就能更深入。

要使学生感到平等、和谐还要注意减少"规定"。在传统的教学中，学生的行为往往受到严格的限制。对学生的思想和行为做过多、过细的限制，虽然能达到整齐划一的效果，但无疑会导致学生因害怕违反教师的各种规定而感到紧张、焦虑和压抑，因而丧失了自由表现的机会，抑制了主动创新的动机。因而，减少不必要的规定，还给学生自由表现的机会，有益于激活学生思维的火花，使学生得以生动活泼地发展。同时还应该留点"自由"给学生。随着信息社会的到来，人们的生活节奏越来越快，学生也不例外。每天起床、上学、吃饭、写作业，似乎安排得井井有条，但单调的生活与学生天真活泼的本性产生了巨大矛盾。学生需要自由，渴望独立。因而要留给学生自由支配的时间，留给属于学生自己的天地。但这不代表对学生的放纵，相对的"自由"反而可以促进学生的能动性，开发他们的潜能。

教师应该具有正确的学生观，对学生充满爱心，始终保持对学生的积极的感情投入，发自内心深处地真诚平等地尊重学生，摒弃专制或放任的教育态度，努力采取与学生心理上接近、相容的民主的态度和方法进行工作，这样就能打开师生之间、学生之间心理交往的渠道，形成一个真正平等和谐的氛围。

二、引导学生确定合理的目标，共同架起心灵之桥

由于受教育实践中客观存在的"应试教育"倾向的影响，无论是社会、家庭，或是学校、教师，往往忽视了学生能力和心理素质的培养，片面地以考试成绩作为评价学生的主要或唯一标准。中职教育因更注重技能的培养，所以更应根据学生自身的实际情况，引导学生实事求是地分析和研究自己：明白自己的优

点、缺点所在；明白自己的兴趣、爱好所在；分清哪些事该做，哪些事该马上做，该怎样做；思考自己的过去，审视自己的现在，设计自己的将来。要求学生在做到学习上进步的同时，还应加强自身能力和特长的培养，注重专业技能的提高，养成良好的学习品质，保持严谨的生活作风。

例如，我班上就有个学生对学习没有什么兴趣，经常迟到，旷课，破坏课堂纪律。但是她性格外向，爱好舞蹈表演，对于学校的表演活动非常感兴趣。我和她交谈几次之后，发现她性格很豪爽，很守信用。于是就与她达成一个"君子约定"：只要她能保证不迟到、旷课，在学习上取得一定的进步，我就让她担任班上的文艺委员。经过了一个学期的考察后我发现她的确有了很大的改变，于是我履行了和她的约定，让她如愿做了文艺委员，并且要求她作为班干部更要严格要求自己。但同时教师也必须认识到，学生是发展中的个体，他们的心理具有独立与依赖、自觉与幼稚、积极与懈怠等错综复杂、相互矛盾的不成熟的特点。发展与停滞、优点与过错、前进与反复在所难免。在之后她也曾经犯过一两次的错误，但我没有撤掉她的职务，而是和她一起分析犯错误的原因，分清哪些事该做，该怎样做。经过一段时间努力，她不仅改变了学习态度和工作作风，还常常给我提出一些意见和建议，帮助我做好班级的管理。

三、"个别谈话"是搭建师生之间心灵桥梁的奠基石

教师要善于倾听学生的心声，并以此为突破口，有的放矢地进行教育。在进行个别谈话时，亲切、真诚、自然的表情，有利于消除学生的紧张心理和对立情绪，而且会使学生感受到教师对自己的关怀与爱护，进而从内心萌发和增强对教师的尊敬和信赖。所以教师在与学生进行个别谈话时，要根据不同的学生、不同的事和不同的环境与气氛恰当地、自然地表达自己的感情。

1. 先做好听众

要想使个别谈话达到你的预期目标，应先做好听众。从人际沟通的角度来看，一定程度上"会听"比"会说"更加重要。不少心理学家在对情商的定义的诠释中已经明确指出：能不能理解和分析人的情绪所传达的意识，是情商的最重要的组成部分。在理想的沟通中，双方都应该是"听者"。沟通双方首先必须在积极的聆听过程中才知道应该如何去"说"。所以，要想做好个别谈话，首先必须是一个好的聆听者。

"听"可以分为三种心理状态。第一要做到积极关注地去听，就是说把自己的全部注意力都放在学生的身上，给予他们最大的、无条件的、真诚的关注。第二是接受地听，这是指把自己的想法暂时搁置起来，去理解学生的想法和建议。第三，有感情地听，在听的时候又表现出自己的感情以及接纳学生的情绪反应。

在聆听的时候还应该做到：聚精会神地注意对方，用自己的各种表现使对方感到自己备受重视，从而愿意说出心底的想法。除此之外还要察言观色，将对方的话进行深层次的理解。以备和对方进行下一步的沟通。

当然在听的时候也会因为学生个体的差别而有不同的变化。对于性格比较外向的同学，在聆听的时候我基本是不插话的，只是在表示认同的时候点头或是微笑。当遇到比较害羞的同学时，就应该采用"有来有往地听"。适当的提问有利于与这样的学生进行沟通。在提问的时候，应该选择比较简单的问题，在问完问题后，可以稍微停顿一下，让学生能够有时间思考和反映。

2. 如何使用好个别谈话

在师生的沟通当中，教师一般是处于主导地位的。因此我们在倾听的同时，应该主动地制造各种减压的机会，这也就是个别谈话的技巧。

使用亲切、自然、风趣、幽默的语言，不仅可以增强语言的感染力和说服力，而且有助于形成轻松愉快的谈话氛围，消除学生的疑惧心理，打消不必要的顾虑，从而更好地敞开心扉，对教师推心置腹、开诚布公地说出心里话。而那种讽刺、挖苦的语言不仅会降低语言的说服力和感染力，而且会使师生间产生隔阂甚至对立情绪。

同时在交谈的时候，教师与学生要坐得靠近一些，这样不仅可以使谈话的对方能够及时、准确地获得对方输出的各种信息，更重要的是给对方一种促膝谈心的亲切感，从而缩小师生间的心理距离，不仅让学生感受到信任与尊重，而且也有利于教师通过学生的一些细微的反映，了解学生的情感，捕捉学生流露出的思想，从而有的放矢地调整自己谈话的角度、内容和方式。

教师良好的情绪会增进师生间彼此的亲近和依赖，使教师的思想感情被学生所感知和了解。所以，在进行个别谈话时，教师要保持冷静的头脑、清晰的思路，表现出耐心、爱心与期望。只有感情真诚和情绪良好的双向交流，才能产生"共振"效应，才会有情感回报。

恰当地选择和利用环境，是取得谈话成功与否的重要一环。在谈话时，面对不同的学生或处理不同的事情，要注意选择不同的谈话环境，创造对谈话有利或适宜的气氛。我很少和学生在办公室里谈话，因为很多学生不愿意自己的事情被其他的人知道，而办公室教师、学生常常出入也会影响谈话的效果。有时候在操场漫步，或是在人比较少的地方，或是与学生一起吃饭的时候，都可以成为个别谈话的好环境。所以说，谈话的场景与时间选择适当，就能使谈话的对象产生一种良好的情绪和心理效能。

特别是对于中职学生而言，选择读中职学校都有不同的原因，但家庭因素对学生的影响很大。很多后进的学生都是因为家庭中存在的诸多原因而养成了不好的学习习惯。通过多次与他们的个别谈话，解开了他们的心结，愿意与我敞开心扉交谈，让我成为他们的朋友，共同解决学习上、生活上的问题。

要想与学生真正架好心灵之桥仅仅靠说是不够的。每一个学生都有他们的不同之处，教师要花更多的精力与时间去尝试各种方法，探索新的沟通方式，去打开学生的心灵之门。让从事着"太阳底下最光荣的职业"的教师们在教学的天空中架起一座通向学生心灵的彩虹之桥，使更多的教师与学生的心能靠得更近。

对中职学生应推行"扬长教育"

云南省贸易经济学校招生就业办 浦 春

摘 要： 中等职业学校教学改革就要以学生为本，立足市场需求，培养德才兼备的对社会有用的中等专业技术人才。本文结合所在学校学生的实际情况，指出了教学改革的核心是对中职学生推行"扬长教育模式"。

关键词： 中等职业学校 中职学生 教学改革 扬长教育模式

当前，中等职业学校教学改革正在向前推进，地区之间、学校之间的差距有进一步拉大的趋势。如何居安思危，正确定位职业教育培养目标，创新人才培养模式，千方百计提高学生的综合素质和职业竞争力，从而保障职业学校的活力与可持续发展，已经成为职校广大干部职工共同关心的课题。下面我从我校学生的实际情况出发，对学校教学改革提出一点粗浅的建议。

众所周知，随着教育改革形势的发展，大中专毕业生统一分配政策取消，大学和普高扩招形成"两高热"，中等职业教育的生源数量与质量呈明显下滑之势。从进入我们贸易经济学校的初中毕业生来看，许多同学只有初一、初二的水平。面对这样的生源，学校倘若紧闭大门，那又面临着生存问题。而且，将这些无一技之长、尚未成人成才的学生推向校门之外，对社会而言，无疑也是一个问题和负担。

从中等职业学校教学安排的普遍情况看，三年的中职教学计划，以文化课、专业基础课、专业课为主的"三段式"传统职业教育课程存在许多弊端。即便认识到弊端，对课程计划进行了系统改革（如我校2001年以来推行了"宽基础、活模块专业课程设置方案"），但发展到现在，仍然不能完全适应新的学生生源情况变化的需要。许多学生学习基础较差、学习习惯尚未形成，加之部分教师欠缺对教学方法的改进，导致学生对所学专业缺乏感性认识，对所学习课程兴味索然。现实中，就有不少学生宁可选择在闲聊、玩耍中虚度，也不愿进行专业学习的情况。即使是一些按部就班、学习认真的学生，也感到学用结合不紧、专业技能不牢，担心将来毕业参加工作后，所学与所用相差甚远。

虽然这种传统的课程模式可以使学生学到较扎实的理论知识，学科的系统性、完整性比较突出，但是，这种模式重理论，轻实践，忽视了对学生的动手能力和解决问题能力，特别是个性特长的培养，也就难怪社会普遍存在着"进中职校不如径直找工作"的误解。

因此，如何围绕学生的成人成才进行因材施教，让学生学会做人、掌握实实在在的技能，成了当前我们学校教学改革必须解决的问题。在新的教学计划和课程设置中，在遵循有关教育方针政策的前提下，一是要针对学生对单纯的专业理论课普遍存在的厌倦心理，对课程进行重组；二是要针对学生思维活跃，动手能力强，对实践课感兴趣的现实和特点，进行课程开发。在整个过程中，需要全体教师积极进行思考、献计献策。

在教学过程中，许多教师都会遇到这样的现象——某班平时上理论课时，不少学生经常迟到、早退，只有2/3的学生到课是常有的事，而其中能有一半的学生认真听讲，任课老师便很知足了。但是，一些教学方法灵活、针对性强、学生兴趣调动好、现代化手段运用充分的课，始终受到学生的欢迎。另外就是课堂动手机会较多或联系实际较多的课程受到学生欢迎，如《计算机组装与维修》、《职业指导》、《社交礼仪》、《珠算及点钞》、《演讲与口才》、《形体训练》、《贸易谈判》等课程，以及按计划组织的实训参观课，学生可以通过动手动脑或在实际操作中融入专业理论知识，一般就会受到学生欢迎，迟到、早退和旷课的学生就会较少。为什么许多学生宁愿违纪，也要上网吧玩游戏？一方面说明学生好玩、过分沉溺于游戏，另一方面也说明我们的引导要加强，管理和设施要改进。怎样通过高效率的课程教学，在让学生"学有所长"的同时，再精心组织丰富多彩的第二课堂，让学生"玩出名堂"？怎样因地制宜地开发和设计"隐性课程"？这些问题值得我们认真思考。

此外，如何围绕专业培养目标，强化专业技能训练，创新训练模式，提高学生技能水平，也是必须思考和解决的课题。譬如，计算机专业（包括其他专业）的同学，在技能鉴定之前，在训练上普遍都抓得紧。为什么？因为学习目的明确，学习有压力，担心拿不到合格证，而合格证对其今后找工作有帮助、工作中用得上。财务会计专业，理论教学与账务实作相结合是该专业的一个特色，而且已经形成实作体系。教学中，特别是让学生填制单据、动手做账时，学生往往比上理论课更有兴趣，因此动手（实践）的教学更有利于学生的接受。营销管理专业的一些同学，平时上理论课无精打采，但是每当教师组织模拟公司搞商品营销和模拟谈判时，参与的学生积极性明显提高。比如在运动会期间，在教师指导下组建的模拟公司，在销售、广告、谈判、公关等系列活动中，不少同学都把业务搞得有声有色。为打开市场，这些同学课前课后甚至双休日，都专注于广告、服务中，可以说乐此不疲。这些情况都说明，各专业教研室通过有效的组织，可以更多地为学生设计实践性、活动性的课程，更多地为学生搭建获取知识、训练技能的平台。这其中，教师潜力和积极性的发挥是十分关键的。"有为才有位",教学工作只有走在前面,相关制度才会逐步配置到位;也只有改革教学,才能更加适应和满足学生的需要。

应当说,上述学生的"特殊"表现,让我们学校管理者和教师在对传统教育的反思中,更加牢固地树立了这样的观念:中等职业教育培养的是生产第一线上的技术人员、操作人员,再不能如普高一样仍一味地补短,学生缺什么,老师就补什么,力求学生各门课程全面发展。中职教育应重在发现和培养学生的"闪光点",避其所短、扬其所长,在充分了解和把握学生的实际情况和需要后,通过教学和活动,发挥这个年龄段学生爱动手、动手能力强的特长,使之成为一名具有一定文化素养、掌握至少一项社会所需技能、行为规范的有用人才。

因此,在新一轮教学改革中,在总结我校办学经验、借鉴外校成功做法的基础上,我们应推行"扬长教育模式"。

在"扬长教育模式"思想的指导下,我校教学改革的目标是:分步骤、分阶段地对教学运行进行整体改革,即从学制到课程结构、从教学内容到方法、从评价到督导逐步构建一种全新的教学模式,为激发学生潜能、培养学生兴趣、爱好和特长创造条件,让学生的个性在自由、自主的空间内得到最大限度的发展,从而使具有不同个性品质和潜能的学生都能成为不同层次的社会有用之才。

该"模式"的本质和核心就是给学生一个发展特长、完善个性的空间,激发学生自觉主动学习的动机,变"服从命令型"为"自主发展型",使学生成为学习的真正主体。为此,要调动和配置学校教育资源为这个目标服务,要创新教学管理的机制,尤为重要的是全体教师要更新教学观念。在此模式下的教学观念应当是:学生是教育消费的顾客,是学校全体教职员工服务的对象,一切教育和教学工作都是在服务学生的需要中进行,在

"扬学生所长"中不断发展。教师和班主任对学生要多一些赏识,少一些抱怨;多一些鼓励,少一些指责;多一些交流,少一些疏远;多一些热忱,少一些淡漠;教育教学工作的出发点和归宿,就是谋求教育教学的针对性和实效性,服务和满足学生成人成才的需要。

穷则变,变则通,在常规教育和现实需求的碰撞中,我们必须选择"改变"。

在制订教学计划时,我们要有意识地借鉴德国职业学校学生实行在校学习两天理论,到企业学习三天专业知识、专业技能的教学制度,适当缩减基础理论课时,有意加重实践技能课的设置比例,逐步将专业理论课和实践课的比例调整为4∶6。每一节理论课,也要求教师合理缩短授课的时间,增加训练时间,注重设计安排学生的课堂活动,力求做到"做中学,学中做"。

要进一步改革教学模式,在重视显性课程开发的同时,对隐性课程的设计开发应当更加重视。如第二课堂活动的组织,学校有关方面要给予更多的研究和关注,积极支持教师和职工参与学生社团的指导,并为此建立和完善有关激励制度;要逐步打破学生学习只在校内进行的固定模式,建立专业与企业联系的模式。学校要鼓励各专业按照专业建设需要,积极拓展校外实训基地,支持各教研室组织开展社会服务,创新专业管理模式。学校对于教师带领学生到各类企业中参观、实习,以及在企业中建立实训基地等,应给予积极的支持,与此相关的制度亦应逐步修改完善。

"工欲善其事,必先利其器",师资是学校培养学生的必备之"器"。为此,要让学生"动"起来,首先教师们应先"动"起来。一是要坚持教师到生产第一线、企事业单位见习和挂职锻炼的制度,定期不定期地选派专业课教师深入企业学习专业操作技能、了解专业发展动态、掌握市场行情,培养既能教理论又有实践能力的"双师型"教师。教师要改变"既无普高升学压力，也无高校科研要求，学生就业好坏事不关己"的观念，既要会动口，更要会动手。二是要投入资金建设各专业实验室、实训室，积极从企、事业单位引进和选聘有教育理论、有丰富实践经验的生产技术、经营管理人员参与教育教学过程，并形成制度，努力在"仿真"的教学环境中，让具有实战经验的行家现场传授，让动手实践贯穿在整个教学过程中，从实践到理论，就能使师生真正"动"起来。

通过"扬长教育模式"培养出来的学生，才能贴近市场的需求，才能得到用人单位的肯定和留用。这样学生才会满意，家长才会放心，社会才会欢迎，学校才能因生源稳定而能稳步发展，所以我建议对中职学生应大力推行"扬长教育"。

浅谈中职学校饭店服务专业
学生的职业素质教育

2006 级中职旅游管理　陈　薇

摘　要：本文结合中等职业学校饭店服务专业学生的素质要求，论述了对中职学校学生进行职业道德、服务意识、服务礼仪、应变能力及就业意识的培养、技能技巧的训练以及教育方法。

关键词：饭店专业　学生　职业素质　培养

新世纪对饭店服务提出了更高要求。规范化服务走向个性化服务，人文因素在现在的饭店业中越来越占有重要地位。饭店服务专业的职业素质教育是对未来从业人员进行思想品质、良好心理素质的培养及操作技能的训练，对服务人员素质的提高无疑有极大的促进作用。本文对中职学校饭店服务专业学生应具备的职业素质及相应的培养教育谈几点自己的看法。

一、饭店管理专业学生应具备的职业素质

1. 职业道德与敬业精神

首先，饭店管理专业学生必须具备良好的职业道德修养和职业道德行为。所谓职业道德是指从事一定职业的人在职业活动的整个过程中必须遵守的行为规范和准则，是社会公德在职业生活中的具体体现。旅游饭店员工的职业道德就是饭店员工在饭店服务过程中，应遵循的行为规范和行为准则。饭店是社会文明的窗

口，饭店员工必须有良好的社会道德观念、道德情操和道德风尚，能够自觉运用道德规范约束自己的行为，做好服务工作。有良好道德修养的员工，在饭店服务中，就能够自觉遵守"尊重宾客，礼貌待客，对客人一视同仁，遵纪守法"的职业道德规范。如客房服务人员自觉遵守消毒操作规程，杜绝一块抹布"擦完马桶擦杯子"的不道德行为；尊重客人的隐私权等等，都是职业道德修养在服务工作中的具体表现。

此外，饭店从业人员还应具有崇高的敬业精神，培养爱岗敬业的酒店意识，以饭店的发展作为个人发展的前提，店衰我衰，店荣我荣，培养主动积极、尽职勤奋的工作态度，热爱本职工作，勤于本职工作，视宾客为亲人。只有具有敬业精神和奉献精神的员工队伍，才是饭店稳定的可以依靠的队伍，才是优质服务的根本保证。

2. 服务意识

服务意识是服务产品的生命力，是饭店从业人员素质高低的标志，也是饭店软件建设的关键。所谓饭店服务意识就是饭店员工一进入工作状态，就能自然地产生一种强烈的为客人提供优质服务的欲望，以满足客人需要作为自己的最大快乐。客人想到的，服务员早已想到，客人没有想到的，服务员也替他想到了。如前厅部员工了解到住高楼层的常住客有特别要求开窗的习惯，那么在他下一次入住酒店前，就把该客人预订的房间窗户打开；泰国的东方酒店的客史档案上记录了每一位住店客人曾经的就餐位置、菜单；国外有家五星级酒店甚至为客人熨报纸，这样可以避免油墨沾在手上。这些微小细致的服务意识和服务艺术，来自饭店员工自然产生的为客人服务的诚意，使客人感受到饭店对他的关心重视，这就是服务意识，它能使客人与服务员都得到一种无法用语言表达的满足。

3. 服务礼仪

我们要强调的是角色意识礼仪和宾客意识礼仪。角色意识礼仪指一线服务人员在岗服务期间必须进入服务角色，一定要以客人的感受、客人的心情、客人的需求向客人提供所需要的服务。宾客意识礼仪指作为饭店服务人员，一定要理解"宾客"一词的真正含义，否则，提供的服务是不到位的，客人自然就不会满意。

4. 知识水平与应变能力

饭店是为客人服务的场所，客人来自不同环境、不同阶层，他们的要求自然就各有特点，因此，百分之百标准化、规范化的服务不一定能够得到客人百分之百的满意。只懂得简单的技能操作不一定就能提供优质服务，优质服务有着更深的内涵，它是娴熟的技术操作与独具特色的个性服务的综合，而个性服务依赖于服务员的灵活服务、应变能力。应变能力是知识、经验积累的结果，是满足不同客人需要，在服务中化险为夷的保证。饭店服务人员只有具备更全面、更丰富的知识及外语水平，才能更好地满足客人的要求。饭店服务忌讳"不"字，如果对客人的询问一问三不知，谈何优质服务？因此，饭店服务人员应不断地学习、充实自己，用自己的知识、智慧去赢得客人的满意。

二、饭店服务专业学生的职业素质培养

1. 加强职业道德教育，树立"以顾客为中心"的职业道德观

首先，认真上好职业道德课是在实践中培养学生的职业道德的理论依据与必要前提。课堂教学这块天地是学生学习、运用理论指导完成实践的最初的基地。在教法上联系旅游业发展实际，结合学生存在的一些情况，采取"主题演讲"、"专题讨论"、"集中讲座"、"分组辩论""案例点评"等丰富多彩的形式开展

教学。例如在讲到"小费"问题时，采用了辩论式教学方法，引导学生围绕旅游职业道德规范，展开激烈的辩论。在辩论中，使学生真正明白遵守旅游职业道德规范是旅游业的生存之道，也是旅游从业人员在职业活动中必须遵循的行为准则。实践证明，这样的教学方式符合青年人的特点，易于激发他们的求知欲望，激励他们对理性的探索。现实社会经济生活中的种种不道德现象和无序行为，导致了职业道德理论与实践的巨大反差，引起了整个社会的普遍关注和思考。因此客观上要求教师在释疑解惑的同时，让学生自己说服自己，进行自我教育，而"辩论"是学生进行自我教育的最有效方式之一。

其次，注重社会实践也是培养学生职业道德的主体途径和重要方法。以"顾客为中心"就是全心全意地为客人服务，只有让学生到社会这个大课堂中去实践，组织学生到企业进行专业实习，在实践中，让学生担任一定岗位的工作，独当一面，适应真实的职业环境，才能使学生真正理解"顾客第一"的真实含义，在工作实践中养成良好的职业习惯。

2. 进行服务意识教育的途径和方法

学校教育应注重学科理论的渗透，在理论课教学中要注意发挥学科渗透的"主渠道"作用，适时地对学生灌输服务思想，培养服务意识。专业课教学应结合具体的教学内容，教会学生如何运用相关知识来解决服务中具体问题的方法。例如，在"旅游心理学"教学中，运用心理学知识教会学生在服务中如何对客人进行鉴貌辨色，适时地进行个性化服务；在"礼节礼貌"课教学中，运用礼节礼貌常识使学生懂得注重仪容仪表、言谈举止，是打开与人交往的钥匙，好比"商品"的外包装，包装好，极易被人接受和认可。教会学生在对客人服务中怎样才能更热情、到位、艺术、富有人情味地进行服务，给人以美的享受；在"饭店服务案例分析"课教学中，让学生掌握如何运用饭店服务课中的服务内容、服务要求、服务技巧在服务中为客人提供规范的、周到的服务；通过教学体现"以服务增智"、"以服务益美"的功能。

尽管学校的岗位有分工的不同，但学生服务意识的培养与教育不能看成是班主任或专业课教师、有关领导的事，而应看成是全体教职工的事。因为，学校是个大棋盘，如果学校教育的某个环节出了问题，那么这样的教育是不会成功的。所以，教职工要明确分工，目标一致，共同营造出"教书育人"、"服务育人"、"管理育人"、"环境育人"的氛围，以出色的服务为学生树立榜样。

3. 培养学生良好的服务礼仪

给学生上的第一课，便是先让他们明白"我为什么要接待客人？为什么要热情、快步调？"可以这样告诉学生："宾客是饭店的财源，有了宾客的到来，才会有饭店的财气；有了宾客的再次回头光顾，才会有饭店稳定的效益。""宾客的每次呼叫，每项服务需求，对我们服务人员来讲并不是一次麻烦，而是一次收入的机会，要抓住这个机会为饭店创收，也为自己获益。"显然，作为饭店服务员，只有真正理解了"宾客"的含义，才能理解自己工作的价值，理解自己工作的责任；同时也会理解宾客的需求，理解饭店的效益自然也就会向客人提供热情、周到、礼貌、快捷的优质服务。

4. 改革教育方法，提高学生的应变能力

饭店客人的需求日益多样化，饭店服务也日益个性化，学校课堂教育更多的是传授规律性、秩序性、标准性的服务方法，不可能提供解决各种服务中所出现的问题的应对方法。为提高学生的应变能力，在教学中，应加强案例分析和问题讨论，让学生开动脑筋，自己找答案，找方法，养成勤于思考，举一反三的习惯，为提高应变能力打下基础，将来走上工作岗位，才能灵活主

动地去满足客人的各种服务需求。

提高学生的职业行为素养，加强毕业生的就业竞争能力和岗位适应能力是当前职业教育面临的紧迫任务。培养学生开拓进取、自强自立、艰苦创业精神，以及对挫折、对环境变化的适应能力，在激烈的竞争中受挫不惊、进退自如。培养学生学会生存，学会合作，学会做人。十年树木，百年树人，素质教育并非一朝一夕之功，需要扎扎实实，日积月累的工作。因此，中职旅游学校应加强对饭店管理专业学生的职业素质教育，为饭店培养更多有良好职业素质的实用型人才。

参考文献：

1. 周巧琴．谈旅游服务专业学生的职业素质教育．中等职业教育．

2. 范运铭．旅游服务质量标准．成都：四川人民出版社，1996.

3. 王大悟．旅游服务标准化学习手册．

4. 姜培若．现代饭店入职必读．广州：广东旅游出版社，1998.

5. 蔡荣君．旅游服务意识教育．中国旅游报．

6. 龚丹．适应社会需求重塑个体形象．http：//www.tczj.net

中等职业技术学校学生
心理问题分析

湖南怀化商业学校　闭瑞华　闭小梅

摘　要：中等职业技术学校的学生心理问题多发易发而且日益复杂，是一个需要特别关注的特殊群体。本文在学习心理、情感心理、个性心理、自我心理、人际心理、性心理、择业心理方面对他们进行了心理分析。以便探求这些问题的解决方法。

关键词：职校学生　心理问题

中等职业技术学校学生（以下简称职校生）的年龄一般在十五六岁至十八九岁，正值青春期或青年初期，这一时期是人的心理变化最激烈的时期，也是产生心理困惑、心理冲突最多的时期。他们的心理问题多发易发而且日益复杂，是一个需要特别关注的群体。

一、中等职业技术学校学生的学习心理问题

学习是学生的第一要务和主导活动，职校生的身心发展也主要是在学习过程中实现的。职校教育阶段是职校生学习与发展的重要时期、黄金时期，而学生的学习心理问题也是职校生最普遍、最常见、最突出的心理问题。表现如下：

（1）学习目标不够明确。不少职校生对进入职业学校学习自信心不足，甚至没有学习的近期、中期和远期目标，因而学习态度不够认真，只求能够过得去，甚至是得过且过。

（2）学习动机层次不高。不少职校生对学习的认知内驱力不足，对学习提不起内在的兴趣，学习的实用化倾向十分明显，过分追求学习上的急功近利和"短平快"，对学习文化基础课和思想品德课很不情愿，觉得学了将来没有用等于在浪费时间，还不如不学。

（3）学习方法不当，学习习惯不良。不少职校生在初中阶段就没有养成良好的学习习惯，不知道怎样学习更科学、更有效，没有掌握基本的学习策略，因为不会学所以学不好，由学不好到不愿意学，最后发展到厌学、逃学。

（4）学习的认知能力水平较低。相当一部分职校生对学习过程、学习活动和自己的学习习惯缺少必要的反思自省意识，不懂得科学合理地安排学习时间，不懂得如何进行学习成败上的合理归因。

（5）学习焦虑现象比较普遍。不少职校生是读不进书又不得不读书，在家中瞒着父母，在学校应付老师，对学习有着一种"剪不断、理还乱"的摆脱不掉的心理压力。对考试或某些学科、课程的学习存在比较严重的恐惧心理，有明显的厌学情绪和行为。

二、中等职业技术学校学生的情感心理问题

一般认为，情绪情感是人对客观事物的态度的一种反映，是对客观现实是否符合自己需要而产生的体验。职校生的内心世界是五彩缤纷、各具特色的，而情绪情感最能体现他们内心世界的丰富多彩和复杂多变。

（1）情绪不稳定，情绪自控能力较弱。处于青年初期的职校生具有明显的情绪两极性，比少年期更为突出，容易出现高强度的兴奋、激动，或是极端的愤怒、悲观。他们的情绪变化很快，常常是稍遇刺激，即刻爆发，出现偏激情绪和极端的行为方

式，冲动性强，理智性差。在日常生活中，不少职校生情绪躁动不安，动不动就想哭，大叫大喊或摔砸东西，与同学、朋友争论起来面红耳赤，甚至发生激烈的争执。也有一些职校生经常性地大惊小怪，给人一种装腔作势、无病呻吟的印象。

（2）社会性情感表现冷漠。就其实质而言，职校生的冷漠是多次遭遇严重挫折之后的一种习惯性的退缩反应。不少情感冷漠的职校生对他人怀有戒心或敌意，对人对事的态度冷淡，漠不关心，有时近乎"冷酷无情"，对集体活动冷眼旁观，置身于外，给人一种"看破红尘"的感觉。有人说职校生情感世界中的"冻土层"很厚，因为在初中阶段老师关爱的"阳光"照耀到他们的时间不仅短而且热量少。国外心理研究者指出：在现代社会中，不少青年在心理上处于"三无"状态，即无动于衷，谓之无情；缺乏活力，谓之无力；漠不关心，谓之无心。这在职校生中表现更为突出。

（3）感情容易遭受挫折，挫折容忍力弱。面对当今社会的文凭歧视和社会偏见，以及劳动力市场上越来越激烈的就业竞争，职校生群体普遍感到巨大的压力和深受伤害，对生活逆境没有充分的心理准备，不清楚如何把握自己的命运。一些职校生稍遇挫折，就觉得受不了，产生"还不如死了为好"的厌世心理。出走、打架、斗殴、自残、轻生等现象在职业学校并不少见，也说明职校生应对挫折的能力比较薄弱。

（4）情感严重压抑，情绪体验消极。受社会大环境的影响，许多家长认为孩子只有进入重点学校才是进了大学的门，才有前途和出息，进入职业学校，等于是成才道路上领到一张红牌，被判定"下场"或没出息。在社会和家庭的双重影响刺激下，部分职校生的心理压力增大，常常有身心疲惫感，觉得自己活得很累。特别是一些单亲家庭、特困家庭或家庭关系不和睦的职校生，他们不愿意和别人交流自己的真实感受，也不善于合理宣泄自己的不良情绪，更容易产生抑郁、悲观等消极情绪体验。

三、中等职业技术学校学生的个性心理问题

个性是个体经常表现出来的具有一定倾向性的、比较稳定的心理特征的总和，是一个人的基本的精神面貌。职校生中"落水者"的心态、"失败者"的心态、"多余人"的心态比较普遍，使得他们难以拥有一个健康健全的人格和振奋向上的个性面貌。

（1）缺乏应有的积极理想和追求。不少职校生在进入职业学校时就觉得自己是被淘汰的或者被遗弃的人，认为自己是没有出息、事业上难有作为、几乎没有什么希望的人，因而往往表现为精神萎靡不振，政治思想上不求进步，学习上不思进取，生活上自由散漫。一些职校生抱着混世度日的心态打发人生，甘愿沉沦，听天由命。

（2）社会适应能力较弱。现在的职校生大部分是独生子女，由于受到来自长辈的过分关爱，依赖性强，生活自理能力差，难以顺利适应职业学校的集体生活。由于缺乏集体生活的磨炼，职校生社会生活经验比较少，社会认知方式不够合理，往往对社会现象缺乏理智的判断，分不清哪些是对的或错的，哪些事情对自己人生发展来讲是最重要的，而哪些在目前又是次要的。面对快速多变、纷繁复杂的社会，可以说职校生显得更加困惑和无所适从。

（3）人格尊严受到严重损害。由于初中阶段学业成绩的不理想，不少职校生的人格尊严得不到认同。社会上很多人都忽视职校生，他们成了世人眼中"不上进"的顽劣分子，是家长眼中"不可教"的逆子，是老师眼中"没希望"的一代，是亲友眼中"不学好"的典型，是现实社会中"多余人"的代表。可以说，与普高生相比，职校生的人格尊严问题比较突出。

（4）不良性格特征普遍存在。从当前职校生个性塑造的实

际情况看，狭隘、妒忌、暴躁、敌对、依赖、孤僻、抑郁、怯懦、神经质、偏执性、攻击性等不良的性格倾向已经成为相当一部分职校生的个性心理特征。一些职校生可以毫不犹豫或毫不内疚地说谎、欺骗、敲诈或偷盗，"边缘性人格"、"双重人格"、"物化人格"等并不少见，反社会性、分裂性、戏剧性等人格障碍倾向在一些职校生言行举止中也有明显表现。

四、中等职业技术学校学生的自我心理问题

自我意识是主体对自己的心理、身体、行为及自己与别人、自己与社会关系的意识。不难发现，相当一部分职校生缺乏合理的自我意识，自我评价不当，理想自我与现实自我、主观自我与客观自我之间的矛盾比较突出。

（1）自卑自贱心理严重。自卑心理是个体在外界的消极暗示下，由于现实自我与理想自我之间产生强烈的反差而引起的自我贬低、自我否定的一种消极的心理状态。它的外在表现就是看轻自己，对个人的能力与品质作出不符合实际的偏低评价，认为自己什么都不行，即使对那些稍加努力就可以完成的任务，也往往自叹无能而轻易放弃。部分职校生由于长期处在被别人瞧不起的地位，常常听到的是指责和不满，常常看到的是歧视的眼光，总觉得自己"低人一等"、"矮人三分"，容易出现自暴自弃、破罐破摔等消极表现。

（2）自我中心意识过强。由于在家庭生活中长期以自我为中心，一些职校生习惯于随意支配、指使别人，进入职业学校后仍然希望别人围着自己转，但现实情况正相反，于是许多独生子女职校生就会产生严重的失落感。由于缺乏合理正当的表现机会，一些职校生就试图通过逆反的或对立的角色和行为如恶作剧、故意捣乱、夸张炫耀、标新立异、逆反言行等表现来突出自我的存在，设法引起别人对自己的关注，以此获得异常的自我满

足感。

（3）自私自利心理普遍。在职业学校生活中，相当一部分独生子女职校生过分关注自己的感受，而很少考虑甚至丝毫不考虑别人的想法和利益；希望得到别人的尊重，却很少去考虑尊重别人；希望索取别人对自己的关心，但不愿意去真诚地关心帮助别人。不少职校生以"人不为己，天诛地灭"作为自己的人生信条，"事不关己，高高挂起"，表现为时时处处事事只关心自己的利益得失，却很少自觉地关心他人和集体。

五、中等职业技术学校学生的人际心理问题

职校生的人际交往，主要是与朋友、同学、老师及父母的交往。而职校生的人际心理问题，也主要表现在这些方面。

（1）社会性交往萎缩。在初中阶段，由于学习成绩的不理想，自然在以学业好坏为标志的学校、社会里，职校生就是笨孩子、傻学生，座位是在教室的后排，上课没有被提问的机会，根本没有参加学习竞赛的可能，有些老师和同学都懒得与他们打交道，一些家长甚至不允许自己的孩子与职校生来往相处。进入职业学校后，一些职校生对正常的社会交往仍然心存疑虑，总是怕这怕那，尤其是担心别人会瞧不起自己，因而不愿意与过去熟悉的人打交道，不愿意暴露自己职校生的身份，有意回避正常的社会性交往，甚至希望自己与世隔绝。

（2）异性交往上的行为偏差。随着性意识的觉醒，职校生已经逐步度过了异性疏远期，而走进了异性接近期。他们渴望与异性多接触交往，和异性谈话交流会觉得十分高兴，和异性在一起活动感到特别兴奋、愉快。他们渴望有能够亲近的异性朋友，希望建立良好的异性交往关系。由于情感的冲动性，不少职校生分不清友谊和爱情的界限，不能理智对待自己朦胧的情愫，过早地追求所谓的爱情，因而职校生早恋现象比较普遍，由此而引发

的职校生品德心理问题和性行为过错等违纪现象比较多见。

（3）师生间交往缺乏信任感。由于初中阶段不良的师生关系，经常被老师忽视、排斥、指责，一些职校生对职业学校的老师自然会有一种条件反射式的疏离感或压抑感，担心老师会向家长告状，怀疑老师会与自己有意过不去，想与老师亲近但又怕受到冷落。一旦老师处理或对待与自己相关的事情不够恰当时，便会产生强烈的不满或偏见，形成对立情绪，出现逆反行为，不配合、不支持老师的工作。

（4）代际交往的隔阂明显。在人类历史的长河中，代际冲突是一种必然的现象。而在现代社会转型期，所谓的"代沟"、"代差"问题更为明显和突出。不少职校生与父母之间的沟通交流比较困难，经常埋怨父母不理解、不尊重自己，轻视父母的存在和价值，与父母的矛盾冲突不断，甚至可能产生严重的行为冲突。

（5）网络交往失度失范。一些职校生在现实交往中难以获得需要的满足，便试图在网络世界中得到补偿。如今，不少职校生偏重于"人机"对话式的网上人际交往，热衷于网络交友，迷恋上网寻找所谓的友谊，甚至为此荒废了学业。在网络世界里，更有一些职校生有一种"特别自由"的感觉和"为所欲为"的冲动，自我约束力不足和道德自律意识不强，违背网络交往道德规范，做一些平时不可能做、也明显是不道德的行为，如粗言恶语、人身攻击、网恋或多角恋等比比皆是。沉溺于网络交往容易导致职校生忽视真实可信的人际关系，使得人际关系更加冷漠，造成人际情感的逐渐萎缩，产生严重的人际交往心理障碍。

六、中等职业技术学校学生的性心理问题

伴随着第二性征的迅速发育，处于青春期的职校生性意识和性情感已经开始萌发，希望多了解性的知识，但又怕别人发现或

讥笑。性生理上的剧烈变化，会给职校生带来所谓的"青春期骚动"和强烈的"性困扰"，产生不少性心理问题。

（1）性征体相的烦恼。第二性征的出现，有人形象地称之为青少年的"第二次诞生"。许多职校生总在为自己性征体相的不如意而烦恼，担心自己的形象不佳。不少男生常反问自己：我的长相怎样，是不是具有成熟男子汉的气质；而女生常反问自己：我的外貌如何，有没有青春女性的现代风度。一旦得到别人的肯定和认可，就会兴高采烈、兴奋无比；一旦听到别人的否定性评价，就可能伤心烦恼不已，甚至茶饭不思。职校生中的"追星族"比较多，明星偶像崇拜热一浪高过一浪，内在原因就是要寻求一种莫名的身心补偿，摆脱困扰自己的性征体相的烦恼。

（2）性心理反应过敏。有些职校生经常被原始的性欲望所困，对性问题过于敏感，表现为过分热衷于性知识的引诱，过多阅读性描写的书籍，喜欢谈论性的话题，传播一些性的笑话，沉湎于性的想象或性的"白日梦"。有些职校生养成了习惯性的手淫等自慰行为，常常自责不已，有着强烈的罪恶感和负疚感，生怕别人识破自己性方面的隐私或秘密。对于遗精、月经等一些正常的性生理现象，不少职校生缺乏科学的认识，产生惊恐、疑惑、羞涩、精神恍惚、焦虑不安等心理反应。

（3）有的心理学家把青年期的性欲望比做火药库，如不加引发，保管得当，则能够保持平静，相反，则可能引起强烈的爆发，带来灾难性的后果。从目前实际情况看，不少职校生出现的不良品德或行为问题，追根溯源都与自身性生理、性心理或性道德方面存在的问题有关。这也说明进行适时、适度、适量、适当的青春期教育是中等职业技术学校素质教育的当务之急。

七、中等职业技术学校学生的择业心理问题

择业就业是当前职校生非常关心，特别关注的一个热门话题。因为择业就业是职校生人生道路上的一项重要抉择，伴随着这种抉择而来的往往是兴奋、紧张、忧虑混杂于一体的矛盾心态。

（1）择业紧张焦虑心理。能不能顺利就业，成为许多职校生的一大"心病"。一些职校生担心自己的学历低，专业技能水平低，害怕"毕业就失业"，有的职校生甚至为此寝食不安。还有的职校生对所学专业不满意、没兴趣，自己又没有办法改变现实，整天心绪不宁、唉声叹气、愁眉苦脸。

（2）择业依赖退缩心理。虽然现在实行的是"双向选择，自主择业"的就业制度，但许多职校生还是寄希望于学校或家长帮助解决自己的就业门路或去向。对于职业学校承诺保证毕业推荐就业的那些专业，职校生往往十分喜爱、情有独钟。这也说明不少职校生在内心深处还是惧怕或不愿意自主择业，更缺乏创业精神和能力。

（3）择业思维定式心理。一些职校生为所学的热门专业所困，希望找到有社会地位的、体面轻松的、收入高待遇好的理想的就业岗位。一旦要放弃所学的专业，一些职校生就显得无所适从，心理极度矛盾。

从上文分析可以看出，职校生心理问题的表现多种多样，其产生的原因也比较复杂，非只言片语所能透析。初中阶段学习生活的不良经历、教师以及家长的教育观念方式不当、普遍存在的社会认知偏见、特殊的时代和社会环境、特别的职业学校专业教育、特定的青春期年龄阶段和独特的身份（如独生子女、特困生或孤儿），再加上一些职业学校所做的工作不尽如人意，都使得职校生的心理问题日益多样化、普遍化。这也说明职业学校的

相关工作必然具有长期性、系统性、复杂性和艰巨性。

当然职校生有自己的一般心理特征、存在的心理优势和心理潜能开发。本文所分析的是当代职校生存在的一般性的心理问题，没有去探究职校生中存在的比较严重的心理障碍和心理疾病。本文所提及的这些心理问题基本上属于成长性的、适应性的心理问题，是职校生心理发展过程中的问题。通过实施科学的、有针对性的心理教育，这些心理问题是完全可以而且能够得以妥善解决的。本文主要是从存在问题的视野来认识职校生的心理现状，为职业教育寻求心理依据，从而有利于加快职业教育的改革与发展，更好地推进和深化职业学校素质教育。

参考文献：

1. 潘寂. 教育心理学. 北京：人民教育出版社，1984.

2. 吴庆麟. 教育心理学. 北京：人民教育出版社，1999.

3. 邵瑞珍. 教育心理学. 上海：上海教育出版社，1997.

4. 张爱卿. 现代教育心理学. 合肥：安徽人民出版社，2001.

在计算机教育中如何培养学生的创新能力

湖南怀化市商业学校　邓长群

摘　要： 如何在现代教育中推行以培养创新能力为中心的素质教育，是我们教育工作中的一项重要任务。本文从教学实践出发，从更新教育观念、创设新环境、推行问题式教学模式、发挥学生的主体性、训练思维方式和理论与实际相结合六个方面阐述了在教学中如何对学生进行创新能力和创新精神的培养，为在基础教育中如何推行创新教育提供了新的思路。

关键词： 计算机　教育　创新能力　培养

　　要迎接科学技术突飞猛进和知识经济迅速兴起的挑战，最重要的是坚持创新，勇于创新。而创新的关键在于人才，人才的成长要靠教育。因此在积极推行的学校素质教育中，尤其要重视学生创新能力的培养。笔者作为一名计算机专业课教师，在教学中注重对学生创新能力的培养，不仅取得了较为明显的教学效果，而且使学生学会了进行独立思考和科学思考，为他们以后成长为创新型人才奠定了科学的思想基础。

　　根据几年的教学实践，笔者认为在计算机教学中应从以下几个方面对学生进行创新能力的培养：

一、要不断更新教育观念

（1）树立全新的教育观。树立素质教育、创新教育是终身教育的教育思想、教育观念。首先，明确素质教育是以提高民族素质为宗旨的教育，是以面向全体学生、全面提高学生的基本素质，促进他们的德智体等方面生动、活泼、主动地发展为基本特征的教育。其次，明确素质教育的实施，应以培养学生的创新精神和实践能力为重点。创新教育旨在培养创新型人才的教育，推行创新教育是全面实施素质教育的一项重要内容。再次，创新能力需要终身培养，创新动机需要终身激励，因而创新教育也是终身教育。

（2）树立全新的教学观。现代教育技术的应用，使传统的教学组织形式和教学方法产生了重大变革。首先，传统的班级教学发展成为小组教学、个别化教学、远距离教学、网络教学等多种组织形式的教学。其次，由原来以教师为中心的，基于知识归纳型或演绎型的讲授式教学方法转变为基于"情景创设"、"主动探索"、"协作学习"、"会话协商"、"问题提出"等多种新型教学方法与学习方法的综合运用。树立全新的教学观，为培养学生的创新精神创造了客观条件。

（3）在计算机教学中，要与全新的教育、教学观念相整合。不仅要培养学生在现代信息环境下良好的价值观、道德观、法律意识，提高学生学习的兴趣，更要培养学生自主学习的意识和能力，培养学生的创新能力和创新精神。

二、创设学习新知识、新技术的环境，激发学生的创新能力

课堂教学是获取知识和技能的主要阵地，应当成为培养学生独立思考和创新精神的摇篮。加快培养具有创新精神和创造能力的高素质人才，已成为我们在未来竞争中赢得主动权、抢占制高

点的关键。而通过计算机教学创设问题的情境，不仅可以引发学生强烈的求知欲，而且还可通过变化无穷的画面刺激学生大脑的兴奋区，为激发学生创造性思维创造有利的条件。例如我在讲授《计算机基础》时，将教学内容做成了课件，中间穿插了用课件做的习题集及解答，有时把学校的好人好事或活动做成动画让学生欣赏，引导学生观察、思考，体会计算机带给我们的多变的美，培养学生细致入微的观察力和丰富的想象力，进而激发学生的美好情感和创造欲望，使学生情绪高涨，跃跃欲试，一改以往那种被动沉闷的局面。而且，在教学实践中，我还体会到，把计算机引入各科教学中不仅可加大教学的密度，节省时间，而且能根据教学需求将其内容动态地加以分解、组合，生动地再现事物发生、发展的过程，使抽象的讲授形象化，既有利于突破教学的重点、难点，亦可拓宽思维空间，促进学生思维的发展。

三、推行问题式教学模式，培养学生的创新能力

问题式教学模式把学习设置到复杂的、有意义的问题情境中，学习者通过互相合作来解决这些问题，发现隐含于问题中的科学知识，形成解决问题的技能和自主学习的能力，从而培养学生的创新精神。古人云："学起于思，思源于疑，小疑则小进，大疑则大知。"可见，营造"疑"与"思"的良好情境，用疑问开启学生创造性思维的大门，是培养创新能力的重要方法。在教学中，克服扼杀学生创新精神和创新能力的教学行为，注意挖掘教材内容中潜在的教育因素，采取问题式教学模式，充分发挥学生的主体作用，创设宽松、民主、和谐、平等、富有创新精神的教学情境。要遵循教育教学的规律设计出具有较强针对性、启发性的问题，点燃学生求异思维的火花。对于在回答疑难问题时出现的不同主张和见解要"沙里淘金"，肯定其中的合理成分。要改变教师"一言堂"或唱"独角戏"的老方法，还给学生自我

学习和钻研的时间与空间，鼓励学生敢于标新立异、独辟蹊径，敢于质疑发问、想象猜测，敢于打破常规、不拘一格。如在基础语言程序设计课程的教学中，设计一些易出错的程序，让学生自己对这些程序进行分析，找出其中的错误，进一步完善程序的功能，从而开启学生的思维，培养学生的创新能力。

四、在教学中充分发挥学生的主体性和创新性

主体性和创新性密不可分，创新是主体性的最高体现。没有积极主动的学习，就不能有效地培养学生的创新精神和创新能力。我们要创设各种机会，鼓励学生去主动参与，把他们智慧的火花尽量激发出来。在课堂中，由于时间有限，可倾向于训练基本功，掌握基本操作，而课外则可以让学生们自由发挥。教师要有意识地加以引导，把课堂上所学的内容延伸到课外，把课外这个第二课堂变得生动活泼，增强学生学习的兴趣，使得课外成为课内所学知识有益的巩固、补充，从而促进课堂教与学，达到学以致用的效果。

（1）在计算机技术飞速发展的今天，我在计算机教学开始时，就让学生在业余时间不断积累有关计算机的各种知识，到他们对计算机了解到一定程度时，我把他们积累的各种知识，定期举办成一个展览会，让学生们在这里互相交流，互相学习新知识、新技术，跟上时代的步伐。

（2）在 Word 2000 的教学中，有一节内容是图形、文本框的编辑及相关操作，我制作了一张张图文并茂的海报给学生看，要求学生在完成海报制作的同时，还要自制一张贺卡或绘画送给自己的亲人或朋友，学生兴趣高涨。这样在教学中调动了学生的自主性，学生充分发挥他们的想象与特长，用电脑创作出的作品中就有很好的作品，充分体现了学生自己的风格。我在全班同学面前展示了大部分同学的作品，肯定他们辛勤创作的成果，从而更进一步激发了他们的学习热情。

（3）我在基础课中发现，教会学生制作课程表、写通知、排版等简单的操作，但还没有更深层次的应用时，学生学着学着，兴趣就不浓了。于是我找来多种报刊，结合教学内容，让学生开展做电子报、电子刊物的竞赛。教学内容丰富多彩的同时，也让学生在实践中遭遇各种实际问题。经过实践和探索，我发现由老师指导，让学生自己动手制作各类电子板报，如新闻类、体育类、健康类、百科知识类等，不仅可以增强学生学习电脑的积极性，而且有利于扩大学生的知识面，从而增强学生学习的兴趣。

（4）我在 Powerpoint 幻灯片制作教学中，把简单的电子文稿的演示逐渐转入电子动画的创作，让学生结合自己学过的电子绘画、电子音乐进行创作，运用多种电教手段充分发挥他们的想象力，定期为学生们展示他们的动画作品，从而提高他们的创作热情和学习兴趣。

（5）网络为学生提供了丰富的资源，扩大了学习、讨论和交流的领域。从某种意义上说，教会学生使用网络，就是教会学生掌握 21 世纪信息化社会生存的手段。自从我校开设了网络知识课后，使学生的眼界大开，激发了他们主动获取知识的强烈欲望。学生都迫不及待地上网，根据兴趣去寻找自己所需要的东西。甚至有些学生还在家中和家长一起浏览学校的主页，或用电子邮件写信。许多同学还教会家里的老人上网，给他们远方的亲友发去电子邮件。

五、训练学生发散思维和收敛思维，培养创新能力

发散思维是指根据已有信息，从不同角度、不同方向思考问题，从多方面寻求多样性答案的一种思维形式，是创造性思维的核心。为突破传统教学中"重求同，忽视求异，重集中思维训练，忽视发散思维训练"的限制，教师应转变教学观念，砸碎应试教育的模式和框架，克服单纯传授知识的倾向，注重对学生顺向思维、逆向思维、多向思维的训练，培养学生思维的深刻性、批判性和创新性。具体来讲，就是要通过挖掘教材中能一题多解、一法多用、一题多变的教学内容，来引导学生对信息的思考朝多个方向扩散，提出各种设想、多种解答。如在讲授 Windows 98 的目录操作和文件目录属性的设置后，可故意将学生以往建立的文件拷贝到一个隐含的目录中，学生上机时便发现自己的文件"不见了"，纷纷提出为什么？此时再适时引导学生进行分析，他们便可能找出"被删除、被更名、被设置为隐含属性、被复制到其他目录中后再删除源文件"等多种答案。教师再对他们的想法给予进一步分析，肯定其正确的方面，通过这样的学习来加深学生对知识的理解。近年来，我在计算机教学中还进行创新，设疑启思，不仅培养学生们的发散思维，而且还培养他们的收敛思维。收敛思维是在解题中，尽可能利用自己已有的知识和经验对众多的方法进行比较，从中确定出最佳方案。在教学中，我引导学生从不同方向利用其他学科的理论，开阔思路，找出解决问题的多种方法。然后在众多的解法中，经过归纳、判断和比较，最终得出一个最优化的结论。我在教学生如何灵活进行文字编辑时，学生要思考用几种软件把文字进行编辑，是在 Word 2000 中，还是在记事本中，或是在窗口画图中等问题。这时，学生充分发挥了发散思维，他们思维活跃，思考着究竟用哪一种方法比较好。我则抓紧时机运用学生已有的知识进行讲解，然后让学生自己进行文字编辑。这种教学方法，经过课后的检验，学生掌握得很好，能深刻地、高水平地掌握知识，并能把这些知识广泛应用到学习新知识的过程中，举一反三，提高对知识的理解能力，使学习活动顺利进行。因此，在计算机教学中培养学生的发散思维和收敛思维，对提高学生的创新能力有很大的帮助。发散思维和收敛思维在教学中的有机结合和应用，更有利于对学生创新能力的培养。

六、理论联系实际，培养创新能力

鼓励、指导学生大胆、灵活地运用已学知识，解决实际问题是培养学生创新精神与创新能力的有效方法。在解决实际问题的过程中，教师可组织学生开展竞赛，进行自由辩论，互相交流方法，互相启发思路，以实现解决实际问题与培养创新能力的有机统一。其主要途径有三：一是通过解决日常生活中的实际问题。如指导学生用计算机编辑文稿，用窗口画笔画出简单的彩图和制作书签、卡片，用计算机建立自己的学习档案，帮助老师完成考试成绩的计算与管理等。二是通过辅助教学来发挥计算机的工具性优势，淡化学科本位意识，根据现有条件尽可能地开展计算机辅助教学，向学生提供形象直观的感性知识和大量材料，这不但能帮助学生理解和巩固教学内容，还可以培养学生的想象力和直觉力。三是通过解决学习上的实际问题，学以致用，来培养学生的创新精神和创新能力。

当今世界，现代教育技术对教育的影响越来越深入。现代教育技术所强调的对学习过程和学习资源进行设计、开发、使用、管理和评价的理论和实践，为培养学生的创新精神和创新能力提供了新思路、新途径。在计算机教学中，我们应充分运用现代教育技术，培养学生的创新能力，为全面深化素质教育，为学生将来发展成为创新型人才奠定坚实的基础。

为学生煲一罐心灵鸡汤

——浅谈中专班主任工作中的人文关怀

云南大学职技学院06级企业管理中职研究生　李　子

摘　要：本文主要阐述了班主任应如何针对当前中专学生的心理和行为特点，用人文关怀的理念去指导班主任工作，开展教育管理。文章指出了开展"人文教育管理"对班主任自身所提出的要求，并对如何在班主任工作中渗透人文关怀进行了探讨。全文突出了人文关怀的理念在中专班主任工作中的应用价值。

关键词：中专　班主任工作　人文关怀　管理

所谓"人文关怀"，是人与人之间发自内心的一种相互关怀。在管理工作中开展人文关怀，就是要以人为本，把尊重人、关心人、爱护人作为工作的基本出发点，通过对管理对象的尊重、关怀、理解、信任、宽容等，帮助他们切实解决所遇到的实际问题，并充分挖掘其身上蕴藏的巨大潜能，以达到有效管理之目的。青少年阶段是形成正确人生观、世界观的关键时期，也是各种问题和矛盾十分突出的时期，培养出有理想、有道德、有纪律、有知识的合格人才，是时代赋予的要求，也是人民教师的职责所在。班主任作为班集体的教育者、组织者和领导者，是学生健康成长的领路人，要教好书，育好人，就必须确立"人文关怀"的理念，帮助学生树立自信，迈好青春第一步，促进每一位学生健康的成长，引领班集体朝着一个共同的目标前进。本人多年担任中专班主任，在工作过程中对中专生的心理特点和人文化教育管理有了一些感性的认识，现总结如下，希望得到同行的指正：

一、中专学生的心理和行为特点

1. 情感丰富而脆弱

随着青春期的到来，中专生在生理和智力方面都开始有了快速发展，伴随而来的情感也日益丰富，对个人前途的情感体验，对人际关系的情感体验，对异性的情感体验等，都开始产生；另一方面是由于人生阅历浅薄而带来的理智性不强、自制力弱和心理承受力差等问题。这两种情况交织在一起，使青春期的学生容易产生各种各样的问题。

2. 较强的自尊心和表现欲

中专学生心理都还不够成熟，具有较强的自尊心和虚荣心，表现的欲望较强。有的同学由于基础不扎实，成绩进步不很明显，心理的倾斜度较大。为了寻找心理平衡，他们经常会寻找机会表现自己来引起教师和同学的注意，以免自己在这个集体中遭受"冷落"。还有的男生，无法抑制和正确驾驭青春萌动所带来的对异性的向往和接触的渴望，也常会在女生面前表现自己，以期求得关注和好感。

3. 学习目标和前途方向不明确，容易产生自卑感

这是中专生和高中生的一个较大的心理差别之处，由于中专生中的大部分人在初中阶段成绩都不是很理想，他们考高中、考大学无望，心理上有一种失落感，认为上中专没有出息、低人一等。进入中专后，又由于没有了升学的压力，学习的劲头放松了。临近毕业，则感觉自己年纪轻轻就要走向社会去与各种高学历人才进行就业竞争，心里往往惶恐和不自信。许多中专生在校期间往往在心理上无法摆脱自卑的阴影，自信心难以树立起来。

4. 行为上容易滋生自由懒散

前面所述的各种情况和原因交织在一起，给许多中专生带来了很大的心理压力。他们往往无所适从，对未来的前途感觉惶恐和渺茫，有时会采取极端的方式来逃避现实，这表现为情绪低落、学习消极，对社会活动不感兴趣或不参与，行为上容易滋生自由散漫，导致厌学、旷课甚至打架斗殴、偷窃、早恋等不良现象的发生。

5. 不稳定的人生观和价值观

中专学生正处于人生观的形成阶段，他们虽然已具备了一定的思维能力，但还缺乏正确的关于人生和社会的认识，还没有完全确立正确的人生观和价值观，还处在一种思考、探索的过程中。传统的政治说教对学生的人生观的形成和转变作用有限，而当今社会上涌动的拜金主义、个人主义、利己主义等不良思潮正严重地腐蚀着青年学生的思想，如何正确科学地教育和引导学生确立正确的人生观和价值观是班主任工作的重中之重。

二、对学生开展人文关怀对班主任提出的要求

作为班主任，要很好地开展心理健康教育和人文教育管理，必须对自己提出更高的要求，主要做到以下几个方面。

1. 热爱学生，教书育人

热爱学生是班主任高度事业心和责任感的根本体现，是班主任最基本的行为准则，也是最主要的品质。一个好的教育工作者，他首先要热爱学生，感到跟学生交往是一种乐趣，相信每个学生都是可造之材，善于跟他们交朋友，了解他们的心灵，关心他们的快乐和悲伤，努力帮助他们解决所遇到的各种问题，保障他们健康顺利地成长。

2. 要充分认识到学生心理健康的重要性

学生心理健康与否是关系到学生将来能否适应未来社会发展

的问题，关系到学生的前途与命运的问题，关系到学生一生的生命质量的问题。而随着学习压力的增大、竞争的加剧和成长过程中越来越多的困惑，学生出现的心理问题也不断增加，中专生尤其突出，应引起班主任的高度重视。

3. 具有与学生进行思想沟通的能力

班主任要想真正了解学生，就必须深入到学生中间去，参与他们的活动，体验他们的生活，感悟他们成长的喜悦与烦恼。要多研习一些心理学知识，注意揣摩学生的心理，在与学生进行思想沟通和做思想工作时还要掌握科学、灵活的方法、技巧和策略。

4. 树立现代的教学教育观

随着社会的发展，教育的研究和改革不断深入，教育理念也在更新，作为班主任，应树立终身学习的观念，不断提高自己的知识层次，要不断学习和研究教育教学规律，树立起崭新的教育观。渊博的课外知识、精深的专业知识是班主任威信的源泉。

5. 加强自身修养，不断完善人格

在学校里，班主任是学生最亲近、最尊敬的人，学生具有天然的"向师性"，班主任往往成为学生最直接的榜样。班主任高尚的人格，将潜移默化地影响学生的人格，这种影响会深刻且久远，甚至可能影响学生的一生。作为班主任，要培养学生的健全人格，首先要不断完善自己，增强自身的品德修养和人格魅力，才能使自己成为学生效仿的楷模。

三、如何在学生管理工作中渗透人文关怀

1. 建立新型的师生关系

中国传统的师生关系讲究师道尊严，但班主任不是班级的统治者，学生也不是班主任的臣民，新型的师生关系应该是平等的朋友关系，教师与学生只是教学活动中地位不同，并没有人格上

的高低贵贱之分。教师必须平等地对待每一位学生，尊重他们的个性，学生无论进步或落后都应获得尊重与理解。教师只有民主、平等、科学地对待学生、管理学生，学生才能自由和谐地主动地发展，素质教育的实施才有可能。

　　2. 以情感滋润学生的心田

　　班级管理，作为教育过程重要组成环节，应该是班主任和学生心灵交流的过程。班主任要深入到学生的心灵之中，关心学生的精神世界，研究学生的心理变化，通过与学生面对面的交流，用心去感受学生心里在想些什么，学生想要做些什么，什么事情学生最感兴趣等问题。然后根据学生的实际情况正确地引导学生，帮助学生分辨是非，用人文关怀的理念去影响学生。班主任只有对学生怀有真诚的感情，尊重学生，关心、体贴学生，学生才会"亲其师，信其道"，自觉愉快地接受教师的教诲和管理。

　　3. 重视和支持学生的个性发展

　　素质教育一方面是全面教育，另一方面是个性教育。每一个人都有各自的个性和特点，因此，班主任应该看到每个学生的长处和短处、兴趣与爱好，要充分尊重学生的选择权，要善于发掘学生身上的闪光点，在承认差异的基础上充分发展每个学生的优势，给学生机会，为学生积极营造张扬个性、施展才华的舞台，满足学生的心理需求，以个性教育促进个性发展，进而带动学生自身素质的全面提高。

　　4. 运用科学的、巧妙的批评教育

　　有的教师往往习惯于把自己置于权威的位置，在日常的班级管理中，对待违纪学生的工作方法简单，处罚严厉，甚至动辄讽刺挖苦，对学生缺乏"人文关怀"，挫伤其自尊心，使学生对班主任产生了恐惧心理，这样的教育方式只会带来适得其反的结果。班主任在进行批评教育时，应时时考虑到维护学生的尊严和独立人格，理解学生的个性和理想，宽容学生的错误和过失。要积极研究学生中出现的新情况及新问题，针对学生的个体差异，充分考虑学生的思想情感和接受能力，用艺术的方法和火热的爱心去做工作，动之以情，晓之以理，既要解决问题，达到教育目的，又要保护学生的自尊、自信、人格及身心健康。

5. 建立一个能体现人文关怀的班集体环境

建立一个和谐、充满人文关怀的班集体环境，关键在于营造一个良好的班级心理氛围。对于一个班级而言，良好的班级心理氛围往往表现出积极而活跃、协调而融洽的特征，这种气氛是一种催人向上的教育情境，对个性的认知、情感和意志活动都会产生积极影响，有助于培养学生形成良好的人际关系，自信、乐观、积极向上。而不良的班级心理氛围易产生一种被压抑的感觉，因而学生易表现出拘谨、刻板、冷漠、紧张等特征。班主任的教育观念，性格及工作方式等都决定着班级心理氛围的形成。班主任应注意优化班级心理氛围，做到把严与爱、情与理、启发与灌输，言传与身教，放手与引导，辩证地融入班级工作中，为班集体创造一种宽松、宽容、民主、和谐的班级心理氛围。

6. 用人文关怀帮助学生建立自我管理制度

学生是班级的主角，班主任的责任应该在于引导学生当好主角，使之具有自主意识、自治能力，而不是让学生充当机器人，按照班主任所制定的程序不折不扣地执行。现在的青少年学生，接受信息快，独立意识强，渴望民主，希望得到尊重，什么都愿意尝试。因此，班主任要大胆放手让学生进行自我管理，要充分考虑学生的意见和建议，帮助学生建立开放、民主的班级管理体制，为学生的个性发展提供舞台，让他们在自我管理中充分施展才华，锻炼能力。此外，在学生之间，也应本着"人文关怀"的精神，鼓励他们开展各种形式的互助活动。比如，安排一批班干部、优等生与后进生结成伙伴关系，搞手拉手活动，互帮互学。这样，有了老师的定时指导和班干部的帮助，再加上与家长的定期交流，形成一个促进后进生转化的良好环境，带动班集体的良性发展。

7. 用人文关怀的理念协调社会、学校、家庭之间的关系

在当今的社会大环境下，如何教育好学生已经成为一个需要全社会共同参与的问题。特别是要调动一切可以调动的力量，共同关心学生的健康成长，尤其是加强与学生家长的联系。向学校领导和家长反映学生情况，切忌"告状式"，要以阐述学生长处为主；要对学生提出要求，也应根据学生不同基础、不同家庭情况，以充满人性化的关怀和鼓励为主，以点燃学生内心的希望之火。要不定期地邀请家长参加教育探讨会，帮助家长掌握科学教育子女的理论和实施的方法，提高家庭教育的效率，要求家长做好孩子的第一任老师，做子女的表率。通过召开家长会、家校联系反馈单、电话联系和进行家访等途径，让家长及时了解自己孩子在学校里的表现，也让班主任在第一时间了解学生在家里的一些情况，发现问题及时解决，把不安定的因素消灭在萌芽之中。

综上所述不难看出，教书育人必须要以科学的观念为前提，严格管理必须要以人文关怀作支撑。十五六岁的学生正是花季、雨季，虽不具有完善的性格，却有着独立的人格，我们班主任要学会去尊重、去包容、去引导他们。只有班主任具备人文关怀，学生才会更好地做到自我关爱、自我督促、自我管理。让我们携起手来，用科学的教育方法为学生煲一罐心灵鸡汤，他们定能如你所愿，茁壮成长！

参考文献：

1. 金忠贤．人文关怀在班主任工作中的应用．

2. 徐进杰．浅谈职业中专学校学生的心理特点及对策．

3. 蔡星星．让班主任成为学校心理健康教育的主导力量．

4. 樊时勇．人文关怀下的批评教育．

5. 李银梅. 浅谈中专学校班主任的工作方法.
6. 李明吉. 精细化班级管理实践与探索.

论职业经理人的职业道德观

云南大学机动车驾驶员培训学校　高继红

摘　要：本文运用理论与实际并重的研究方法，以职业经理人的职业道德观作为切入点，着重从职业经理人职业道德的概念、特征、内容等方面进行了研究和阐述，得出要使现代企业朝着有序、规范的方向发展，职业经理人的综合素质是关键。只具备一定职业素质，而不具备职业道德的职业经理人，不算是一个合格的职业经理人。

关键词：职业经理人　职业道德

一、引　言

伴随着中国企业规范化、国际化的进程，现代企业对经理人职业化的要求越来越高，中国的职业经理人群体也开始逐渐壮大，并成为当今企业领导层和管理层之中不可或缺的力量。可以这么说，21 世纪是中国职业经理人的中兴时代，然而时代赋予职业经理人的不仅是荣耀和责任，更有着这个商业竞争激烈的时代所特有的压力和危机感，如何在这样的双重压力下生存下去并职业常青？每个职业经理人都在渴望一个完美的答案。本文试从职业经理人信誉度的一个侧面——职业道德观，谈谈我的认识和体会。

二、职业道德和职业经理人的概念

1. 什么是职业道德

职业道德是指从事一定职业的人们，在特定的职业生活中所应遵循的行为规范和准则的总和。职业道德通常以规章制度、业务条例、工作条例、文明公约、劳动须知、企业誓词、行动保证等形式表达出来，以帮助人们养成良好的职业道德习惯。

2. 什么是职业经理人

职业经理人是指在一个所有权、法人财产权和经营权分离的企业中承担法人财产的保值、增值责任，全面负责经营管理，对法人财产拥有绝对经营权和管理权，由企业在职业经理人市场（包括社会职业经理人市场和企业内部职业经理人市场）中聘任，而其自身以受薪、股票期权等为获得报酬主要方式的职业化企业经营管理专家。

3. 职业经理人的职业特征是什么

（1）良好的职业操守：能达到职业道德和专业规范的要求。

（2）成熟的职业心态：能较好地把工作热情和务实作风相结合。

（3）明确的专业分工：能够拥有专业优势。

（4）受薪阶层：通过自己的管理经验与专业技能参与社会交换，获得报酬。

（5）具有可变动性和可替代性：即能够进入人力资源市场并合理流动。

（6）良好的职业能力：能够把所受的教育培训和职业经验恰如其分地发挥在从业过程中。

三、职业经理人职业道德的具体内容

1. 要做好职业转变，完成角色定位

这是由现代企业所有权与经营权的分离特点决定的，也是我们从事这项职业的经理人普遍应该转变的。因为职业经理人是靠出售知识和服务得到报酬，而不是靠出售产品得到报酬。所以作为职业经理人，一要能干，二是不能有别的私心，必须把自己抛开，只为企业发展着想。这样，才能使投资人感觉这个人既没有危险，又有正面效益。这也就要求职业经理人在承担法人财产的保值、增值工作同时，还必须努力维护投资人的利益而不能利用职务之便反对投资人。正如著名管理学家张维迎教授指出的，中国不缺企业家，也不缺想当老板的人，而是缺少愿意为老板诚心服务的有道德的职业经理人。中国的企业能不能发展，很大程度取决于职业经理人的道德水平。实践证明：初走上职业经理人岗位的经理人，有的完成这个职业转变快，其适应性强，容易找到自己理想的位置，经营管理有方，同时也能给企业创造巨额财富。但有的职业经理人因多年来从事计划经济国企经营管理养成的"职业习惯"比较顽固，迟迟难以进入角色，其职业转变也就很慢，加之自身又不努力去学习或钻研业务，在经营管理过程中唯我独尊，我行我素，其业绩较差，企业、职工、客户的抵触情绪较大。所谓隔行如隔山，做好职业转变对于职业经理人搞好经营管理工作，确保企业经济效益是十分重要的。

2. 要热爱职业经理人工作，为培育企业核心竞争力而努力

热爱职业经理人工作，是职业转变的升华。因为一个幸运的职业经理人拥有三个基本条件：一份自己喜爱的工作，一个呵护自己的家庭，还有支持、赏识自己的上司。作为职业经理人必须有足够的耐心去证明自己和等待被认可，不能太过理想化，因为现实中不存在理想的环境。一方面企业希望职业经理人来规范企

业；另一方面职业经理人却是抱着等企业规范好我再来的心态。其实，企业核心竞争力的构建和提升是职业经理人在职业生涯中获得成就和快乐的延伸，也是职业经理人创造长期性的竞争主动权，赢得竞争优势，实施品牌战略的关键步骤。

3. 敬业奉献，忠于职守

职业经理人的事业是不断追求自我价值的实现和个人职业生涯的发展。投资人有的是资本，而职业经理人只有劳动力，劳动力就是其价值并决定其价格。作为职业经理人，有专业水平和能力，懂得企业运作规律，但投资人不是职业的，他们的成功自有成功的道理，且他们就是老板。这就要求职业经理人不需要想别的，就想如何尽职尽责，经营有方并为企业带来效益，从而使你的劳动力价格不断提高，不断升值。反之，则可能被淘汰。一个职业化的管理体系是靠程序和规则来管理企业，而非靠兴趣和情感；职业化的管理者是靠能力和品德取得岗位，而不是靠出身和关系。真正的职业经理人应该是胸怀大志，有自己对资本乃至对社会独特的见解，有全面的、长远的规划和近期的计划，对于投资人尊重但不盲从，以事业为前提，在资本运营过程中充分尊重经济规律，并坚持维护这种规律的合法性、合理性且贯彻始终。

4. 克己奉公，有较强的自制力

有较强的自制力，表现在要学会克制自己。是克制自己，还是放纵，这是每一位职业经理人获得成功所必须做出的选择。要放纵自己，真是太容易了，一次、二次、三次……坏习惯在不知不觉中就扎下了根。古人说"修身、齐家、治国、平天下。"凡欲成就大事者，必先克己，从修身做起。如果管不住自己，管不好自己，就不能管好他人，不能修身，则不能齐家，不能论事救国，更不能闯荡天下，实现自己的理想和抱负。将职业经理人的职业行为与其生存挂钩，将有助于解决我国职业经理人的信誉度问题。为此，作为职业经理人，应时时保持清醒的头脑，不受糖衣炮弹的侵蚀，本着君子爱财，取之有道的精神，在市场经济中充分展现职业经理人的价值。

四、结　论

因此，培育一支专职的能够认真履行职业责任，遵守职业纪律，讲究职业道德，熟悉职业技能的职业经理人队伍，是当前国企改革的具体要求，也是新时期职业经理人道德建设和精神文明建设的客观要求。

参考文献：

1. 宋克勤．职业经理人．北京：中国劳动社会保障出版社，2003．

2. 郝淑丽．职业经理人的生存法则．北京：现代出版社，2004．

3. 罗斌，王祖佩．职业常青．北京：海潮出版社，2003．

4. 陈淑珍．特色管理．北京：经济科学出版社，2003．

现代教育技术

高职教育人才培养之我见

云南大学职业与继续教育学院　董红梅

摘　要： 本文在分析当前高等职业教育发展状况的基础上，提出在以培养应用型人才为目标的高职教育教学中，应从课堂教学、教学方式、实训项目、教材建设、考核方式、"双师型"师资队伍建设等方面全面发展高职教育，并结合自身的教学经验，在计算机专业的高职人才培养方面谈了自己的看法。

关键词： 高等职业教育　教学方法　教改实践

一、当前高职教育的发展状况

高等职业教育历经数年的摸索、实践和发展，已经初具规模，毕业生就业率也稳步上升。作为云南大学职业与继续教育学院的一名年轻教师，本人深刻感受到高等职业教育培养技术应用型人才的教学宗旨所带来的益处，同时也深深感受到，作为处于中等职业技术教育与本科教育夹缝中的高等职业教育优势和劣势并存的现状。

1. 办学方式灵活使高等职业教育更具竞争优势

与本科院校相比，高职教育在办学模式上更加突出现代教育的特点。本科院校因受国家教育体制所限，在学制和课程设置上缺少自主权，而高职院校则很少存在这类问题。高职院校从专业设置切入，力求实现"产销"链接，大多数院校都能做到充分考虑社会和企业需要，在广泛调研的基础上，对人才培养目标、教学计划安排、主干课程设置、能力结构要素、专业开办条件以及专业建设的社会可利用资源等方面进行评议、论证、审核，在此基础上，决定该专业设置与否。所以高等职业教育所设专业是以社会需求为目标，以就业为导向，力求使学生学有所成，学有所用，某些更具专业特色的高职生在毕业前就被抢订一空，也说明了高等职业教育所具有的独特的竞争优势。

2. 学生学习目的明确

与本科教育的学术型培养方向不同，高职教育更注重学生实践能力的培养，学生具有更宽广、更坚实的基础理论和专业理论，学习目标更明确、更具体，属于技术型应用型人才。在这种思想的指引下，学生在学习中更加注意培养自身的实践能力，课堂上老师除了讲授基础理论知识以外，更侧重实践操作能力的训练。如计算机系的学生通常除了要熟练掌握一门编程语言，还要学会如何组建网络。几年下来，他们往往具备了扎实的专业技术能力，毕业到技术型的工作岗位上，几乎不需要很长时间的培训就能应付自如。

3. 学生头脑灵活，实际动手能力强

学校教育也是以技能为主，教学设施齐全且较先进，有更多的实践机会，实际操作能力的提高反过来又促进了思维的提升。勤动手善动脑成为高职生特有的学习品质。"理论—实践—理论"，这种训练造就了高职生灵活的头脑，使他们善于多角度思维，培养了他们的创新意识、效益意识。

任何事物都要一分为二地看，高职教育同样也有很多不尽如人意的地方，例如学生缺乏良好的学习习惯、自学能力较低、个人素质有待提高、社会不认可高职学历、部分院校专业设置不合理、高职教师水平参差不齐，等等。

二、从教改实践中探索高职教育规律

高等职业教育的目的是培养具备综合职业能力和全面素质的，直接在生产、服务、技术和管理第一线工作的应用型人才，必须使之既要有专业知识，更要有实践技能。因此职业教育应结合市场经济，突出实践性教学及技能训练，强调以培养技能型人才为本位的指导思想。这就要求我们作为培养单位应该广泛收集信息，对高职学生的就业方向，工作岗位的性质、特点，对毕业生的能力、知识结构有详细的了解。具体要求做到以下几点：

（1）在课堂教学上，突出"必需"和"够用"的原则。根据高职教学计划，在理论课程体系设计中，我们把理论课限制在"够用"的范围内，加大实训课的比例，同时在课堂教学中精讲多练，把知识传授型的内容也限制在"够用"的范围内；对必需的理论教学，采用"加强、补充、提高"的方法，讲授中要求"少而精"，以使学生对所学知识有较全面的掌握，并进一步提高。

（2）在教学方式上，要求教师区分学生的不同情况，实施"面、块、点"教学方式。即总体抓面，保证学生弄懂所有教学计划安排的内容，使其水平基于一致。在此基础上，为一些学有余力的学生增加选修课，并制定有关政策，开放所有的实验室、机房等，使这些学生"吃饱"，使"块"有所突出。对特别拔尖的学生以"点"的方式，实施专项培养，学校创造条件，鼓励他们到校内科研所等部门研修，实行"导师制"，每学期在全校选出拔尖学生30~40人，每3人配备一名有丰富教学经验和实践经验的教学、科研人员为导师，实施突出培养。

（3）增加实验、实习、设计的比例，突出动手能力。在高职学生的实习和毕业设计中，应注意两点：一是对课程设计、毕业设计、实验、实习等课程应安排独立的课时，以保证动手能力训练的时间和效果；二是在实验、实习教学中，改普通学生的"实验实习指导书"为高职学生的"实验、实习任务书"，加强了针对性；取消教师的具体指导，要求学生独立理解实验、实习任务，自选仪器材料，自行设计方案，独立完成，以培养学生的创造力。

（4）改革考核方式，注重实际能力的考核。在对一般的课程实行理论、技能双重考核的基础上，根据社会对计算机和外语能力的要求，重点对这两科的教学和考试方式进行改革。考核方法可分成两个部分：笔试考核和实践能力考核。笔试主要对理论知识和基本概念进行考核；实践能力考核：主要考查学生的基本操作能力和对课程内容的理解程度，以实验作业作为考核依据，成绩为百分制，理论考试占 50%，实验成绩考试占 50%。

（5）根据高职特点选用教材。教材是体现教学内容和教学方法的知识载体，是进行教学的是基本工具。确定教材采用自编与选用相结合的原则，选用教材以内容精练，着重基本概念、基本原理和基本方法，以及技术成熟、管理规范的教材为主；自编教材要求理论联系实际，要从实际需要和学生的实际水平出发，既考虑初、中、高等职业教育的衔接，又考虑社会对高职人才的需要。

（6）结合实际建设"双师型"师资队伍。师资队伍不仅是实现高职教育教学计划的关键，更是高职教育能否办出特色的关键。在建设"双师型"师资队伍的过程中，一些高职院校曾采取从社会上公开招聘一批"双师型"人才作为专职教师充实师资队伍的做法，此举对高职教育师资队伍建设和教学质量的提高发挥了积极作用。从长远看，结合我国高职教育的实际情况，需对此做法进一步提高认识。

首先，"双师型"不仅仅是对师资队伍的要求，也是实现人才培养目标对教学手段的要求，即高职院校的学生通过接受

"双师型"教育达到培养目标的要求。这完全可以通过对专业知识的学习和实验、实训、实习来完成，并非由一个既懂理论又懂实际的个体"双师型"教师来完成，而是由一所高职院校的整体"双师型"师资队伍来完成。

其次，随着青年教师专业理论水平的提高，以及新岗位的不断涌现和岗位技术突飞猛进的发展，让这些教师完全达到本专业"双师型"的要求难度比较大，但各专业学生完全可以通过理论学习以及不间断地到各专业的实习、实训基地实践来接受"双师型"的教育。

最后，在地方高校，让教师完全达到既是"讲师"又是"工程师"（会计师、经济师等）的要求也不现实。在职称评定上他们往往只能占一头，而另一头则与标准要求有一定差距。但这一点完全可以通过实训基地的建设，通过聘请另外的师资来弥补。要做到这一点，必须建立和完善实习、实训基地，并全面提高专业课教师和实习、实训基地指导教师的素质和业务水平，真正使学生接受"双师型"教育。

（7）全面认识和落实"双证书"或"一书多证"制。实践证明，在高职院校对学生实行"双证书"或"一书多证"制，有利于全面提高学生的综合素质和能力，提高学生就业竞争力。从当前学生获得证书的等级来看，层次比较低，远不适应用人单位和知识经济时代对应用型人才素质能力的要求。仅以全国计算机等级考试为例，大批学生只能通过一级、二级考试，而能获得更高级别证书的学生寥寥无几。这势必会影响高职院校人才培养的质量，更重要的是会影响高职院校的形象。

三、计算机专业的教学方法研究与改革

本人作为一名计算机专业的年轻教师，虽然从事教学工作的时间并不长，在此也想谈谈计算机专业教学几个方面的问题，借

以抛砖引玉。好的教学方法是产生好的教学效果的重要保证，按照现代教育思想组织教学，强调一些共同的方法原则，由此根据计算机专业课程的特点创造出好的教学方法。以下主要从三个方面进行探讨：

1. 加强实践环节，提高学生动手能力

计算机科学是一门实践性很强的学科，光是"听"和"读"是不够的，在努力提高课堂教学的同时，必须加强对实践的教学和管理。可以通过以下三个层次的努力来加强实践教学：

（1）精练习题、强化基础。习题的作用在于帮助学生深入理解教材内容，巩固基本概念，是检查对授课内容理解和掌握程度的重要手段，是掌握实际技能的基本训练。根据各章节的具体内容，精选习题，促使学生加深对各章节主要概念、方法、结构等的理解。为充分发挥习题的作用，及时指出作业中存在的问题，对普遍性问题集中讲解，对个别性问题单独辅导，对学生的优秀作业加以表扬。由于专业课程的理论与技术往往表现出较强的综合性、前沿性、探索性，是发展中的科学，所以还应鼓励学生撰写自己的小论文或总结报告，让他们时刻跟踪本课程的最新动态。

（2）强化基础实验指导、提高实践技能。上机实践不仅能进一步提高学生灵活运用课程知识的能力，而且可使学生在编程、上机操作、程序调试与正确性验证等基本技能方面受到严格训练。为此，应加强对实践环节的过程管理，主要从两个方面加以强化：

一个方面是规范实践内容。应组织有教学经验的教师设计完整的实验大纲，为学生的实践提供指导。同时，对实验报告进行规范，这种规范对于学生基本程序设计素质和良好的程序设计习惯的培养，以及科学严谨的工作作风的训练能起到很好的促进作用。

另一个方面是采取"实践—查漏—再实践"的方式进行上机实践。在平常实验过程中，根据教学对象的不同，相关课程应设计几组不同类型的有一定综合性的问题作为实习题。不仅抓实验过程中的辅导，同时还抓实验前的准备工作和实验后的总结工作。要求学生每次实验前熟知本次实验目的，认真编写程序，保证在实验时能做到心中有数、有的放矢，杜绝学生在上机时临时编写程序。实验过程中要求学生仔细调试程序，一周后给出一个示范程序（示范程序基本上采用面向对象的方法和思想来设计），要求学生对照示范程序发现自己程序设计中的漏洞或不足之处，改进或完善示范程序，然后再修改、调试自己的程序。最后要求学生写出完整的实习报告。实习报告批改后，对学生的上机实习情况作及时总结，指出成功之处和不足之处。通过这种"实践—查漏—再实践"的训练，对实习问题深入剖析，避免上机变成简单重复，有效地提高了学生的编程能力、分析问题和解决问题的能力。

　　（3）强化课程设计、提升学生综合解题能力。课程设计不同于一般的基础实验，着眼于全课程，是对学生的一种全面的综合训练，课程设计的目的在于使学生通过课程设计掌握整个课程的主要内容，并提高学生综合应用知识和软件开发的能力，同时也加强了学生的文档写作能力，为今后的毕业设计和毕业论文写作打下良好的基础。为此，应对数据结构、操作系统、汇编语言程序设计等课程设计一套完整的课程设计实践教学大纲，为学生的课程设计提供指导。规范课程设计报告，按照软件工程的要求，从需求分析、总体设计、详细设计、调试分析、用户使用说明，测试结果等几个方面组织文档，要求学生尽量采用软件工程的思想，如：模块化、信息隐蔽、局部化和模块独立等来实现程序。选择一些简化的实际问题作为课程设计的题目，将学生分组（每组 4～5 人），给两周的时间去完成课程设计任务。要求同组学生在问题分析阶段和模块设计阶段分工合作、集体讨论，但最后的编码独立编写。最后每个学生都要进行面试，提交课程设计报告。学生必须能够清楚地介绍设计思路、主要技术手段并回答与题目相关的问题，并且程序通过程序测试才算完成了课程设计。

2. 采用多媒体教学，强化教学效果

"兴趣是最好的老师"，如何提高学生的学习兴趣，对于教学效果的保障具有重要的意义。在教学手段上，完全采用一支粉笔加一块黑板的传统教学模式，不利于学习兴趣的培养，难以收到良好的教学效果。应遵循直观性教学原则、采用现代教学手段，编制多媒体教学课件和演示程序，化抽象为直观，使原本比较枯燥抽象的教学内容，变得生动活泼，消除学生的畏难情绪，激发学生的学习兴趣，强化教学效果。

3. 构建网络教学模式，培养学生的创新能力和认知能力

网络的平台作用、教学资源、教师、学生都是关系到互动式网络教学的因素。我们的教师应该在基本保留传统课堂教学环境的前提下，创设多元化的软硬件教学环境，使学生能够利用以计算机技术为核心的现代教育技术，通过人机交互方式去主动地发现、探索和思考问题，从而培养学生的创造能力和认知能力。在网络环境中，教师利用计算机友好的交互界面，生动活泼的BBS，实时互动的 QQ 和 ICQ 等手段充分调动学生的学习兴趣，还可以通过提出问题，引导学生开展讨论、研究、探索来解决问题，采用任务驱动，围绕问题、项目开展实践活动的方式来进行教学。

学生获取知识不仅仅靠教师的直接讲授，还可以利用必要的学习资源，通过计算机网络，与他人交流合作等一系列方式来实现。网络教学模式的应用推广，有利于学习者认知潜力的开发，有利于培养学生的创新精神和认知能力。

总而言之，我国的职业教育任重而道远，随着社会对职业教育认知程度的不断提高和舆论的正确引导，高等职业教育将有着非常广阔的发展前景。我们作为高职教育的从业人员，必须锐意进取，博采众长，变劣势为优势，从而加大自身的竞争力，为我国的职业教育事业发展作出自己最大的贡献。

参考文献：

1. 赫威．高职生眼中的高职教育．计算机教育．2004．(12)．

2. 陈云山．东陆职教论坛．昆明，云南大学出版社，2006．

3. 谭镜星．论高职 T 型人才培养模式的构建．职业技术教育，2006，(1)．

职业教育中的多媒体课件教学

云南省财经学校　刘珍亿

摘　要：文章阐述了什么是多媒体课件以及目前职业教育中多媒体课件教学存在的问题，并提出了一些改进建议，最后阐述了如何制作一个好的多媒体课件。

关键词：职业教育　素材　多媒体课件　多媒体课件教学　多媒体制作工具

　　计算机技术的迅速发展，深刻地影响着我们的学习和生活，而将计算机技术引入教学，是教育现代化的体现，是社会发展的必然趋势。将其作为新的教学方法和手段，必将有助于我们改革教育思想，提高教学效益，极大地促进素质教育的发展。在我国以大力推进信息化而促进社会主义现代化建设的进程中，教育的改革和发展越来越离不开现代教育技术的有效运用。《国务院关于大力推进职业教育改革与发展的决定》中明确指出：加强职业教育信息化建设，推进现代信息技术在教育教学中的应用，积极发展现代远程职业教育，开发职业教育资源库和多媒体教育软件，为职业学校和学生提供优质教育资源。现在各个学校的课堂教学也在大量应用计算机多媒体技术进行教学，尽管我们在多媒体课件教学上花费了极大的时间和精力，但是目前在课堂教学中多媒体课件的应用并未取得预期的效果，有的甚至还不如传统的"黑板加粉笔"式教学。

一、什么是"多媒体课件"?

"多媒体课件"简单来说就是老师用来辅助教学的工具。创作人员根据自己的创意,先从总体上对信息进行分类组织,然后把文字、图形、图像、声音、动画等多种媒体素材在时间和空间两方面进行集成,使它们融为一体并赋予它们以交互特性,从而制作出各种精彩纷呈的多媒体应用软件产品。

制作多媒体课件的主要目的,是为了让教师在课堂教学中优化教学过程,使学习者在学习的过程中学习质量得到提高。多媒体课件需具备以下特点:集成性、实时性、扩展性、丰富的表现力、良好的交互性、极大的共享性。

二、职业教育中课件教学存在的一些问题

随着硬件设备价格的不断下降,现在大部分的职业院校都有了一定规模的计算机微机房和多媒体教室,几乎所有计算机类课程都是在机房进行教学,其他非计算机类课程则是部分在多媒体教室上。通过跟一些老师和学生的沟通与了解,我们经常会听到这样一些感叹,老师觉得课件教学比黑板教学还累,学生则觉得课件教学接受容易,可是对知识的记忆和理解程度并不深,很快就忘记了。也就是说,不论是老师还是学生,对目前的课件教学效果都很不满意。我认为目前职业教育中课件教学主要存在以下几个方面的问题:

(1)过多地使用课件教学,甚至连一个很简单的知识点也要做成多媒体课件,有的老师甚至用"课件教学"代替了"课堂教学"。这样造成的问题是:老师需要花费大量的时间和精力去制作课件,学生则感觉到信息量太大,忙于记笔记,疲于应付,难以把握重点和难点。

(2)大部分老师认为多媒体课件就应该是声音、图像、动

画、文字都必须要有，因此刻意追求感官效果，在课件中大量使用图片、声音、视频，画面看上去十分艳丽。可正是这些眼花缭乱的多媒体元素，分散了学生的注意力，冲淡了学生对学习重点、难点的关注，转而注意那些本来与教学内容无关的东西，这样的教学效果自然不好了。

（3）尽管很多老师课件的内容、形式安排都很合理，但是内容由形象向抽象、由感性向理性的转换时没有留下足够的时间让学生自己去思考、想象、理解，而是匆匆过渡，这种课件不利于学生思维能力的培养，限制了学生创新思维能力的发展，与素质教育的原则背道而驰。

（4）老师在进行课件教学时往往忙于课件的展示与切换，学生则忙于欣赏画面或记笔记，师生面对面交流的机会大大减少，甚至有的学生上完一个学期的课不记得老师的模样。

（5）课件内容呆板、陈旧，照搬教材内容，缺乏新颖性，甚至很多老师懒得自己做课件，随便从网上下载一个课件，几乎不作什么修改就直接用于教学。

（6）我们很少见到哪个学校教同一门课的老师会使用统一的课件，每个老师都是用自己制作或下载的课件，课件资源没有得到很好的利用。

三、解决上述问题的一些建议

（1）以传统教学为主，课件教学为辅。其实课件教学只是一个辅助手段，我们只需要把那些动作性的且程式化的、用语言难以表达清楚的知识利用多媒体技术把它做成课件即可，比如计算机的组成原理、二次函数的图像与性质、牛顿第二定律等。

（2）制作课件时要注意突出重点、难点，次要或简单的内容不必做成课件。

（3）不要过于追求多媒体技巧，以免分散学生的注意力。

（4）课件的信息量尽量少些，比如一个页面文字不要超过50个字，图片不要超过2个，背景音乐尽量少用，动画如果能够帮助学生很快理解较复杂的知识，则不妨使用，否则不要用。

（5）页面之间的切换不要太突然，而且老师在对课件进行演示讲解时要尽量放慢速度，让学生有足够的时间来记笔记或思考。

（6）如果是多个老师教同一门课，不妨集体备课，课件也统一制作，在实际应用中不断对其修改完善，并建立多媒体课件资源库，以后上同类课程就不需要重复制作课件了，节省了大量人力物力。

四、如何制作一个好的课件

好的课件能够让老师的教学活动进行得十分轻松，学生学习起来效率也很高。我认为制作一个好的课件可以从以下几个方面来进行：

（1）详略得当，统筹规划。首先要考虑的是：这堂课是否有使用课件的必要，如果用传统的教学方式就能达到很好的教学效果，就没有必要进行课件教学。确定要制作课件的内容后，要对其做一个总体规划，哪些是重点、难点，需要花大量精力去制作，哪些是一般知识点，只要一笔带过就可以。

（2）平时注意收集多媒体素材。素材包括文本、图像、动画、声音、视频等，素材的准备工作主要包括文本的录入，图形、图像的制作与后期处理，动画的编制和视频的处理等。素材的来源比较广泛，比如参考书、报纸、杂志、光盘、网络等，平时做好收集整理工作，不妨建立一个多媒体素材库，与同事资源共享。在这个过程中要掌握一些素材加工软件的基本使用，比如文字处理软件 Word、SWFText 等，图像处理软件 Photoshop、画图等，文字识别软件清华紫光 OCR，绘画软件 PaintBrush、

CorelDraw 等，动画制作软件 Gif Animator、Xara 3D、Cool3D、3DS MAX、Flash 等，音频编辑软件 Music Editor、SoundEdit、Creative 录音大师、CakeWalk、GoldWave、Cool Edit 等，视频处理软件 Premiere、绘声绘影、豪杰超级解霸等。

（3）多媒体制作工具的选择。用得较多的制作软件有这么几个：PowerPoint、Authorware、Flash、几何画板、方正奥思。下面作一个简单比较。利用 PowerPoint 制作课件比较方便，上手容易，同时其缺点也很突出：表现形式单一，只能出现一些图片、视频、文字资料，仅起到资料展示的作用；交互性差，只能做一些简单的按钮、区域交互；打包以后的文件对里面的资料一般不做压缩，所以如果资料大，文件就大；引用外部文件比较有限，并缺乏控制。Authorware 是一款专业的多媒体集成工具，它对多媒体片段的实现采用了基于图标的方法，图标决定程序的功能，流程则决定程序的走向，它的缺点是概念不易理解，普通用户很难掌握，而且没有官方汉化版，建议有程序设计基础的人使用。Flash 是一个优秀的矢量绘图与制作软件，它可以制作出声色俱佳，互动性高的动画效果，但是它的制作需要较高的美工专业知识，一般 Flash 更适合作为动画素材制作软件，它比较适合于计算机课老师使用。几何画板适用于数学、物理、工程类课程教学的课件制作，它操作简单，只要用鼠标点取工具栏和菜单就可以开发课件。以上软件均来自美国，而由北大方正技术研究院开发的方正奥思则比较符合中国人的思维习惯，它易学易用，无需编程，功能强大，控制灵活，具有丰富的多媒体表现能力，使得初学用户能够快速上手。至于具体选择什么制作工具要因人而异，初学者可以用 PowerPoint，等熟练以后再使用方正奥思或 Authorware。具有一定美工和计算机基础的老师不妨综合使用 Flash 和 Authorware。数学或物理老师可以使用几何画板。

（4）课件制作过程中要遵循以下原则：界面友好，操作简单，过渡自然，颜色搭配合理，运行稳定，兼容性好，便于打包发布，尽量做到能够在多种环境下运行。课件做好后需要反复调试运行，发现课件中存在的问题，及时修改。

（5）课件投入使用后一般还会发现一些不足，应及时修改、测试。

多媒体课件的制作是一项长期、复杂的工作，需要平时的不断积累，更需要长期坚持不懈的学习、研究，才可能做出一个好的课件。

利用多媒体课件来进行教学可以弥补传统教学手段的不足，优化课堂教学结构，提高课堂教学效率，但是我们绝不能用多媒体课件教学来完全代替传统教学，使用多媒体课件应该适度、适量。

参考文献：

1. 张舒予．现代教育技术学．合肥：安徽人民出版社，2003.

2. 陈云山．现代教育技术教程与实训．昆明：云南大学出版社．2007.

3. 祝智庭．多媒体 CAI 课件设计与制作基础．北京：电子工业出版社．1999.

4. 刘梓等编著．课件的设计和制作．北京：北京邮电大学出版社，2002.

5. 刘琳．浅谈多媒体课件制作的几点原则与技巧．广西财政高等专科学校学报，2004，17（增2）：83－84.

6. 董传亮，谢晓云．课件制作前值得考虑的几个问题．卫生职业教育，2004，22（20）：33－34.

提高会计核算软件应用效率
强化会计管理职能

曲靖财经学校 张跃亮

摘 要： 在我国会计电算化事业不断发展壮大的今天，提高会计核算软件的应用效率，可以使会计工作更高效地为企业管理服务。本文从当前会计核算软件的应用、开发、制度建设等方面着手，提出了自己在提高会计核算软件应用效率方面的见解和策略。

关键词： 会计核算软件 应用效率 管理职能

我国的会计电算化事业起步于 20 世纪 70 年代末。在三十多年的发展过程中，经历了萌芽起步阶段、茁壮成长阶段和纵横发展阶段。十多年来，已有几百万家企事业单位在会计核算工作中实施了电算化，其中大部分单位建成了相对完整的会计信息系统。商品化、通用化的会计核算软件在会计工作中得到了广泛的应用。电算化替代手工核算，不仅改变了会计工作的组织机构、会计数据的处理方法、会计内部控制的方法和技术，而且从根本上减轻了会计人员负担，加强了会计信息的共享性，提高了会计核算的效率，对加强和促进企事业单位现代化管理是一次根本性的变革。然而，在实际工作中，会计核算软件的应用效率还远远达不到要求，会计的管理职能还未充分发挥出其应有的作用。

一、存在的问题

1. 电算化会计操作人员的计算机应用能力和水平难于胜任用计算机处理会计业务工作，现有会计工作人员素质有待提高

我国会计人员由于长期以来受各种因素的影响，在实际工作中，思想上缺乏创新意识，思维上固守陈规，对会计核算手段的变革即会计电算化替代手工账的认识仅仅停留在表面上，而对实施会计电算化在企业管理中所起的作用一知半解或知之甚少。一般会计人员手工业务经验丰富，但计算机知识却很匮乏，对会计核算软件的应用技术、保养和维护技术缺乏研究或掌握得不够透彻和熟练，难于胜任计算机处理会计业务工作，致使会计核算软件在运行过程中出现这样那样的硬件、软件问题，阻碍了单位快速实现会计电算化的进程。

2. 会计核算软件功能模块的选购存在盲目性，导致资产的闲置和浪费

现行会计核算软件多采用模块式开发和销售。许多单位在选购会计核算软件时，由于对所购会计核算软件缺乏应有的了解，软件核算功能模块的选购存在盲目性。出现购进一些不需用或不具备使用条件的模块。更有甚者，还出现购进的会计核算软件因规范性、适应性较差，不能满足单位会计核算工作的需要甚至不能使用的情况。导致企业资产闲置，资源浪费。

3. 未从根本上认识到建立完整的会计信息系统对企业的重要性，使现有系统提供的信息不能及时、有效地为企业决策及管理服务

一个完整的电算化会计信息系统既包括软件系统，也包括硬件系统。建立完整的会计电算化信息系统，其意义在于：减轻财会人员的工作强度，提高会计工作效率；促进会计工作职能的转变；促进工作规范化，提高会计工作质量；提高财会人员素质；

扩展会计数据的领域，为企业管理现代化奠定基础；促进会计理论和会计技术的不断发展。总之，建立电算化会计信息系统不仅是会计发展的需要，而且是经济和科技发展对会计工作提出的要求，是时代发展的必然产物。它有利于企业加强财务管理，会计参与企业经营决策，为企业管理工作的现代化奠定基础。但就实际情况而言，由于多数单位的领导和会计人员对会计电算化的理解仅为"以机代账"，忽视了会计电算化在参与企业经营决策和企业管理过程中的重要作用。

4. 会计核算软件的应用侧重于账务处理功能模块，忽视管理功能模块

我国的会计工作长期以来主要以事前的分析预测、事中的控制、事后核算为主，但由于计算复杂、工作量较大，以上各方面很难全面展开。会计电算化的运用和发展，极大地发挥了电子计算机卓越的计算功能，将财会人员从繁重的算账、报账工作中解脱出来，把主要的精力放在加强财务管理方面。然而，我国实行会计电算化的单位却存在着重视报账功能忽视管理功能的现象。所用软件的材料核算、工资核算、固定资产核算等模块功能较强，但具备管理功能的成本核算、财务分析、资金管理、行业集团管理等模块，则因设计内容过于简单，功能不全，难于满足实际管理的需要。同时，由于查询功能不健全，限制了其管理功能，没能充分发挥会计电算化对加强财务管理所起的作用。

5. 会计核算软件的通用性差，集成化程度低；软件开发缺乏前瞻性，没有考虑国际化，难以适应企业管理信息系统构建的要求

我国会计核算软件普遍存在占用计算机系统资源空间大、系统初始化工作量大、软件模块使用过程中单位自主性差、总账系统与子系统彼此分隔、数据传输性差以及单位与单位之间数据接口不一致等问题，致使会计电算化系统往往独立于企业管理信息

系统的其他子系统之外，无法进行数据交换、信息共享和控制管理，不能与企业内其他管理子系统（库存、销售、人事等）融为一体，很难形成整个企业管理信息系统。同时，目前市场上销售的财务软件大多不具备多国语言、多种货币处理能力，在会计核算和财务管理方面有些不符合国际惯例和国际准则，使得我国会计核算软件不能够满足现代跨国企业经营和企业集团化发展的需要。

6. 会计核算软件在应用过程中内部控制制度不健全，财务数据的安全性、保密性较差

会计核算软件在应用过程中内部控制制度不健全。在操作过程中存在会计人员分工不合理、操作权限不保密、缺乏相互制约手段等问题，甚至出现由一人冒名顶替多人操作的情况。种种不合理现象，致使会计核算软件在使用过程中，难于保证会计数据的安全性、准确性，其保密性更是无从谈起。

二、对　策

1. 加强会计人员培训，侧重于"会计核算—计算机操作—财务管理"复合型人才培养

财政部早在 1996 年开始就着手进行会计电算化培训工作，但最初仅仅是普及型速成人才培训，是入门式培训模式，难以从整体上提高会计电算化的水平。因此，各单位在接收高校会计电算化毕业生到单位从事会计电算化工作的同时，还应选拔具有一定计算机知识的会计业务骨干去高校进修学习，循序渐进，不断更新会计人员的观念，提高会计人员的意识，形成一支对会计电算化信息系统认识到位，业务熟练的财会队伍。充分发挥会计电算化"以核算为基础，以企业经营决策和管理为主导"的作用。

2. 建立健全电算化条件下内部控制制度，规范会计核算软件操作程序

结合财政部颁布的《会计准则》中对会计电算化相关规定，单位应根据自身实际情况，对现有的相关法规进行补充和更新，不断完善会计电算化约束机制，规范会计核算软件操作程序。做到：合理分配操作人员操作权限；加强对会计电算化系统数据输入、处理、输出、备份各环节的控制；强化软件、硬件、文档数据的安全检查制度；设置多级数据保密措施；适时"甩账"（即会计主体实行会计电算化后，直接用计算机进行会计核算、财务分析等，停止手工记账）等等。以此规范会计电算化操作程序，提高会计电算化工作人员的工作能力和工作效率，提升企业财务管理的质量和水平。

3. 以账务处理功能模块为基础，以相关软件为辅助，充分发挥现有会计核算软件的管理功能模块的功能和作用，强化单位财务管理

会计核算软件账务处理功能模块的会计数据是管理功能模块数据来源的基础。账务处理功能模块提供的会计数据的合法性、正确性，是企业管理和决策正确性的保障。因此，使用一些辅助软件或企业自主开发或委托专业机构开发一些适应企业自身管理需要的软件，弥补现有会计核算软件在管理功能模块上的欠缺和功能开发的不到位，对加强和提高企业管理水平和管理质量将会具有十分重要的意义。

4. 规范行业、部门在获取基层会计信息时所用软件的兼容性，强化数据交换、信息共享和控制管理

笔者曾参加过多个部门会计核算专用软件的培训，大多是"傻瓜型"软件，其应用较简单、方便，但其数据的获取由于数据接口与下属单位所用软件数据接口不匹配，获取数据时基本要通过手工重新输入，导致数据的输入和输出重复操作，工作效率

低下。笔者认为，要解决此问题，可采用西方会计电算化工作较发达的国家的做法，同行业所用会计核算软件由当地会计管理部门统一标准，把软件的兼容性、会计数据接口的一致性放在首位，充分利用国际互联网网络资源，通过网络进行数据查询、报表汇总、数据传输以及专用、专项资金使用情况分析、财务报告报送等，真正实现数据共享和控制管理。

5. 规范会计核算软件开发标准，强化以管理为核心的会计信息系统，提高会计核算软件上市审核的门槛

规范会计核算软件的开发标准，主要应从网络化、数据接口通用性、使用方法的一致性等方面着手。就目前而言，应以较为流行的 ERP（企业资源规划）系统（以管理会计为核心的信息系统）为主导，强调企业事前控制能力，将设计、制造、销售、运输等通过集成来并行地进行各相关作业，为企业提供有关质量、适应能力、客户满意、绩效等关键问题的实时分析。将会计信息系统作为企业管理信息系统的一个有机组成部分，不作为一个专门的系统开发，而是集财务会计、管理会计、成本会计三者于一体，体现了先进的计划、控制和决策思想，实现企业信息的开放式管理。这就需要我国会计最高管理机构能从国际化、全局化的角度出发，站在网络经济对会计工作影响的高度，制定相关法律法规，统一软件开发口径，对会计核算软件的开发提出更高的要求，提高会计核算软件上市的审核门槛，有效地规范国内会计核算软件市场。

三、结束语

提高会计核算软件应用效率，强化会计管理职能，不仅需要具体会计核算单位和部门强化自身管理、自我开拓，同时更需要会计管理部门制定切实可行的措施，为具体会计核算单位创造更趋于国际化、网络化的软件条件。随着我国改革开放的不断深

入，经济国际化的不断深化，ERP 等信息技术在会计核算中的不断应用，势必在提高会计核算软件的应用效率，强化会计管理职能方面将起到极其重要的作用。

参考文献：

1. 王鑫则．会计电算化之研究．北京：北京大学出版社．
2. 胡仁昱．电算化会计信息系统．北京：清华大学出版社．
3. 袁宁．会计电算化．北京：机械工业出版社．

运用解释结构模型法对电视教材编制系统的结构分析

官渡区职业高级中学　尹建华

摘　要：本文应用解释结构模型法对电视教材编制系统的结构进行分析，从而对各个岗位间联系建立模型，找到电视教材编制系统的规律，使电视教材的制作最优化。

关键词：解释结构模型法　电视教材编制过程　岗位　邻接矩阵　可达矩阵　有向图

　　我们在研究客观事物时，要从整体的观点出发，把研究的对象看成一个系统。一个系统又由许多的要素组成，各个要素间存在着一些相互作用的关系。我们要全面分析系统中各个要素间的关系，然后从中找到它们之间的规律和联系，建立模型来有效地控制系统与改造系统。解释结构模型法就是这样一种方法，它能利用系统要素间的已知关系揭示系统内部结构。具体方法是用图形或矩阵描述出各要素间的已知关系，再通过矩阵运算推导出结论来解释系统结构的关系。下面我们就用解释结构模型法对电视教材编制过程中各岗位间的联系做一些探索。

　　《电视教材的编辑与制作》是教育技术学专业学生必须掌握的一门专业课。它具有知识面广、综合性强的特点。它在编辑与设计过程中运用了教育学、心理学、传播学、美学等多种学科的理论，在制作过程中运用了摄录、灯光、美工、电子编辑、配音等技术。我们面对的纷繁复杂信息，要把握好编制过程中各岗位的安排，抓好关键的岗位，提高编制效率。

一、要素因果分析

电视教材编制过程中各岗位是：编导、摄录、电子编辑、灯光、写稿、美工、配音等7个活动要素。下面对这7个要素作简要介绍：电视教材编导是指文字稿本的编写与创作、分镜头稿本和电视手法。编导要为电视教材策划选题，进行选材、选型和制订拍摄提纲，组织拍摄，编辑制作，最后对作品进行把关检查等一系列系统性创作活动。摄录像时要正确布光和采光才能得到好的画面效果。电子编辑主要指后期制作工作。它要把原始的素材镜头编辑成教材的全部工作过程，包括整理素材镜头、画面配音、审查与修改，最后把素材组合编辑成播出带。配音时要根据画面配上解说词。这些要素之间存在的直接因果关系可以用表的形式来表示。我们把每一个因素（Si）分别与其他因素进行比较，如果存在直接的因果关系就用"O"表示在关系表中，如表1。

表1　要素因果关系表

	写稿（S1）	编导（S2）	摄录（S3）	灯光（S4）	美工（S5）	电子编辑（S6）	配音（S7）
写稿（S1）							
编导（S2）	O（文字稿本创作）		O（组织拍摄）			O（后期编辑）	
摄录（S3）				O（用光）			

	写稿（S1）	编导（S2）	摄录（S3）	灯光（S4）	美工（S5）	电子编辑（S6）	配音（S7）
灯光（S4）							
美工（S5）							
电子编辑（S6）					O（使用美工）		O（画面配音）
配音（S7）	O（使用稿子）						

二、把要素因果关系表转化为邻接矩阵

将上述要素因果关系分析表转化为邻接矩阵并用符号 A 表示：

$$
A = \begin{array}{c} \\ S1 \\ S2 \\ S3 \\ S4 \\ S5 \\ S6 \\ S7 \end{array}
\begin{array}{ccccccc}
S1 & S2 & S3 & S4 & S5 & S6 & S7 \\
\end{array}
\begin{bmatrix}
0 & 0 & 0 & 0 & 0 & 0 & 0 \\
1 & 0 & 1 & 0 & 0 & 1 & 0 \\
0 & 0 & 0 & 1 & 0 & 0 & 0 \\
0 & 0 & 0 & 0 & 0 & 0 & 0 \\
0 & 0 & 0 & 0 & 0 & 0 & 0 \\
0 & 0 & 0 & 0 & 1 & 0 & 1 \\
1 & 0 & 0 & 0 & 0 & 0 & 0
\end{bmatrix}
$$

三、进行矩阵运算，求出可达矩阵

$$B = A + I = \begin{bmatrix} 1 & 0 & 0 & 0 & 0 & 0 & 0 \\ 1 & 1 & 1 & 0 & 0 & 1 & 0 \\ 0 & 0 & 1 & 1 & 0 & 0 & 0 \\ 0 & 0 & 0 & 1 & 0 & 0 & 0 \\ 0 & 0 & 0 & 0 & 1 & 0 & 0 \\ 0 & 0 & 0 & 0 & 1 & 1 & 1 \\ 1 & 0 & 0 & 0 & 0 & 0 & 1 \end{bmatrix}$$

$$B^2 = (A+I)^2 = \begin{bmatrix} 1 & 0 & 0 & 0 & 0 & 0 & 0 \\ 1 & 1 & 1 & 1 & 1 & 1 & 1 \\ 0 & 0 & 1 & 1 & 0 & 0 & 0 \\ 0 & 0 & 0 & 1 & 0 & 0 & 0 \\ 0 & 0 & 0 & 0 & 1 & 0 & 0 \\ 1 & 0 & 0 & 0 & 1 & 1 & 1 \\ 1 & 0 & 0 & 0 & 0 & 0 & 1 \end{bmatrix}$$

$$B^2 = (A+I)^3 = \begin{bmatrix} 1 & 0 & 0 & 0 & 0 & 0 & 0 \\ 1 & 1 & 1 & 1 & 1 & 1 & 1 \\ 0 & 0 & 1 & 1 & 0 & 0 & 0 \\ 0 & 0 & 0 & 1 & 0 & 0 & 0 \\ 0 & 0 & 0 & 0 & 1 & 0 & 0 \\ 1 & 0 & 0 & 0 & 1 & 1 & 1 \\ 1 & 0 & 0 & 0 & 0 & 0 & 1 \end{bmatrix} = M$$

由此可以得到可达矩阵 M。可达矩阵 M 显示了整个系统各个要素所存在的路径。

四、可达集合与先行集合关系分析

用 R（Si）表示可达集合，Q（Si）表示先行集合，R（Si）∩Q（Si）为前面两集合的交集，其中 Si 为要素项目的号码 Si = 1，2，…，n。包含可达集合与先行集合关系及其层级分析结果列于表2中。

表2　可达集合与先行集合及其交集表

i	R（Si）	Q（Si）	R（Si）∩Q（Si）
1	1	1, 2, 6, 7	1
2	1, 2, 3, 4, 5, 6, 7	2	2
3	3, 4	2, 3	3
4	4	2, 3, 4	4
5	5	2, 5, 6	5
6	1, 5, 6, 7	2, 6	6
7	1, 7	2, 6, 7	7

1. 区域分解

根据可达矩阵与先行集合的分解结果可以发现在先行集合 Q（Si）中，S2 – S6，S2 – S3 有很强的直接联系，因此我们把可达矩阵 M 的行和列作位置变换，把 S2，S3，S6 集中在一起。

$$\begin{array}{c}
(A)\\[4pt]
\begin{array}{ccccccc}
S6 & S2 & S3 & S4 & S5 & S1 & S7
\end{array}
\end{array}$$

$$
\mathrm{I}\ \begin{matrix} S6\\ S2\\ S3 \end{matrix}
\ M=\begin{matrix} S4\\ S5\\ S1 \end{matrix}
\ \mathrm{II}\ S7
\left[
\begin{array}{ccc:cccc}
1 & 0 & 0 & 0 & 1 & 1 & 1\\
1 & 1 & 1 & 1 & 1 & 1 & 1\\
0 & 0 & 1 & 1 & 0 & 0 & 0\\
0 & 0 & 0 & 1 & 0 & 0 & 0\\
0 & 0 & 0 & 1 & 0 & 0 & 0\\
0 & 0 & 0 & 0 & 1 & 0 & 0\\
0 & 0 & 0 & 0 & 0 & 1 & 0\\
0 & 0 & 0 & 0 & 0 & 1 & 1
\end{array}
\right]\begin{matrix}\ \\ \mathrm{III}\\ \ \\ \ \\ \ \\ \ \\ \ \\ \mathrm{IV}\end{matrix}
$$

$$(B)$$

我们用虚线把变换后的 M 分成四部分：左上角矩阵 I 表示由元素 S6，S3，S2 组成子系统邻接矩阵（A）；右下角矩阵 IV 表示由元素 S1，S4，S5，S7 组成子系统邻接矩阵（B）；右上角矩阵 III 表示子系统（A）对子系统（B）的影响；左下角矩阵 II 表示子系统（B）对子系统（A）的影响，图中矩阵全部是 0 表示子系统（B）对子系统（A）没有影响。

2. 层级分解

从表 2 中可以看出满足 R（Si）∩ Q（Si）= R（Si）条件的有 i = 1，i = 4，i = 5，也就是 S1，S4，S5 作为最顶层，它们是系统的最终目标。

表 3　抽出 1，4 和 5 后的结果

i	R（Si）	Q（Si）	R（Si）∩ Q（Si）
2	2，3，6，7	2	2
3	3	2，3	3
6	6，7	2，6	6
7	7	2，6，7	7

从表 3 中可以看出满足 R（Si）∩ Q（Si）= R（Si）条件的有 i = 3，i = 7，也就是 S3，S7 作为第二层 S1，S4，S5 的原因。

表 4　抽出 3 和 7 后的结果

i	R（Si）	Q（Si）	R（Si）∩ Q（Si）
2	2, 6	2	2
6	6	2, 6	6

从表 4 中可以看出满足 R（Si）∩ Q（Si）= R（Si）条件的有 i = 6，也就是 S6 作为第三层 S3，S7 的原因。

表 5　抽出 6 后的结果

i	R（Si）	Q（Si）	R（Si）∩ Q（Si）
2	2	2	2

要素 S2 为系统最底层，它是引起系统运动的根本原因。

五、电视教材编制系统的层级模型与因果关系分析

由上述分析我们可以得到各层的关系图。

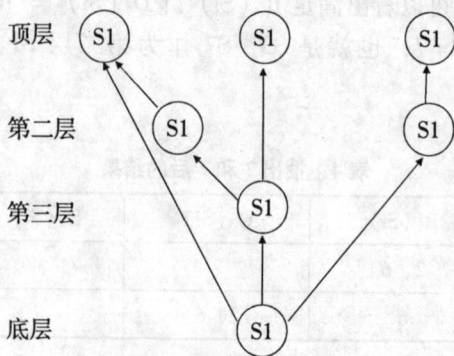

图1 各层关系示意图

根据上述分析，我们便可以把电视教材编制过程中各岗位安排用一个类比模型来表示。

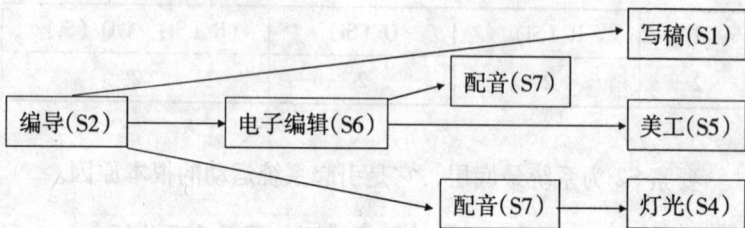

图2 电视教材编制系统类比模型

从此模型中可以看出在电视教材编制过程的各岗位中，编导占有重要的地位，所以我们在编制电视教材时要对此岗位作详细和周密的研究。通过类比模型我们得到了电视教材编制系统各个岗位间关系的规律，在制作过程中就可以对人力、物力进行优化配置，降低制作成本，提高制作的效率，使电视教材质量更高。

解释结构模型方法关键在系统要素间相互作用的关系分析

上，因为系统内部的要素有着千丝万缕的联系，要把它们之间的所有联系都找全是很困难的，因此我们只要把要素间存在明显的、主要的和直接的联系找全就可以了。在系统内部要素比较多并且要素间联系复杂的情况下运用解释结构模型方法可以很好地找到系统内部的规律。

参考文献：

1. 李克东. 教育技术学研究方法. 北京：北京师范大学出版社，2004.

2. 李运林，徐福荫. 电视教材编导与制作. 2 版. 北京：高等教育出版社，2004.

关于运用软件工程方法开发
网络课件的探讨

德宏师范高等专科学校　余翠兰

摘　要：本文通过对网络课件现状的分析，提出为保证课件的开发质量，应该把软件工程理论应用于网络课件开发中的观点，并从软件工程的角度给出了网络课件的开发模型，最后指出了网络课件开发的发展方向。

关键词：网络课件　模块　软件工程　课件开发　软件生命周期

计算机多媒体技术和计算机网络技术的迅猛发展，特别是Internet 与校园网的接轨，为教育教学提供了丰富的资源，使网络教学真正成为现实。特别是采用网络课件这一先进的教学手段，将大大增加课堂容量，突破传统教学的诸多弊端，以随机性、灵活性、全方位和立体化的方式把各种知识形象、生动地呈现在学生面前。目前，越来越多的高校、现代远程教育、网络学校都开设了网络课程，而网络课件的设计和开发也已成为当今教改的热点之一。因此，如何有效地利用网络资源，建构基于网络的现代教学模式和开发适合网络教学的课件是迫切需要研究和解决的问题。在此，笔者通过对网络课件现状的分析，谈谈自己的一点体会和心得，并从软件工程的角度给出了网络课件的设计、制作方案。

一、网络课件的现状

与传统的教学模式相比，网络教学具有更大的灵活性，学生可以自主地选择学习的时间、地点，自由地安排学习进度。而网络课件相对于一般课件，也应该更加翔实、完备、准确。目前，国内很多教育软件公司都在积极开发网络课件产品，许多高校也根据需要纷纷制作了自己的网络课件。但通过对已有网络课件产品现状的分析，发现存在着以下几方面的问题：

（1）由于认识上的不足，很少有人会把课件开发当成开发软件一样重视，因此造成课件开发周期过长，人工消耗过大。

（2）设计和贯穿不够，不能调动学生自主学习的积极性，效果不佳。

（3）在一个课件里出现过多的图片、视频、动画，让学生的注意力在课件上，而不是在课件所展示的知识上；或者过于简单，只是用大量的文字来描述，不能体现多媒体的特点，显得枯燥和乏味。

（4）许多课件的开发基本上是一次性的，只是为本节课程服务，或者根据本门课程现有的内容和计划而制作，没有考虑到将来的扩展。这样，当学科的教学计划和教学思路发生变化，或者教学内容需要补充时，就很难进行扩充和无法进行快速更新，只能重新制作，这样就浪费了大量的时间和精力。

网络课件属于应用软件，网络课件的开发应属于软件开发的范畴，而软件工程是软件开发过程中成功经验的总结运用。因此，为了尽可能地避免上述问题，保证网络课件开发的质量，提高开发效率以及可修改性，我们有必要把软件工程原理应用到网络课件开发的过程中，按照软件工程的方法来组织、管理课件研制和开发中的各项工作。

二、网络课件的开发模型

正如任何事物一样，软件也有一个孕育、诞生、成长、成熟、衰亡的生存过程，我们称其为软件的生命周期，它是软件工程中的一个重要概念，传统的软件生存期划分为 6 个阶段。然而，网络课件的开发又不同于一般的软件开发。从逻辑上说，是先有课程内容再有课件，即课件是建立在一定课程内容基础上的，它具有自身内在的、质的约定性。课件的开发涉及教育学、心理学、专业知识和计算机技术等各个领域相关知识的综合运用。基于网络课件的特殊性，在实际开发中，笔者对传统的软件生存期做了改进和完善，将课件生命周期划分为需求分析、课件的设计、课件的制作和课件测试维护四个阶段，建立了网络课件的开发模型（如下图所示），下面逐一进行说明。

```
┌──────────────┐
│   需求分析    │
└──────────────┘
       ↓
┌──────────────┐
│   课件的设计  │
└──────────────┘
       ↓
┌──────────────┐
│   课件的制作  │
└──────────────┘
       ↓
┌──────────────┐
│  课件测试与维护 │
└──────────────┘
```

1. 需求分析

课件开发首先是需求分析，主要实现以下功能：

（1）课程需求分析。

在导入新课环节时，先以案例引发学生的形象认识，从而引发学生学习的必要性和运用方向的学习兴趣，知识目标是对课程有一个较全面、系统的认识。课程导航要明确，突出课件的交互性。在课件的设计中，注重学生注意力的保持、分配和转换，并将其充分应用和体现于课件设计中。在课件的末尾，做好学生学习效果的检查并布置作业练习。

（2）资料需求分析。

根据课件的内容，先大概列出本课件所需的内容，包括图片、VCD、录像带、录音带、文字材料等，将材料组织成为软件开发需要的形式。

（3）功能需求分析。

影像资料可以完成自动播放，并可以根据教师自己教学的讲课顺序特点，进行灵活选择。音频资料也可以自动播放，同时配以相关文字材料同时展现。软件既能实现网络教学演示，又能在单机上实现教学演示，界面良好简洁，容易操作。

（4）性能需求分析。

软件主要用于网络教学和现场教学，因此不但要适合现在的流行配置，而且也要适合过去的硬件和 Windows 98、Windows 2000，XP 操作系统平台。系统兼容性好。

2. 课件的设计

在开发网络课件之前，必须对总体框架进行严格的设计，遵循模块化和抽象化原理。应用模块化原理时，应该按照信息隐藏原理来进行课件开发模块的分解。有效的模块化使课件开发速度加快，这是由于能够分割功能而且接口可以简化。另外，独立的模块比较容易测试和维护。模块独立是设计的关键，而设计又是决定课件质量的关键环节。课件结构的深度、宽度、扇出和扇入都应适当。

课件的模块化主要体现在两个方面，一是整个课件开发过程中的模块化，二是课件结构的模块化。（1）在具体制作中应该一直注重结构的模块化以及文档管理。为了统一课件模块标准，需要对每一步的工作都制定相应的标准，如针对课件功能开发，制定《界面设计规范》等。这种方式提高了工作效率，在大批量开发课件时保证了每门课程的质量，而且使开发成果得以保存和延续。(2) 课件结构上实现模块化，每个不同的功能或内容，以不同的文件或文件夹表示。这样在需要更新某一功能时，只需要更新其中的一块即可，不影响其他功能，而且不同开发人员只要保证自己的模块正常，以后再进行整合调试，也方便课件功能调试和修改。例如课件内容章节结构由"chapstruct. js"来实现，课件的正文内容文件夹统一为"content"，系统内容文件夹统一为"system"。

基于上述思想，我们首先将整个软件分成大的模块，然后再将每一个模块分成几个小的模块。为了便于开发和调试，在设计前，使某个大的模块同其下面的小模块结构一致，包括外部文件的命名、变量名的定义、图标名称的定义等。为了满足网络教学和单机操作双重要求，采用网页设计形式。

考虑到各个模块对资料模块的调用关系，将资料模块分门别类进行存储，分别建立：视频目录、音频目录、图像目录、图片目录、背景音乐目录。这些目录下分别保存已经加工好的各类成品素材资料。

3. 课件的制作

整个课件一般可由首页模块、主页模块、案例和演示模块、思考题模块组成。

首页模块完成新课环节的导入，在精练的解说词页面中同时嵌入轻松的、旋律优美的 MIDI 背景音乐，链接主页模块。要求：首页设计如同商标的设计，有代表本门课程特点的图形标记，文字要求精美，图像要求细致。核心技术处理方法：网页制作工具 Dreamweaver，主程序控制操作语言 javascript，使用 Photoshop 完成处理平面图像。

主页模块类似于目录选择，提供讲课内容备选。要求：目录排版布置讲究艺术性，界面有特色。核心技术处理方法：使用 Flash 处理目录排版，并将其以网页发布。网页开发工具 Frontpage 对其进行调试。可调用 MM_controlsound（）函数进行特色语音播放。

案例和演示模块实现流媒体影视文件的自动播放要求：网络媒体播放器内嵌于网页中，可实现动态播放。核心技术处理方法：在 Frontpage 开发工具中调用 Microsoft Mediaplayer 内核控件。

设计每一个屏幕界面时，以反映教学内容为主，能激发学习者的学习兴趣和激情。界面要简洁、明了、自然、一致、美观大方、操作方便，过渡、切换、跳转要流畅，功能区域的划分要清晰。应注意屏幕上显示的媒体要紧紧围绕教学主题，突出教学内容，文字叙述要简明扼要且意义完整；图形、动画、视频等媒体素材要认真地筛选，使其所表现出的教学内容形象、生动、直观；标题、正文等要用不同的样式、字体、字号及颜色，以使内容清晰醒目；不要过分追求版面的热闹，以免喧宾夺主，分散学生的注意力。

4. 课件测试与维护

在课件开发制作过程的每个阶段都可能产生差错。我们力求在每个阶段结束之前通过严格的技术审查，尽可能早地发现并纠正差错。但是，经验表明审查并不能发现所有差错，此外在具体开发过程中还不可避免地引入新的错误。课件测试的目的就是在课件投入使用之前，尽可能多地发现课件中的错误。由于测试的目标是发现课件中的错误，从心理学角度来看，由课件开发人员自己进行测试是不恰当的。因此，在综合测试阶段，各个课件制作人员交叉进行测试，同时也请学生来进行测试。测试任何产品都有两种方法：黑盒测试和白盒测试。个同课件制作人员的互相测试主要是偏重于白盒测试，学生的测试则为黑盒测试。

另外，即使课件在开发机器上完全运行正常的条件下，也要将课件安装在其他机器上运行，着重解决在不同机器上的兼容性问题。

课件维护是课件开发生命周期的最后一个阶段，在课件维护过程中不断存储维护记录，并对维护活动进行评价，如每门课件出错的次数、每种错误的花费总人时数、每门课件维护需要的时间、课件出错给学生学习带来的不便，等等。

三、网络课件开发技术展望

课件开发是一个长期的过程，是一个不断学习进步的过程。今后的课件开发将向适时、互动、多元化方向发展，使网络课件更具自主性、创造性、多层次性。这样的课件才更易于实现"学习者控制"的个别化教学策略，将课件流程的控制权交给学生。

课件的另一个发展方向是基于网络的游戏型课件，即有明确的教学目标，采用游戏的形式进行教学，教学内容贯穿于整个课件游戏中，在广域网或局域网范围内使用，面向个人自学或课堂教学的交互性多媒体课件。基于网络的游戏型课件较适合培养低年龄段学习者解决实际问题的能力和培养协作意识，也有利于激发学习者的学习兴趣，维持学习者持久的学习动机。

总而言之，网络课件的研发是一项系统工程，融教育性、科学性、艺术性、技术性于一体。为了使制作出来的网络课件效率更高，更好地实现交互和反馈的功能，更容易被学习者接受，这项工程应由专业课程教师、多媒体技术人员、软件开发人员和课件论证专家及学生合作完成。课件开发中各个阶段的工作也不是孤立的，要切实加强各个阶段的人员合作。实践证明，软件工程方法的运用在网络课件的研发中是必然的，也是必需的。我们应当结合课件的特点和要求，大胆引进软件工程的思想，吸收并灵活运用软件工程的方法和技术，以推动网络课件开发质量和效率的提高。

参考文献：

1. 张海藩. 软件工程. 北京：清华大学出版社，1999.

2. 龚玉清，张琴珠. 多媒体课件开发现状的调查研究. 教育传播与技术，2005，(42).

3. 易康，范宇，李光明. 多媒体课件设计与制作. 北京：冶金工业出版社，2003.

4. 吴琼 等. 基于网络的游戏型课件在教学中的应用. 中国远程教育，2004 (6).

浅论动态网站的黄金搭档 PHP + MySQL

06 级计算机在职研究生　肖　丽

摘　要： PHP 是一个类似微软 ASP 的服务器端的嵌入式超文本处理语言，是建立动态网站的强大工具。MySQL 是一个快速、健壮和易用，且支持多线程、多用户的 SQL 数据库服务器。虽然 PHP 通过 ODBC 支持几乎所有的数据库，但对于开发数据驱动的网站而言，选择 MySQL 应该说是最佳组合，这不仅因为 MySQL 是免费的，更在于它具有许多同大型数据库相媲美甚至超过它们的优良性能。

关键词： 动态网站　PHP　MySQL　脚本　链接　函数　程序　数据库　测试

随着 Internet 在中国的迅速发展，人们越来越多地使用这项新的技术来为自己的工作和学习服务。人们不仅希望 Web 页面能把文本、图像、声音、动画、视像等多种媒体信息表现出来，而且还希望信息的显示更加生动、信息的浏览更为方便，同时要让 Web 页能实现网上交易平台、客户信息反馈以及方便企业与客户之间信息交流，因此构建一个方便好用的动态网站时，每一个网站设计者必须要考虑如何才能更好地满足浏览的需求和网站所有者的设计初衷。那么选用什么样的后台脚本程序和数据库就显得尤其重要。笔者在这里向你强烈推荐动态网站的最佳搭档 PHP + MySQL。

一、PHP 和 MySQL 的优势所在

PHP 是一个类似微软 ASP 的服务器端的嵌入式超文本处理语言，是建立动态网站的强大工具。如果你接触过 ASP 的话，那么你对于在 HTML 页面中嵌入代码应该是比较熟悉了。PHP 代码在服务器一端被解释转变成普通的 HTML 页面内容，送给浏览器一端。这种模式使得我们可以用它来完成相当复杂的功能。其实用不着我多费唇舌解释。一项由 Netcraft 组织的非官方调查显示，应用 PHP 的主机数目由 1998 年 6 月的 7 500 台跃升至 1999 年 3 月的 410 000 台。不错吧？这两种软件的组合还在 Webcon98 大会上赢得了年度数据库产品大奖，得了一座漂亮的奖杯。

MySQL 是一个小巧玲珑的数据库服务器软件，对于小型（当然也不一定很小）应用系统是非常理想的。除了支持标准的 ANSI SQL 语句，它还支持多种平台，而在 Unix 系统上该软件支持多线程运行方式，从而能获得相当好的性能。对于不使用 Unix 的用户，它可以在 Windows NT 系统上以系统服务方式运行，或者在 Windows 95/98 系统上以普通进程方式运行。MySQL 被认为是建立数据库驱动的动态网站的最佳产品。PHP、MySQL 和 Apache 是 Linux 平台网站的最佳拍档。

二、创建脚本

我们下面就开始正式上路，要写第一个脚本程序了。创建一个文本文件，在其中加入下面的内容：

```
< >
< >
<? php
$ myvar = "Hello World";
```

```
echo $ myvar;
       ? >
   </body>
   </html>
```

现在，访问相应的 URL，例如，http://myserver/test.php3。你应该可以看到页面中包含"Hello World"的文字。如果你看到的是错误信息，查一下 PHP 文档，看看软件设置是否正确无误。

就是这样了！这是你的第一个 PHP 程序。如果你查看一下这个页面的 HTML 源代码，你会发现里面只有 Hello World 这样的文字。那是因为 PHP 引擎过滤了文件内容，对其中的代码作了处理，转换成了标准的 HTML。

在上面的程序中你最先注意到的可能是定界符，也就是以 <? php 开始的那几行。这个标记说明后面是 PHP 代码，而? > 表示代码结束。PHP 的强大之处在于，这些代码可以以多种不同方式放在任意位置——我是说任意位置。后面我们会看到一些很有趣的例子，现在我们还是从最简单的开始。如果你愿意，也可以设置 PHP，让它使用短标记"<?"和"? >"，但这与 XML 会发生冲突，所以要小心使用。如果你是从 ASP 转向 PHP，你甚至可以让 PHP 使用"<%"和"% >"作为定界符。

你还会注意到每行后面的分号。这些分号称为分隔符，用于分隔不同的指令。你可以把所有的 PHP 代码写在一行里，用分隔符把命令分开。但是那样看起来很乱，所以我们在每个分号后面都另起一行。记住，每行最后都要以分号结束。

最后，你会注意到 myvar 这个字以 $ 符号开头。这个符号告诉 PHP，这是一个变量。我们把"Hello World"赋给变量 $ my-var。一个变量可以是数字，也可以是数组。不管怎样，所有的变量都是以 $ 符开头。

PHP 真正强大之处来源于它的函数。函数，基本上是处理指令序列。如果你把所有的选件都编译进 PHP，总共会有超过 700 个函数。这些函数可以让你做很多事情。

现在我们再加进一些 MySQL 的内容进去。

三、装载数据库

现在，我们要加入 MySQL 的内容了。要想知道 PHP 中包含哪些选项，或服务器方面的一些情况，一种简便的方法是使用函数 phpinfo ( )。创建一个像下面这样的程序：

```
< >
< >
<？php
phpinfo ( ) ;
？ >
</body >
</html >
```

保存这个程序，在浏览器中访问这个文件。你会看到网页中包含了一些有趣的、有用的信息。这些信息是有关服务器、Web 服务器内部环境变量、PHP 中包含的选项，等等。在第一段 Extensions 中，找到以 MySQL 开头的一行。如果没有找到，那说明 MySQL 支持选项并没有编译进 PHP。你可以再检查一下安装步骤，查阅一下 PHP 文档，看你是否漏掉了什么。

如果找到了 MySQL 那一行，那你可以继续了。

从 MySQL 数据库中读取数据之前，我们得先往数据库里放一些数据。在现在这一阶段，还没有一个简便的方法来做这件事情。大多数的 PHP 程序都带有一个数据文件，该文件包含一些数据来创建并激活 MySQL 数据库。这个过程不在本教程范围之内，在此不详述。

MySQL 使用它自己的用户权限表。在安装时，会创建一个默认的用户（root），该用户是没有口令的。数据库管理员可以根据需要来增加用户并赋予用户各种不同的权限，但这项工作完全可以另写一本书了，所以我们只使用 root 用户。如果你自己管理服务器和数据库，为 root 用户分配一个口令是很重要的。

总之，我们还是接着说数据库吧。对 Win32 用户来说，很对不起，你要在 DOS 下做些工作。你不得不使用 DOS 窗口，或者在"执行"窗口中键入所有命令。别忘了，输入命令时要带上 MySQL/bin 的目录名。Unix 用户可以在 MySQL 的 bin 目录下输入命令，但命令必须以"./"开头，才能让程序运行起来。

我们要做的第一件事情是实际创建出数据库。在命令行下，键入下列命令：

mysqladmin – u root create mydb

这样就创建了一个名为"mydb"的数据库。– u 选项告诉 MySQL 我们使用的是 root 用户。

下一步，我们要加入一些数据，这里我们用的示例数据是大家都喜欢用的员工数据库。我们将会用到我前面提到过的数据文件。如果你想在这方面多了解一些，可以查阅 MySQL 所带的手册或访问 http：//www. turbolift. com/mysql/网站。把下面的文字复制到一个文件中，把该文件存在 MySQL 的 bin 目录下（我假定文件名是 mydb. dump）。

CREATE TABLE employees（id tinyint（4）DEFAULT '0' NOT NULL

AUTO ＿ INCREMENT, first varchar（20）, last varchar（20）,

address varchar（255）, position varchar（50）, PRIMARY KEY（id）,

UNIQUE id（id））; INSERT INTO employees VALUES（1,

′Bob′,′Smith′,

'128 Here St, Cityname′, ′Marketing Manager′);

INSERT INTO employees VALUES (2, ′John′, ′Roberts′, ′45 There St,

Townville′, ′Telephonist′);

INSERT INTO employees VALUES (3, ′Brad′, ′Johnson′, ′1/ 34 Nowhere Blvd,

Snowston′, ′Doorman′);

如果文字是折行的,请确保每一个 INSERT 语句都是另起一行的。现在,我们要把数据加入到 mydb 数据库中了。在命令行下,键入下面的命令:

mysql – u root mydb < mydb. dump

此时你应该不会遇到什么错误。如果真的出错了,请仔细检查一下是否因上面的文字折行而引起的错误。

四、测 试

现在我们已经把数据导入到数据库中了。再让我们来处理这些数据。把下面的文字存入一个文件中,把该文件存在 Web 服务器的文档目录下,后缀名为. php3。

< >

< >

<? php

$ db = mysql_ connect ("localhost", "root");

mysql_ select_ db ("mydb", $ db);

$ result = mysql_ query ("SELECT * FROM employees", $ db);

printf ("First Name:% s < > \ n", mysql_ result ($ result, 0, "first"));

```
printf ("Last Name:%s < > \ n", mysql_ result ($result,
0, "last"));
    printf ("Address:%s < > \ n", mysql_ result ($result, 0,
"address"));
    printf ("Position:%s < > \ n", mysql_ result ($result, 0,
"position"));
    ? >
    </body >
    </html >
```

　　我来解释一下上面的代码。mysql_ connect () 函数负责以指定的用户名（本例中用户名是 root）连接到指定机器（在本例中机器是本机 localhost）上的 MySQL 数据库。如果你想指定用户口令，你也可以把它送给这个函数。连接的结果保存在变量 $db 中。

　　随后，mysql_ select_ db () 函数告诉 PHP，我们要读取的数据库是 mydb。我们可以在程序中同时连接到多台机器上的多个数据库，但目前我们还是限于连接一个数据库。

　　接下来，mysql_ query () 函数完成最复杂的部分。利用刚才得到的连接结果标志，该函数把一行 SQL 语句送给 MySQL 服务器去处理。返回的结果保存在变量 $result 中。

　　最后，mysql_ result () 函数显示 SQL 查询命令所得到的各个字段的值。利用变量 $result，我们就可以找到第一条记录，记录号是 0，并将其中各字段的值显示出来。

　　如果你以前没用过 Perl 或 C 语言，那么 printf 函数的语法格式会显得很奇怪。在上面的每一行程序中，%s 代表表达式第二部分中的那个变量［例如，mysql_result ($result, 0, "position")］应该以字符串的形式显示出来。

　　使用 PHP 和 MySQL 这两样东西加在一起，对于开发数据驱动的网站这项工作而言，真是最佳组合。

除了免费这一点（当然，MySQL 也有一些使用许可方面的限制），PHP – MySQL 的组合还可以跨平台运行，这意味着你可以在 Windows 上开发，然后在 Unix 平台上运行。另外，PHP 也能作为标准的 CGI 进程来运行，此时它是一个独立的脚本解释器，或者是 Apache 的一个嵌入模块。

如果你有兴趣使用其他数据库服务器的话，PHP 也支持 Informix、Oracle、Sybase、Solid 和 PostgreSQL，以及通用的 ODBC。

PHP 支持 Internet 开发的一些前沿技术。这些技术包括身份认证、XML、动态图像生成、WDDX、共享内存，以及动态 PDF 文档等等，不一而足。如果你还不满意的话，PHP 是很容易扩展的，所以只要你有编程能力，你尽可以自己大显身手一番。

最后要说的是，这两种软件都是大量程序员协同开发的，因此文档及邮件列表等支持方式很多，程序错误的修正很快，而如果你要求加入新功能的话，总会有人考虑你的要求，并且在可行性足够高的前提下加以实现。

职业教育管理

试论终身教育背景下的
职业与继续教育

职业与继续教育学院辅导员　刘　朦

　　摘　要： 中国"入世"以后，经济模式发生了巨大转变，竞争越来越激烈，传统的一次性教育已经无法适应新形势，所以终身教育就变得与个人休戚相关。终身教育是一个人一生中所受教育的整合，职业与继续教育是终身教育的重要组成部分。终身教育对职业与继续教育起到了推动作用，反过来职业与继续教育也使教育走向终身化道路。

　　关键词： 终身教育　人才培养模式

一、终身教育的地位及意义

　　随着科学技术的迅猛发展，社会职业岗位的外延以及内涵变化十分迅速。传统的一次性教育无法适应生存的挑战，使现代人面临着生存的危机。人们要跟上这种发展，就要不断学习，终身学习。在后工业化国家人口的教育发展史上，与成人生活中的培训时间相比，初始学校教育的地位日渐削弱。终身教育正是在这种传统教育面临危机，教育改革方兴未艾的情况下应运而生的。终身教育对现代社会来说，已不仅仅是理论而且还是活生生的现实。

　　首先，从终身教育组成看，它是由基础教育、高等教育、成人教育、职业教育等各类教育组成。在德国人保罗·贝朗热《构建中的学习型社会》一文中，他把终身教育划分成三个明确的部分："初始培训，成人教育或继续培训，以及学习环境。"①对每一个人来说，终身教育贯穿于人的各个阶段。

其次，从终身教育的内容看，不再局限于传授和储存知识，而要努力寻求获取知识的方法，使受教育者学会如何学习，努力提高、发掘他们的能力、水平、创造力和潜力。

再次，终身教育突破了传统教育模式、领域、体系的束缚，不论是正规教育，还是短期培训等各种教育培训形式，只要是有利于提高和发展人的素质的，都应纳入终身教育的范畴。终身教育有着广阔的市场需求，它将促进"大教育"体系的形成。合理组织和调配教育培训资源、加大投入将是摆在我们面前的一项十分现实和紧迫的任务。

终身教育是人们在一生中所受到的各种培养的总和，包括各个年龄阶段的各种方式的教育。与传统的教育相比，终身教育最大的特点就是整合性。它把已有的但并不相连的部分整合在一起，形成一个新的有机体。这样来看，整合性就是终身教育的本质特征。

终身教育的一个重大意义在于促进了人才培养模式的转变。

入世对中国的影响是多方面的，它所隐含的要求是高职教育在人才培养模式上的变化，所培养的人才应该能够适应世贸组织的游戏规则，并具备新的意识和创新能力。这也是非学历教育的实质内涵。

一是变"传承"为重创新意识和创新能力的培养。传统的教育是一种传承式的教育，而"入世"则意味着创新的再生产

---

① 王晓辉，赵中建 等译．为了21世纪的教育问题与展望．北京：教育科学出版社，2002.

是全球经济发展的主导力量。因此，培养学生的创新精神和创新能力要成为一种教育理念渗透于教学计划、专业设置和实际教学中。

二是变重"专才"为重综合意识与综合能力的培养。传统教育是一种"专才"式教育，注重人才技能的"专业"化培养。随着全球经济一体化进程的加快，新的综合学科、横断学科和边缘学科的大量出现，要求学生必须既具有广博丰厚的基础知识，又是某门学科的"专才"，即在培养"专才"的同时，抓好通才教育。

三是变重"理论"为重实践意识与实践能力的培养。以往的学历教育多半注重理论知识的系统掌握，忽视知识的实际应用。入世后，时代赋予了实践培养以新要求、新任务、新内涵。于是，采取了几种方式，第一，学校与企业、社会的结合；第二，教学与生产、科研相结合；第三，教学与实践相结合。

四是变重"守业"为重创业意识与创业能力的培养。传统的学历教育在相当程度上是守业式的教育，它的眼光着眼于已有的产业。随着中国"入世"，出现了很多新的经济模式，不再是集中化的大企业，而是分散化的微型企业。所以，学生"白手起家"创办微小型企业的意识和能力理应得到推崇和发展。

五是变"单干"为重合作意识与合作能力的培养。传统的学历教育是一种"单干"式的模式，它强调个人能力的培养。然而，随着国际资本流动以及合作的增强，互相依存、互相往来的局面也逐渐形成，任何事都要讲求分工合作。因此，通过教育培养学生的合作意识与合作能力比过去任何时候都显得重要。

二、终身教育背景下的职业教育

终身教育传入我国后，对教育事业产生了重要的影响。这种影响将突出表现在如下三个方面：

一是促进职业教育观念的更新和转岗培训的发展。终身教育是对教育理念重新审视、对教育思想重新清理的结果。它是对教育的全新认识和全新理解。根据这一思想，职业教育不再是针对某一职业所进行的有关教育和培训的同义语，而应该是能够培养人们获取新知，适应社会变革的能力。

二是促进职业教育的多元化和社会化。单一公有制经济结构向多元经济结构的转化，造成了多种经济成分的共存和竞争，也打破了不同所有制职工的界限。在这种情况下，要使职业教育贯穿人的一生，就必然要求职业教育的多元化和社会化。而终身教育的社会意义恰在于促进教育的多元化和社会化。在终身教育看来，社会上许多非正规、非正式的教育机构、设施、活动、手段，对人们同样具有教育的潜能或功能。特别是到了以信息化为主要特征的现代社会，人们只要以终身教育的观念和视角，有意识地使用一切可能获得的资源和手段，各类大众传播媒体以及各种信息网络和信息高速公路，都能成为对任何属于现代社会的个体进行教育训练的必要组成部分。

三是促进开放式终身化职业教育体系的形成。按照系统论的观点，职业教育本身就是一个由若干事物相互关联而构成的整体，即系统；同时它又是构成整个教育事业这个大系统的子系统。我国《教育法》提出要建立和完善终身教育体系，必然会要求重新构建教育这个大系统的子系统——职业教育体系。而以终身教育为指导思想构建的职业教育体系，又必然是开放式的终身化体系。这里的开放既指职业教育要与系统内的其他子系统和其他系统和联系相互沟通，也指职业教育应敞开大门，同时接纳多种层次和类型的教育对象，进而通过个性化的学习过程，使他们各有收益。这里的终身化则是指职业教育应贯穿人的一生，应能在每个人需要的任何时刻，以最简捷有效的方式提供帮助。

三、职业与继续教育的终身化趋势

首先，科技的挑战、全球性的经济竞争、终身教育思想的影响等多种因素决定了继续教育的终身的发展趋势。这主要是：

（1）信息与知识的爆炸：科学技术的迅猛发展形成信息和知识的爆炸式膨胀，促使人们要不断学习，更新知识，才能跟上科学技术的发展，适应工作的需要。

（2）各国经济面临全球性的竞争：各种企业都面临着全球性的竞争。企业迫切需要拥有综合素质很高的人才，人的整体素质如何适应新形势的要求，极为重要的一条就是保持教育的连续性。

（3）现代大型工业企业的再建：现代大型企业以及子公司的建立需要一大批掌握现代化新知识和拥有专长的技术人才和经济管理人才，这些都意味着继续教育是一个连续不断的过程。

（4）终身教育思想的影响：终身教育思想是法国成人教育研究者保罗·朗格朗提出的，他认为教育是应该是一个人一生持续不断的过程，应该能在每个人需要的任何时候，以最好的方式向其提供必要的知识和技能。

其次，继续教育自身所具有的特点也促成了它的终身化趋势。

（1）教育对象的针对性。继续教育是以使受教育者适应工作和社会需要为目的的延伸教育。而因为受教育者工作经历、专业岗位的不同，从而使得继续教育的对象有很强的针对性。一般来说，年龄上有老、中、青各个阶段的年龄结构；学历上有不同程度的学识水平；职务上有不同工作要求的岗位责任；行业上既有科技人员、管理人员，也有领导干部、学校教师，等等。因此，对于不同层次、不同年龄阶段、不同行业的教育对象，必须采用不同的继续教育方法。

（2）教育时间的连续性。在全球性的经济竞争和我国改革开放的形式下，人的整体素质如何适应新环境的需求，一条重要的途径就是保持继续教育。资料表明，在发达国家，人的一生平均要更换 5~8 个职业，大多数人不可能终身从事一项工作。在我国，一位大学毕业生从参加工作之日起，一直到他退休的几十年间都要不断接受继续教育

（3）教育方法的灵活性。各行各业的从业人员，一方面渴望及时学习和补充知识，提高能力；另一方面由于繁忙的工作无法找出整块的时间来学习。为解决这种矛盾，继续教育就必须形式多样，方法灵活。在形式上，因人而异因材施教，可采用传统式的课堂面授，又可运用广播电视方式向其提供必要的知识和技能。可业余，可脱产，既可统一组织，又可自行安排。

总之，要使我们国家有更多适应新形势的人才出现，就必须要把现代职业教育建立在现代科学、技术和生产基础上，建立在知识经济基础上，探索实践培养的可行性道路。

参考文献：

1. 张光兴，马勇．教育产业与教育产业化论纲．济南：山东人民出版社，1999.

2. 袁振国．发展我国教育产业政策研究．上海：华东师范大学出版社，2002.

3. 李五一，刑永富．WTO 入世背景下中国教育前沿问题研究．太原：山西教育出版社，2004.

4. 王晓辉，赵中建　译．为了 21 世纪的教育问题与展望．北京：教育科学出版社，2002.

5. 袁正国．中国教育政策评论 2005．北京：教育科学出版社，2005.

浅论高等职业技术教育
实践能力培养

云南大学职业与继续教育学院 陈云山

现代职业所要求的实践能力，已经不是仅属于某种职业，而是许多职业的共同基础，这种实践能力是一种可迁移的能力，它使劳动者能够迅速适应岗位的变化，顺利进行职业活动。实践能力具有普遍性、可迁移性和工具性的特点。普遍性是指这种能力是职业生活中普遍存在的；可迁移性是指这种能力的获得会促使另一种能力的获得；工具性是指这种能力是实用的、与职业密切联系的，而不是学术的。这种能力强调的是，当职业发生变更或者当劳动组织发生变化时，劳动者所具有的这一能力依然起作用，它使劳动者能够在变化了的环境中重新获得新的职业知识和技能。高等职业技术教育的目标是培养在生产一线进行实际操作的技术型和高级技能型人才，面对的是复杂的生产工序和操作系统，要求毕业生具有在生产实践中不断获取知识和迁移知识的基本能力。因此，实践能力培养对于高等职业技术教育有很重要的意义，是高等职业技术教育提高竞争力、体现培养目标和特色的关键。

高等职业技术教育的目标是培养高等技术应用型人才，其必须"具有必要的理论知识和较强的实践能力"。现在的问题是：如何理解、定义"实践能力"？又如何体现"实践能力"？

高等职业技术教育在培养人才时，首先要正确认识和处理能力与知识的关系问题。它在招生、专业设置、教学计划、课程设置与课程内容、教学方法与专业建设等方面都起着关键性的作用。

王国维先生是中国教育史上第一位明确提出培养学生德、智、体、美等多方面发展教育宗旨的教育家，他极力主张理论知识与实践知识并重。在知识与知识教育问题上，他认为，教育的作用不仅在于给学生以知识，同时还要发展学生的智力，要让学生知其然进而知其所以然，这才是学生所需要的"完全之知识"。这里所讲的实践知识就是能力（包括技能），也就是"知其然"；理论知识就是"知其所以然"。

高等职业技术教育的成功有赖于一方面要认同和自觉遵循高等教育规律，坚决贯彻国家规定的教育方针，树立全面推行素质教育与切实实施专业教育相结合的教育观念：另一方面，要重视职业技术教育的特色，根据行业发展的人才需求设置专业，制订教学计划，编写或使用内容合适的教材，采用有利于理论知识与实践能力相结合的教学方法、模式和其他多方面能力训练的科目、项目。从总体上来说，前者属于知其然的问题，后者属于知其所以然的问题，两者不可偏废。

从稍为长远和宽广一点的视角看问题，便不难发现，人的一生中能较为系统地学习理论知识的空间和时间，主要集中在学校和学生时代，而其成熟的技能或能力的真正形成是在社会里，是在年复一年的实践过程中累积的。比较而言，学生在学校的理论知识学习是非常宝贵的。理论知识掌握得多与少、深与浅将在很大程度上影响到他们未来的创造或创新能力。

这里没有淡化能力特别是技能训练的意思，相反，要十分重视和定位技能训练的项目及其内容、训练方法、程度和考核标准，并为此而建立良好的校内技能训练场所（包括装备）与校外实践教学基地，以便让学生在就业初期就有较为熟练的基本技能和良好的职业精神。

在很多情形之下，技术或技能是由理论知识得以运用而转化的结果，但这并非千篇一律、单向法则，恰恰相反，在另外很多情形之下，是技术或技能本身提供了理论发展的巨大空间，蒸汽机的出现发展了热力学理论就是这种例证。因此，理论知识与能力（实践知识）是相互依托、彼此促进的关系。高等职业技术教育中，更需要处理好这种头脑与手的关系。

高职学生应具备的实践能力主要是以下几种：

1. 学习能力

学习能力主要是指对所学技术的掌握能力和学习方法的应用能力，还包括在学习过程中所持的学习态度。对所学技术的掌握能力包括运用各种先进的媒体技术不断获得知识的能力，比如对媒体技术、互联网、学习软件和在线服务的应用等；学习方法的应用能力是指运用有效的方法，学习并应用新知识、新技能的能力，包括对自己的能力、特点的系统的自我认识，能够找到适合个人条件的学习方法，进行自主学习，从而自觉地应用多媒体技术，提高学习效率；学习态度是学习者形成并应用学习能力的不竭动力。学习能力必须作为高职学生的核心能力重点培养，这是因为终身学习要求学习者更多地采取自我负责与自我调节的学习方式并学会如何学习；高职学生只有具有学习能力，能学习、会学习，并能够熟练应用媒体技术，才能自如地、及时地获取自己所需要的知识，拓宽自己的知识领域，为自己职业能力的迁移打下良好的基础。

2. 信息能力

信息能力是判断、选择、整合、获取和使用信息的能力。具有信息能力的学生，能够有效地存取信息，能够批判地、适当地评价信息，能够准确地和创造性地使用信息。对信息能力的要求是知识经济和信息时代迅猛发展的结果。在高职学生的核心能力体系中，信息能力是必需的，它使高职学生能够在有限的专业知识学习以外，获取更广博的信息，并获得采集、鉴别和使用信息的能力，从而在职业生涯中能随时应用信息能力来提高自己的专业能力和职业适应性。

3. 人际关系能力

人际关系能力是指组织、协调职业活动中个人与生产、个人与他人、个人与群组之间关系的能力。包括劳动者的协作意识、团队精神和群组行为，还包括对更换职业的适应能力，主要表现在对不断变化的物质环境和人际环境的适应，如上司的领导方式、同事的工作方式、具体的生产操作方式、生产工具的变化，等等。这就要求不仅要有较强的适应、协调能力和角色转换意识，还应该具有健康的心理素质，如乐观、稳定的心态和较强的耐受性。人际关系能力对高职学生毕业后如何更加顺利、有效地将自己的专业知识和技能应用到生产中去是非常重要的。高职学生要具备人际关系能力，必须善于处理人际关系，乐于同他人合作，具体地说就是要具备团队精神。作为团队的一员，对团队负责，能与之共同努力并为之作出贡献，必须具有宽容性，能够主动地承担责任，周密地考虑问题，自觉地进行自己的工作；同时，还要把自己的知识和技能传授给合作者，从而使团队的整体水平明显提高。对于从事服务行业的高职学生来说，良好的人际关系还意味着为顾客服务并使顾客满意。

4. 表达能力

表达能力就是通过口头或书面的形式与他人交流、表达自己的观点和意图的能力，具体包括口头和书面两种。口头表达能力即说的能力，要求能思路清晰、流利地表达自己的思想；书面表达能力主要是指写作能力，要求能用书面形式传达意见、观点和信息。两种能力同等重要，是推销自己，获得职业发展的重要工具。高职学生的表达能力主要是应用在求职和生产操作过程中。在求职过程中，良好的口头表达能力能展示个人的风貌，诚恳的求职信会给人留下深刻的印象；在生产操作过程中，能书写报告、信件、指示、说明书，制作图表及流程图，使整个生产过程有条不紊，提高效率。因此，表达能力作为一种核心能力，在高职学生的能力结构中也应该占有一席之地。

表达能力应从听、说、读、写四个方面来培养。要训练听的能力，即接受和理解语言、信息，及时做出反应；要经常锻炼自己说出来的能力，运用自己所学的知识，勇敢地表达意见，让别人倾听并说服听众，锻炼自己的口才和思维的敏捷性；要经常阅读大量的书报、杂志，累积点滴知识作为口头表达和书面表达的基础；要训练自己把所思所想记录下来，固化成文字以表达自己的思想，思路要清晰，质量要高。

5. 外语能力

外语能力是指应用外语进行工作、学习和交流的能力。高职学生的外语能力应该讲求实用性，具体地说，应该对自己的专业英语相当熟悉，能读懂相应的技术说明书；应该有较强的口语能力，能够与外宾进行交流；应该有较强的视听能力，捕捉一闪即逝的外文信息，从而提高自己的学习能力和信息能力。

随着科学技术的进步，行业的岗位技术必然向细微化方向发展。基础技术在不同行业中的运用、交叉也愈来愈多。例如电子信息技术、数控技术、微生物技术等将会在许多行业中得到极为广泛的运用。高等职业技术教育的专业内容将会由此发生很大的变化，所以，仅有传统定义的专业知识和专业技能就远远不够了。计算机网络技术的出现和远程教育手段的发展又将给高等职业技术教育的专业教学内容与教学方法带来巨大的变化，由此引发的能力需求将更为多样化。所以说，能力的培养问题已经十分明显，必须引起人们极大的注意。专业能力及相关能力的培养是基本的，但只具备专业方面的能力，毕业生的发展前景不会是光明的，因为他们缺少了接收创新性知识和创新性能力的支撑潜力。要从根本上解决这一问题，就必须适时调整高等职业技术的专业方向、专业教学计划和教学内容，力求专业技能与其他技能的衔接或融合。

从实践能力的基本表述可知，从本质上说，实践能力是由知识运用能力、技术运用能力和生存与发展能力三方面构成，前两方面构成职业性能力，第三方面即为社会性能力。从学生接受教育的时期来看，相对于职业性能力而言，社会性能力是关键能力；从学生就业后所需的能力而言，生存与发展能力成为最为基本、最为重要的能力，职业性能力则成为关键性能力。因此，学生在校学习阶段，学校应给予全面的知识与能力的教育，高等职业技术教育应在总体上实行理论教学与实践教学并重的教育原则。

能力的形成是长期训练与累积的结果。与知识的形成一样，能力的训练需有一个由浅入深、从易到难的过程。

职业性能力与社会性能力从表面看来相互独立，却又互为促进。当今世界没有很强职业性能力的人很难进入社会主流，也就无法获取和丰富其社会性能力。反之，只有很强社会性能力而无职业性能力的人，也只能游离在社会主流之外，失去了生存与发展的手段，恰似生活在空中楼阁，很不踏实。成功的能力形成过程应当是双元并存的，即职业性能力与社会性能力并举发展。

高等职业技术教育学生的实践能力形成可分为如下三个环节：

1. 社会性能力重点培养环节

高中毕业生进入大学的一年级阶段，普遍表现出社会能力较差，诸如，不习惯集体生活，喜欢个人独来独往；不习惯新的学习方法与规律，学习的自觉性较差；不习惯与人打交道，自我中心的思想行为比较突出；不习惯独立生活的校园环境，思念父母、家乡等。在这个时期，管理者除了引导学生上好课外，还需要适当的学生组织（包括各种社团）的建立和举行各种活动，丰富校园文化生活和第二课堂，使学生尽快融入温暖的集体，锻炼自己的社会认识能力、组织管理能力、自我表现能力、自我调整能力、独立思考和独立生活能力等。此外还要培养学生有规律的学习生活习惯和爱校、爱专业的感情。

2. 技术性能力重点培养环节

经过一年的大学生活，学生的情绪比较稳定了，学习状态有所好转，掌握了较多的文化知识和专业理论知识，学生普遍具有提高学习技能的欲望。这个阶段可持续一年至一年半左右，属于专业技能和其他相关能力重点培养环节。经过教学计划内技能训练，寒暑假的社会实践和各种技能竞赛活动，学生的专业性技能得到了较充分的训练，开始表现出专业能力，学生本身也开始感到自我的学习价值。

3. 综合能力形成和提高的重点培养环节

经过两年甚至稍长时间的社会性能力和专业性能力训练和理论知识学习，学生的思维能力和知识与技能运用能力有了明显提高，同时，他们已面临就业挑战，迫切需要加强综合能力，为应聘创造较为有利的条件，为就业的初期尽可能地缩小学校教育与实际社会职业需求之间的差距打下基础。为此，以不少于半年的时间实施综合能力的培养和提高是很有必要的，对学生将大有裨益。

参考文献：

1. 郑克才．论高职学生的素质结构及能力培养．山东行政学院山东省经济管理干部学院学报，2002，(02)．

2. 魏学元．职校学生生存能力培养的落脚点浅析．职业教育研究，2004，(12)．

3. 周慧．论高职学生信息素质的培养．辽宁高职学报，

2005，（06）．

4. 魏晓玲，姜志云．浅论对职校生创新精神和实践能力的培养．职教论坛，2005，（14）．

浅析云南少数民族职业教育

云南大学职业与继续教育学院　谢　思

摘　要：少数民族职业教育是现代教育的有机组成部分，《国务院关于大力发展职业教育的决定》的提出，就大力发展少数民族和民族地区职业教育提出了意见。云南作为少数民族众多的省份，各中、高等职业院校应结合实际，认真分析少数民族职业教育的发展历史和现实状况，提出新时期发展民族职业教育的主要意义及其对策。努力提高教育教学质量和办学水平，努力为国家培养更多的合格人才，真正把民族地区职业教育办成人民满意的教育，为民族地区的经济社会发展作出贡献。

关键词：少数民族　职业教育　发展

一、发展少数民族职业教育的重要性

我国是一个多民族的国家，云南省作为我国西南的一个省份，除汉族外，还居住着 25 个少数民族，约占云南人口的1/2。由于历史、社会和自然条件等原因，许多民族自治地区的农业生产还停留在推广普及一些初级实用技术和科普知识的阶段，甚至一些山区少数民族仍保留着原始的刀耕火种的生产方式，工业化、城市化程度低，教育基础设施比较落后，接受高等教育的比率较低。"民族地区发展少数民族和民族地区职业教育，是落实科教兴国战略和人才强国战略，解决民族地区'三农'问题、促进就业再就业的重大举措，对振兴民族地区经济，推动民族地区社会进步，统筹城乡、区域协调发展，维护社会安定团结和构建社会主义和谐社会都具有积极作用。要把发展职业教育作为构建现代教育体系的重要内容，作为培养高素质劳动者和技能型人才的根本途径，面向社会，面向市场，坚持以服务为宗旨，以就业为导向的办学方针，大力推进民族地区职业教育体制改革与创新。进一步深化教育教学改革，坚持多层次、多形式，以中等职业教育为重点，大力发展职业教育。"①

二、少数民族地区职业教育的发展历程

我国古代社会具有职业教育性质的教育活动主要通过学徒制和生产实践的方式进行，一直未形成正规的教育体制和教育形式。1913年，"中华民国"政府公布了《实业学校令》，标志着中国职业教育体制的确立。

清末和民国时期，中国职业教育较为落后，发展缓慢。少数民族地区由于历史、地理和社会形态等方面的原因，民族职业教育的发展更是落后甚至是空白。

新中国成立后，民族职业教育得到大力发展。1951年6月，教育部召开全国中等技术教育会议，提出了中等技术教育的基本方针和任务。之后，国家多次召开专门会议，制定和实施职业技术教育发展规划，并对旧中国遗留下来的民族技术学校进行了整顿和改革。"到1956年，全国中等技术学校中，少数民族在校生已达166万人，比1950年增长了25.2倍"。② 1958年，受"左"倾错误的影响，民族职业教育发展出现了盲目性，民族职业学校

---

① 国家民委、教育部. 关于大力发展少数民族和民族地区职业教育的意见. 2006年12月29日.

② 哈经雄，滕星. 民族教育学. 北京：教育科学出版社，2000.

迅猛增长，教育质量却无法保证，民族教育受到挫伤。以云南省为例，"1958年全省农业中学和职业中学达519所，1961至1963年间，为了贯彻'调整、巩固、充实、提高'的方针，国家对民族职业教育进行了调整和整顿，1963年云南省农业中学和职业中学减至53所"。①"文化大革命"期间，民族职业教育再次遭到严重破坏和摧残，民族职业中学有的被停办，有的被改为普通中学。

20世纪80年代以后，我国民族教育迅速得到了恢复和发展，民族职业教育再次受到重视。许多民族地区成立了中等教育结构改革领导小组，初步形成了以中等专业技术学校和职业中学为主的民族职业教育体系。进入20世纪90年代后，我国的政治、经济、社会、文化、教育等各方面取得了显著成就，民族职业教育也迎来了新的发展时期，取得了很大的成绩。但是，从民族职业教育所应承担的任务和所应起到的作用来看，仍面临着发展滞后、创新乏力的困难和问题。

三、云南少数民族地区教育的现状

现在云南少数民族贫困地区各乡镇的村里一般只有小学，要接受初、高中教育就不得到镇上，甚至县城里。由于家庭的贫困，家长没有更多的经济来支持子女到几十公里乃至几百公里以外的县城去读书。许多学生在受完九年义务教育后，大部分都回到了农村。少数民族地区的学生面临着一系列问题：第一，年龄小，大多数初中毕业生，年龄都在15～17周岁，还不能顶班参加农业生产劳动；第二，没有专业技术知识，靠初中三年学到的初浅的常识，在农村作用不大；第三，大部分民族地区位于自然条件恶劣的山区，人口的增加和耕地的减少使很多青年念完初中

---

① 云南省教育厅．云南教育50年．北京：教育科学出版社，2002.

就外出打工，但由于自身素质的局限只能做体力劳动，仍然无法改变生活的窘况。第四，即便有极少数大学生，都是通过贷款完成学业，贫困地区三个壮劳力一年的纯收入也供不起一个大学生，家庭因供子女上学而返贫。考不上大学的回乡后无论是务农还是打工，体力和适应能力还不如书念得比自己少的同龄人。第五，有的大学生毕业后找到了工作，收入也不错，但只是对家庭经济状况的改善起到一定作用，对家乡贫困面貌的改观却难有作为。譬如甘肃省会宁县不遗余力地发展教育，农家子弟为走出大山发奋读书蔚然成风，改革开放以来有600多人获得硕士、博士学位，在外工作，可是家乡依然是国家重点贫困县。上述情况使一些家长不愿让子女上学，一些适龄儿童、少年厌学、辍学，"读书无用论"再次蔓延。民族地区职业教育主要存在以下问题：

1. 基础薄弱，发展滞后

少数民族职业教育的基础薄弱，与其历史基础薄弱有关。民族教育中的职业技术教育发展历史较短，有的甚至是从空白起家，因此，其师资和基础设施的历史积累很少。由于民族地区教育本身的整体就不发达（相对落后于全国其他地区），职业教育又是其中极其薄弱的环节，加之发展职业教育不仅需要具备普通教育的基础条件，还需要一些普通教育所没有的特殊实施环境和设施，其投资成本比普通教育高。因为按需要，职业教育的师生比例比普通教育低，其教育设施的投资、消耗和维修却比普通教育高得多，使职业教育发展的基础与普通教育发展的基础形成较大反差。而且，职业教育昂贵的投资成本与少数民族地区经济的不发达状况也形成了巨大反差。由此造成职业技术教育经费不足、教学设施陈旧和师资严重短缺、质量普遍偏低等连锁反应。因此，职业教育的基础要相对薄弱得多。

长期以来，我们比较重视民族高等教育，却忽视了民族职业教育。全国中、高等教育结构中职业教育在校生所占的比例远远低于高等教育和普通教育。与发达国家相比，我国的职业教育起步较晚；而与全国职业教育相比，少数民族职业教育的起步更晚。从少数民族地区职业教育与经济发展关系来看，职业教育的发展跟不上经济发展的需要，少数民族职业教育所培养的人才远远满足不了经济建设的需要，发展滞后。

2. 经费短缺

长期以来，由于我国经济发展水平较低，人口负担过重，公共教育经费占国民生产总值和政府财政收入的比例一直偏低，因而造成的教育经费短缺一直是困扰教育发展的主要问题。尽管国家对于少数民族地区的教育投资，总的说来高于全国的平均水平，对于边远少数民族的教育投入高于一般民族地区。但是，由于少数民族地区自然、社会条件特殊，一般说来，发展同等程度的教育所需资金比内地要高得多。而在我国教育总投资短缺的状态下，少数民族职业教育发展必然受到国家投资总规模的限制，因而也就很难争取到较多的投资。经费的短缺成为影响少数民族职业教育发展的一个严重障碍。

3. 师资数量不足、质量不高

少数民族职业教育师资严重短缺，难以适应扩大教育规模的要求，且现任教师中"双师型"教师缺口较大，部分不发达地区职业院校教师的质量亟待提高。同时现有师资老化，专业结构不甚合理，教师继续深造和与发达地区交流的机会非常少。这些问题严重影响到少数民族职业教育教学质量的提高和小学规模的扩大。

此外，还存在着地方政府对少数民族职业教育的重要性认识不足、重视不够，职业教育的布点和专业设置缺乏统筹规划、结构单一、协调不够等问题。

四、发展少数民族地区职业教育的意义

职业教育直接关系经济发展和社会稳定。云南是一个多民族的省份，贫困民族地区很多，且情况复杂多样。要想发展云南经济，构建社会主义和谐社会，我们同时面临着机遇和挑战，巨大的市场需求、就业压力增大以及自治州、县少数民族干部、技术骨干的稀缺，使政府部门必须从战略高度认识职业教育的重要性，增加投入，提升职业教育水平。云南少数民族地区职业教育的重点应放在处理好初中毕业生的继续学习问题上。在这类地区，初中毕业生能进入普通高中的是少数，多数将准备就业。十五六岁的初中毕业生进入社会就业，在知识、技能、体能等方面都很欠缺，需要有职业学校来加以培养。职业教育虽不属义务教育，但对云南少数民族地区来说，应纳入扶贫开发中人力资源开发的工作范围，成为国家对这类地区进行人力资本投资的一个重要手段，并应对家庭贫困学生实行免费教育。对于这类地区来说，义务教育之后，如果没有职业教育接力，义务教育的成果难以巩固，效益也难以发挥。少数民族职业教育问题的解决无疑是加速云南各项工作发展的前提条件。

五、关于发展云南少数民族职业教育的几点建议

发展和改革少数民族职业教育，必须从少数民族地区的实际出发。要根据少数民族地区经济发展的特点和生产力水平的实际，以适度的发展速度和发展规模，确定具体的培养目标和专业。同时还要考虑到各少数民族地区经济资源的开发，不能囿于原来比较落后的生产力状况，要了解当地的地域、文化甚至宗教，结合实际考虑职业教育如何适应少数民族各地区的经济结构，再来开设相应专业以挖掘、开发当地的资源。

（1）地方政府应该提高认识，加大对民族地区职业教育的

经费投入。要从民族地区的实际出发，认真落实《决定》，多渠道筹措职业教育经费，改善民族地区职业教育办学条件，支持少数民族贫困地区职业学校改善实验实训条件。

（2）办学模式多样化。少数民族职业教育应当具有多种类型的灵活多样的办学模式。要根据少数民族地区的特点，结合其本地实际需要，不拘一格建立各种各样的职业技术学校和培训机构，以适应云南少数民族地区分布广、民族多、贫困闭塞的特点。既要设立三至四年制的正规中等专业学校，一至二年制的技术学校和职业学校，也可以进行几个月甚至几天的短期单项培训。职业技术学校教育不仅要与职业培训双管齐下，还要与其他教育相互沟通，协调发展。实行正规教育与部分时间制并举，以半工半读、半农半读、半牧半读、夜校、函授、电视教育、进修甚至帐篷学校、马背学校等各种灵活多样的方式进行教学和培训，以满足不同层次各类人员提高职业素质的需求。

（3）通过政府补贴、社会筹资等方式设立基金，给那些成绩优秀，希望继续深造的少数民族学生以资助，推荐他们到高等职业教育院校学习，培养一批少数民族技术骨干，带动民族地区职业教育的发展。

（4）根据少数民族地区的不同特点，开设特色职业课程，具有鲜明的针对性。在发展经济的同时，鼓励少数民族发展具有本民族特色的工艺。如：扎染、银器制作、风味美食、茶艺等，使民间工艺技术得以系统总结和发扬光大，并培养出本地区有特色的民间工艺发展项目所需要的各种人才。地区需要什么就开设什么，为地方经济发展服务，使各种各样的职业技术学校和培训班成为当地发展经济、开展多种经营、从事生产、进行技术革新的重要基地。

（5）要建立一些少数民族职业技术教育师范院校，培训合格教师。由于少数民族职业技术教育师资数量严重不足，急需补充，因此，可考虑建立一些民族职业教育师范类院校，面向少数民族学生招生，定向培养，定向分配，确保少数民族职业学校能够分配到合格的毕业生，增加新鲜血液。除了师范院校应当培养职业技术教育师资之外，还应广开师资渠道。比如，云南民族大学、民族地区的综合大学、民族地区的理工院校，均可开办职业技术教育师资班，培养少数民族职业技术教育师资。并可借鉴内地办民族班、办民族学校的经验，试行一批内地办的民族职业教育师资班和学校，培养更多的合格师资。另外，要充分利用少数民族地区社会各行业的专业技师和能工巧匠，增强少数民族职业技术教育的师资力量。同时，保证对少数民族地区职业学校的财政拨款或政策扶持，留住人才、师资。

综上所述，少数民族职业教育的改革和发展，不仅是关系到我省、我国整个教育改革的大事，而且也是关系到少数民族地区经济振兴和我国整个现代化进程的大事，是构建社会主义和谐社会的有力保障。努力提高教育教学质量和办学水平，努力为国家培养更多的合格人才，真正把民族地区职业教育办成人民满意的教育，为云南少数民族地区的经济社会发展作出贡献。

参考文献：

1. 国家民委、教育部. 关于大力发展少数民族和民族地区职业教育的意见. 2006 年 12 月 29 日.

2. 李怀宇. 我国民族职业教育发展初论. 云南大学高等教育研究院.

3. 顾美玲. 中国少数民族职业技术教育的现状及其改革设想.

4. 宋蜀华，陈克进. 中国民族概论. 北京：中央民族大学出版社，2001.

5. 庄孔韶. 人类学概论. 北京：中国人民大学出版社，2006.

当前少数民族职业教育发展的
几点思考

云南大学职业与继续教育学院　李家祥

　　职业教育是各类教育中同经济发展关系最直接、最密切的，它能有效地促进民族地区的经济改革，使传统农牧业、手工业向高产、优质、高效的方向发展，并根据当地自然资源优势，直接推进农牧科教的结合和先进技术的推广，针对市场需求，发展其他产业，有助于调整民族地区的产业结构。它能迅速提高劳动者的科技文化水平，提高劳动者的素质，把沉重的人口负担转变成高素质人力资源。大力发展职业教育对促进民族地区经济社会的又好又快的发展具有无可替代的深远意义。

一、当前民族职业教育发展的现状：机遇与挑战并存

1. 民族职业教育面临的发展机遇

　　（1）西部大开发。实施西部大开发，是党中央面对新世纪作出的重大战略决策，是全面推进我国社会主义现代化建设的重要步骤。要卓有成效地实施西部大开发战略，从根本上说，必须依靠科学技术的发展，依靠高素质的劳动者，依靠足够数量的人才。西部地区有优良的传统，有吃苦耐劳、朴实善良的人民，但同时教育程度比较低，有约39％的文盲半文盲。这与现代化建设的要求是很不适应的。因此要发展职业教育，提高劳动者的素质。在西部大开发的背景下，少数民族地区经济发展步伐加快，产业结构发生变化，新行业淘汰旧行业、新技术代替旧技术的速

度加快，劳动者跨行业流动增多，急需大量的技能型的劳动者加入到当地的经济建设中去。而且，技能型劳动者在企业中的待遇不断提高，在中东部，技能型劳动者的薪资超过本科生甚至某些研究生已不是什么新鲜事。职业教育的发展能够提供大量的初、中级实用型人才，改变我国技能型人才严重短缺的现状，职业教育的前景非常乐观。

（2）民族地区经济转型和产业结构调整对职业教育提出了新的人才培养要求。中国的经济发展已进入到了结构调整和产业升级的驱动阶段，需要大批各行各业人才，特别是需要大批高层次的应用型、技能型、操作型人才，职业教育在人才培养方面具有不可替代的作用。但目前我国职业教育所培养的人才无论是在数量上、层次上、类型上，还是在质量上都不能满足民族地区社会经济发展的需要。因此，迫切要求职业教育在人才培养模式上进行转变，满足经济发展对提高劳动者素质的要求。

（3）民族地区职业教育发展的需要。党和国家非常重视职业教育的发展，强调指出发展职业教育的重要性和发展职业教育的方针和措施。在党中央政策指引下，广大民族地区各级政府也不断加强对职业教育的重视。随着经济的持续发展和社会的进步，民族地区职业教育在政策和资金上受到扶持的力度加大，职业教育发展能力有所加强，但质量上却令人担忧：办学形式分散、混乱，导致了职教资源的浪费和低效，因此，职业教育本身提出了改革和发展的要求。

2. 民族职业教育发展存在的困难与问题

（1）教育经费、教学设施、师资力量严重不足。民族地区由于经济水平低、教育基础薄弱，职业教育的经费严重不足，普遍缺少基本的实习基地和实验设备。民族地区经济落后，生活水平低，教师待遇差，再加上人们在思想上对职业教育的轻视，职业学校师资队伍建设亟待加强。首先是老师数量不足，尤其是专业课和专业技能课教师更是奇缺。其次，教师队伍结构不合理，文化课和专业课、专业技能课教师比例失调。再次，职业学校教师素质低下。由于招不进、留不住人，一些有能力的教师纷纷离校，造成教师水平不高，严重束缚了民族地区职业教育的发展和改革。

（2）对民族职业教育研究宣传不够，使之缺乏理论支撑与应有的知名度。一是全国研究民族职业教育的机构和人员很少，二是宣传不够，使民族职业教育缺少知名度与吸引力，没有好的发展舆论环境。加之民族地区居民大多思想守旧，安守本业，缺乏开放进取的意识，更使民族职业教育的发展雪上加霜。

（3）生源危机，招生困难。不仅生源数量少，而且生源质量差。因高校和重点中学扩招，基础和素质相对较好的学生选择了上高中，到职业学校的学生不但文化基础差，各方面素质也较差，结果形成了因生源差导致就业难，因就业难导致生源差的恶性循环。加上一些学校采用不正当手段招生，造成了招生市场上的无序竞争，使民族职业教育更加处于被动。

（4）学校与社区发展实际严重脱离。由于民族职业教育的自我封闭，脱离当地的生产实际，更不能在当地经济发展中显示其独特作用。职业学校的课程、教材、目标，以及职业教育的思想和方法都与当地实际需要脱离，过分注重知识传授，忽略技能培训，使得职业学校与当地经济发展之间没有良好的互动关系。

二、促进民族职业教育发展的几点思考

（1）民族职业教育发展是一个系统工程，必须深深扎根于当地经济教育总体发展的基础之上。

职业教育生源从当地基础教育毕业生来，毕业生主要到当地就业，没有当地经济的发展，基础教育的跟进，形成职业教育与二者的良性互动，职业教育的发展很可能成为无源之水、无本之木而陷入僵局。民族地区很多地方存在经济发展制约教育，教育反过来制约经济发展的恶性循环。面对这样的棘手问题，我们不能无动于衷，坐、等、靠、要，必须积极地行动起来，改变现状。首先，要立足于自身，通过对民族地区职业教育内部体制的改革，集中利用好有限的教育资源，发挥中等职业教育的龙头作用，办好拳头专业，提高职教的集约化程度，推动当地经济的发展。同时，应积极引进投资，大力发展当地经济，加大对基础教育和中等职业教育的投资和管理，提高教育水平。另外，西部少数民族山区，多数环境条件差，经济基础薄弱，近年不可能有大量的资金来搞规模化的现代工农业。因此，西部地区的发展要不断加强自己的实力。对职业院校毕业的有专业技术的青年人应鼓励他们在当地就业，建设家园。各级政府应在经济上对其提供支持，政策上给予优惠。他们在当地从事经济开发，对前景较好的项目，政府应加以扶持。要让有知识、懂技术、积极开拓进取的年轻人去传播新观念、传授新技术，起到示范带头作用。这样，经过一段时期的努力，相信西部少数民族地区将越变越好，最终走向脱贫致富。

（2）政府应发挥引导作用，扮演重要角色。面对民族地区职业教育的重重困难和阻碍，各级政府应担起责任，有所作为。民族地区职业教育起步晚、发展慢，仍处于幼稚阶段，需要党和政府的关心呵护和大力扶持。一些地区的成功经验表明，政府在发展民族地区职业教育的进程中发挥了举足轻重、首当其冲的关键作用。各级政府特别是地级市政府要增强统筹规划，整合教育资源，协调职业教育发展，规范教育管理的职能。各级政府要克服困难加大财政投入。除了保持正常的教育经费投入外，还要调动社会各方力量和职业学校内部力量，鼓励学校开办校办企业和各种形式的联合办学，大力筹措资金，增强职业学校的办学能力。同时，各级政府要积极制定优惠政策，扶持职业教育的发展。民族自治地方各级政府要结合民族特点和区域特点，因地制宜，制定优惠政策。

（3）深化民族地区的教学改革。外因是条件，内因是根本，民族地区的职业教育要想获得各方认同，在当地经济建设中发挥应有的作用，必须进行内部的改革和建设。而内部的改革和建设主要是从改革教学内容、改变办学模式、加强学校基础建设等方面入手。

改变单一的办学模式，优化学校布局和专业结构。民族地区要积极探索民办、民办公助、股份制办学、合作办学等多种新型办学模式，鼓励包括行业、企业、社会团体及个人、国外组织在内的社会力量兴办或联合兴办职业学校，形成多元办学的格局。当前，民族地区职业学校的专业设置出现老化现象。在市场经济的新形势下，民族地区职业学校的专业设置必须立足实际，增强针对性和实用性，突出民族地区特色，所谓特色就是人无我有，人有我优，人优我特，设立那些在社会上声誉好、吸引力大、生源广、生命力强、得到社会认可和欢迎的专业。

民族职业教育应增强社会性合作、开发与服务。可以从以下几方面进行：与各行各业联合办学，开发社会经济发展所需的专业；与工厂、企业、专业户共同进行实际项目开发；就新技术、新材料、新产品、新装置或现有技术与产品的改进，向社会公众提供咨询、宣传、指导、情报、文献、培训等方面的服务；通过教学实践实习，开办示范性的农场、牧场和工厂，以促进科技在民族地区的应用推广。

（4）民族地区职业教育教师队伍的建设是关键。首先，加强民族地区职业教育师资队伍和职业教育管理干部队伍建设。制定优惠的政策，吸引和留住更多高水平的教师从事职业教育的教学和管理工作，使中等职业学校的师资基本达到任职资格标准，逐步建立一支专兼结合、数量丰富、素质优良、结构合理、相对稳定的"双师型"职业教育师资队伍和管理干部队伍。实行专兼结合、面向社会公开选聘职教教师的用人制度，把部分科技人员、能工巧匠充实到职教师资队伍中来。其次，注重教师的培养培训，分期分批将职业学校教师送到高等院校进修，或送到教师培训基地学习。教师在提高学历、学位的同时，开阔了视野，增长了见识，学到了新知识、新技能。聘请职教专家、农业技术专家、企业行业专家来校讲学，组织教师外出参观、考察、学习，为教师提供更多的学习机会。再次，提高职业学校教师的待遇。民族地区职业学校教师的待遇低，不仅仅是工资收入低，而且更为重要的是社会地位低，发展机会少，孩子就学难，住房条件较差。

（5）发展少数民族职业教育，必须结合不同的区域经济特征进行。只有这样，形成和发展适合不同区域经济的少数民族经济文化，才能使民族教育与民族经济发展形成良性循环。克服发展模式单一化倾向，使其真正成为促进民族地区经济繁荣和社会发展的有效途径。职业教育渗透到社会发展的各个领域，学做合一，把产教紧密结合起来，为社会需要而学，学习社会需要的东西。只有紧紧围绕当地的实际需要，确定和办好与当地支柱产业相适应的、具有鲜明地方特色的专业，才能使职业教育真正为当地经济发展服务，也才能提高毕业生在人才市场上的竞争力。

（6）充分利用现代远程教育分享优质教育资源。我国广大民族地区地广人稀，交通不发达，人员流动困难，教学设施、师资力量严重缺乏，必须大力实施现代远程教育工程，运用信息化的先进教育手段，把优秀的教育资源送到偏远农村、山区学校，使最好的教育资源得到共享，发挥最大的效力，这是弥补民族地区职业教育人才匮乏的有效手段。

高职高专的困境与企业协作办学

云南大学职业与继续教育学院　杨勤勇

为了适应 21 世纪经济现代化和高等教育大众化的需要，最近几年在全国兴起了对原有职业大学、专科学校和独立设置的成人高校进行改革、改组和改制，对重点中专通过转制作为补充（即"三改一补"），以及普通高校办职业技术学院的热潮，使高等职业（技术）学院和高等专科学校（简称"高职高专"）的数量和规模都得到了迅速扩张。高职高专主要招收普通高中毕业生及中等职业学校毕业生，学制两年或三年，培养经济建设所需的中、高级专业技术和管理人才，强调的是应用型、工艺型人才的培养，在发展高等教育，促进就业方面作出了重要贡献。

在贡献的同时，我们也应该看到，一些源于三改的学校在师范、财经、政法、管理等专业所占比重较大，工程技术类专业和学生人数较少，与社会的人才需求结构极大不适；一些学校则在办学实践中仍沿用中专的一些做法，办成"扩大后中专"，办学层次没有实质性提升；普通高校兴办的职业技术学院，虽然有高水平的教师队伍和先进的科研设备作后盾，但往往产生重学术轻技术的倾向。不改变这种现象就办不出高职特色和专科特色，难以实现学校的办学目标，适应不了经济社会发展的要求，适应不了就业的要求。

一

造成这种现象的原因有处于主导地位的教育思想的影响，学校历史机缘、教学设施、师资力量和与社会脱节等因素。在当前的教育理念中，恐怕还没有哪种理念像素质教育这样受到人们如此的推崇，似乎一谈教育，就得研究和强调素质教育，否则就成了一种过时落后的观念。职业技术教育研究中重视素质教育没有错，但是，由于深受通识教育中的素质教育观念的影响，常常向学生开出庞大的、系列化的书本清单，专业建设、学科建设也是在围绕着书本转，由此指向的教育目标所涉及的知识范畴和能力要求，可能是一个人一生所要追求的目标与境界，使能力为本的职业教育理念受到了挑战，偏离了职业技术的主方向，偏离了在实践能力上达到高级工或中级工的目标。对来源于三改一补的高职高专学校来说，这种偏离迎合了它们设施缺乏、实践训练基地不足，只好转移方向的不得已境况，又迎合了它们中某种求高求大，甚至"升本"的狂想；对普通高校兴办的职业技术学院来说，这种偏离更加接近普通高校，减少了相应软硬件的人力物力投入。这样避难就易的思想最终将导致其他各项工作的偏离，造成毕业生既没有普通高校毕业生的学识优势，又不具备明显的职业技术专长，在就业竞争中处于劣势的尴尬境地。

从办学的硬件条件来看，高职高专学校都不同程度存在着设备陈旧不足、校舍拥挤、图书资料缺乏、实训基地缺失、以大企业作为实训教学主战场的联合办学方式难以建立等问题。学校经常把解决这些问题的困难归结在经费紧张的原因上，于是，筹措经费成了开展工作的中心。学校的经费来源主要是国家财政拨款和学费收入。在国家财政拨款有限且不可能在近期大幅增长，学费收缴标准由物价部门严格控制的情况下，学校只得拼命地扩大学生基数，增加学费总量，增加积累总量，进行逐步投资，改善办学条件。然而，这样的积累投资方式发展缓慢，其扩大学生基数的做法更加剧了学生人均占有办学设施的矛盾，使硬件条件更显不足，形成了恶性循环，愈加无法保证办出高职高专的特色来。

从师资队伍方面看，高职高专学校的教师大部分都是母体学校的原班人马，硕士以上学历和副高以上职称的教师严重不足。如果靠人才引进进行师资改善，则学校硬件条件有限，缺乏引进高学历、高职称教师的吸引力，一时难以取得成效。如果靠提升现有教师队伍的水平来解决问题也面临困难：因为在校学生和班级数量的急剧增长，教学任务大大加重，许多教师都在超负荷工作，业余加强自我修养、自我提高的时间和精力被挤占一空。在此情况下，就更谈不上学校安排教师轮流离岗到培养职教教师的普通高校去进修提高了。

更为严重的是师资结构问题。高职高专学校的教师多为单一学术型，技术技能指导教师严重缺乏，"双师型"教师更加缺乏，形成了一方面某些基础课教师相对过剩，另一方面影响学校发展的专业课教师十分紧缺的局面。大量具有实际操作能力和指导能力的高水平的技术技能型教师是职教办出特色、提高教学水平和毕业生竞争能力的根本和保障，不解决师资结构问题就难以解决办出高职高专特色的问题，也难以解决其他方面的问题。

从社会需求方面看，高职高专教育发展缓慢，供给总量和质量与社会需求存在着较大差距，但毕业生的就业状况却不是那么看好。高职高专教育在教学内容、教学方法等方面知识老化、方法陈旧落后、理论和实践相脱节。在教学上更多地沿袭着学历教育的教学方法，对高职高专教育所界定的"技术应用"为主，理论上"必需、够用"的原则实际执行力度不够。课程设置多理论少实践，教材多年一贯制，而且对实践技能培养的要求较弱。任课教师对生产、社会实际了解不多，缺乏技术实践的背景和教学经验等。这种状况直接造成了学生所学所得难以适应社会经济发展的需要，在就业时遭遇困难，也反过来影响了学校的声誉和进一步发展。

二

从以上几方面存在的问题来看，师资队伍问题的解决至关重要，起着突破口的作用，直接影响着办学理念的形成和坚持、办学特色的突出、办学模式的转换和办学条件的改善。

当前，高职高专的师资大部分都是转制前的教师，相对新的高职高专的较高要求来说，他们的教学和科研能力显得较弱，难以适应学校新阶段发展的需要。而且，学校教学任务不断加重，要靠他们的艰苦努力才能完成，挤压着他们在岗业余自我提高的时间和离岗进修提高的机会。增加现有教师队伍的数量，减轻教师严重超负荷的教学任务，让教师能多挤出一点时间，多有一点机会继续学习和提高，已经势在必行。然而，由于各种条件的限制，新增教师的数量不可能很多，必须下大力气、少而精地引进既能带动教学科研又能改善学科结构的高学历、高职称人才。对现有教师的在岗自我提高实施鼓励政策和奖励措施，选拔少量教师短期离岗或在假期去接受高级培训，多头并进培养教师队伍。

困扰师资队伍的另一个难题是，实践训练教师短缺。这种短缺是全社会性的。普通高校不再像原先那样，有自己的校办工厂和农场，也很少建立与有条件的企业的教学联合关系，其教学科研的主战场转入了理论领域，对培养实践训练人才的关心甚少。而普通高校以外的各层次的职业技术学校和专科学校的实践训练教师也因类似的原因而难以成长起来。因此，解决实践训练教师短缺的问题必须另辟蹊径，要到有实力和条件的企业或企业集团中，调查企业对技术人才的实际要求及对学校所抱的期望，去交流学校能提供的服务和满足企业愿望和要求的人才培养中面临的一些难题，商谈学生到企业参加生产实践的具体事项，探讨与企业互利合作的可行性，建立协作办学关系。协作关系一旦建立，就打破唯职称唯学历而论的框框，聘请企业中在职在岗的有丰富实践经验的技术员和工程师为兼职（或专职）实训教师，发挥他们的特长，并对做出突出实训指导成绩者像奖励校内教师一样给予表彰奖励，真正建立起一支长期稳定的实训教师队伍，实现师资队伍建设模式的转变，从根本上解决当前实践训练教师短缺的矛盾。

事实上，在这样解决师资队伍问题时，我们是在仿效德国成功地面向企业、面向实践，采取"双元制"的办学体系和教学模式。"双元制"是企业参与到办学活动中来，学校与企业之间在教学内容和实训内容方面协调合作，增加实践训练学时，延长实践训练周期，强调理论与实践相结合，强化实际动手能力，培养切合企业实际需要的人才的办学模式。在企业的实训中，学生作为工程师或技术员的助手，需要学会使用各种辅助工具和操作各种生产设备，需要运用所学理论知识和系统分析方法，对生产中出现的问题作出判断，加以解决。除技术实践之外，学生还将通过亲身体验，学习了解企业的生产经营流程，学习企业领域的广泛联系和交往经验，在企业的团队的生产活动中培养组织方面的能力，提高综合职业能力，为就业做好充分的准备。

学生到企业跟工程师或技术员进行实践训练，也是恢复和发展我国在20世纪六、七十年代成功实施的学徒制，很容易为社会所接受。那时的学徒制只是社会用人制度的一部分，主要是工人子弟接班和计划安排的新增就业人员的岗前培训，没有一定的准入标准，也没有明确的学习内容（尤其是专业基础理论），不属于人力资源开发的手段。但是，尽管有着这样那样的局限性和缺陷，学徒制确实在当时使新的产业工人很快掌握特定工作岗位的必要技能，发挥着其他模式难以替代的作用。今天的学徒制，是沿用了在实践训练中培养实际工作能力的路线，但学员入门时已经达到了具备接受高等教育的资质，学习方式从简单的实践训练转变为理论学习与实践训练交替进行，学习地点从单一的车间转变为车间与课堂相结合，培养的目标已不是简单的技能型操作人员，而是具有实践经验的高级技术人才、高级专门人才及中高级管理人才。

三

通过高职高专学校建立与企业的协作办学关系，可以有效地促进学校走出片面追求理论素质教育的职教误区，回归到以能力为本的教育理念上来；有助于聘请到学校急需的实践指导教师，改善师资结构；有助于建立学校的实践训练基地，改善办学条件。最为重要的是，缓解了学校经费不足。教学设施投入乏力，学校短期发展与长期发展的矛盾，同时还加强了与社会的联系，使毕业生更加适应社会的需要，增加就业机会。

参考文献：

1. 毕结礼．终身职业培训体系建设．北京：中国物资出版社，2003．

2. 李建中．国际职业教育发展现状、趋势及中国职业教育的基本对策．外国教育资料，2000，（6）．

3. 于法鸣．建立市场导向就业机制．北京：中国劳动社会保障出版社，2001．

4. 闵维方，等．教育经济学国际百科全书．北京：高等教育出版社，2000．

国外高等职业教育比较研究[①]

云南大学职业与继续教育学院　杨明光

摘　要：本文回顾了国内外颇有特色的高等职业教育，对高等职业教育的优势与缺失、培养模式和管理模式进行了比较和分析。本研究可为从源头上解决中国高等职业教育的现实问题提供更多的实证依据，也可为今后的研究提供借鉴。

关键词：高等职业教育　多元化　培养模式

高等职业教育在中国有较大规模的开展始于 1999 年。1999 年《中共中央国务院关于深化教育改革全面推进素质教育的决定》提出："高等职业教育是高等教育的重要组成部分，要大力发展高等职业教育。"1999—2002 年，中国高等职业学校从 161 所激增为 548 所，每年的招生数量也从 398 万人提高到 781 万人。高等职业教育的发展为中国高等教育从精英阶段迅速跃升至大众化阶段提供了巨大的支持。在规模扩展的同时，中国高等职业教育也面临着诸多问题：学校与劳动力市场之间严重脱节，课程设置没有形成体系和特色，导致高等职业学校的毕业生在劳动力市场中没有可比优势，毕业生的一次就业率也大大低于普通公

---

① 基金项目：全国教育科学"十五"规划重点课题——中职教师在职攻读硕士学位的制度设计与实施研究（DJA050161）（主持人：周明星），为子课题：《中职教师在职攻读硕士学位培养模式多元化研究》的研究成果之一。

立大学毕业生。这些问题使得高等职业学校在社会中的认同度降低，在一定程度上影响了高等职业学校的持续健康发展，也对中国整个高等教育的健康发展提出了挑战。于是，很多研究者或政策制定者，纷纷把目光投向世界上发达国家和其他发展中国家的高等职业教育发展的历史与现状，以期借他山之石，探讨和解决中国高等职业教育发展面临的问题。

从20世纪中叶开始，人们普遍相信职业教育能够给学生提供更广阔的就业选择，使他们的就业期望更加实际，有助于解决年轻人的失业问题。在这样的共识下，不少国家的政府机构都大力倡导与发展职业教育。值得注意的是，在发展中国家推广职业教育的过程中，一些跨国性的非政府机构也扮演了重要的角色。在这样的背景下，职业教育得到大规模发展。然而，在大规模发展的同时，一些问题也在各发展中国家和地区逐渐显现。例如，一些正规学校并不了解有关职业的实际状况和技术需要，由于职业教育成本高，学校难以有足够的资源来设计经济部门需要的课程，所以职业训练不能很好配合科学技术急速发展的需要，毕业生的职业素养与工作场所的要求不吻合，很多接受职业教育培训的毕业生并不在本行业就业，发展前途远不及接受普通教育的毕业生，职业教育较之普通教育经常被社会视为次等教育。上述问题也正是中国职业教育目前所遇到的问题。提高高等职业学校教师素质，让其在职攻读硕士学位，是加强我国职教师资队伍建设、培养跨世纪专业带头人的有效途径。学习并借鉴国外职业教育的办学经验，有助于我们开发研究多元化的高职教师培养模式。

一、国外高等职业教育的历史回顾与经验总结

一般认为，20世纪50年代各发达国家相继建立和发展了高等职业教育这一教育层面，对各国的经济发展起到了极大的推动

作用。而高等职业教育出现的主要原因是第三产业的发展、高新技术的广泛应用以及原有职业岗位技术含量和智能要求的提高等。1976 年联合国教科文组织颁布的《国际教育标准分类》及其以后的修订中对于高等职业教育的定位被看做是高等职业教育地位确认的标志。

在已有研究中，英、美、德和日本的高等职业教育历史被视为最具代表性，高等职业教育相关的经验总结也都是依据这些国家高等职业教育的特点概括而得的，主要体现在以下几个方面：

（1）通过有关立法促进职业教育的发展。美国在不同时期根据其社会经济发展和各方面的要求，适时制定法律、法规，并运用立法手段确保了高等职业教育的不断发展壮大。如 1862 年颁布第一部高等职业教育法案《毛雷尔（Morill）法案》，1963 年 2 月颁布《职业教育法》，1965 年又颁布《高等教育法》。而日本则颁布了《学校教育法》、《社会教育法》和《职业训练法》等。政府一方面加强对高等职业教育的宏观管理和指导，另一方面也给予经济资助。例如，规定除大企业外，凡中小型企业兴建培训设施，经认定以后，劳动省可拨补助费 1/2，都道府再拨款 1/3。德国被誉为当今世界教育与职业培训的典范，它建立了严格的职业技术培训制度，同时通过立法给企业规定了相应的责任和义务。例如，"双元制"职业教育实际上就是企业与国家共同对社会职业教育负责的形式。

（2）推行职业资格制度。发达国家推动高等职业教育和培训的一项主要政策，就是国家全面推行职业资格制度，建立职业资格体系。例如，英国自 1980 年以来，为改变重学术轻技术、重学位轻职业资格的传统观念所导致的毕业生职业素质下降问题，决定在全英加强职业技术教育，并实施"现代授徒计划"，包括实行统一的"国家专业证书"和"普通国家专业证书"制度。

（3）社会化综合模式。社会化综合模式是一种由学校、企业、地区政府、团体以及私人广泛参与的职教形式。其办学形式多种多样，参与者在职能上既分工又合作，资源充分共享，办学形式灵活多样，包括全日制、半日制、定时制、函授、电视、计算机终端、正规教育与非正规教育等。如日本的筑波科学城，就是围绕着筑波大学建立起来的一个巨型的教学、科研、生产联合体，是一个拥有 52 个科研、教育单位、30 家大技术公司的"科学城"；英国也以大学为中心，在苏格兰中部建立了"硅谷"，集中了计算机、集成电路、电脑软件等方面的 270 家公司。

（4）高等职业教育融于社区经济发展。经济和社会的发展既是高等职业教育的直接诱因，又是高等职业教育的目标指向。在保持职业性、应用性等根本特色的前提下，各国高等职业教育大都面向社区，为当地经济发展服务。如加拿大的高等职业学院最大的特点就是把自身融于社区经济发展，成为社区的一个不可分割的重要部分。学校与社区内的企业结成了密不可分的伙伴关系，学院以为社区培养人才为己任，社区各企业也以参与办学为荣。

（5）在培养目标上强调"职业性"与"实用性"并进。美国是高等教育最为发达的国家之一，但是美国并未把兴办"研究"型的大学作为唯一的追求，教育的实用性和"功利性"通过职业教育得到了充分体现。而德国采用"双元制"培训模式，也是学用并重，即学生部分时间在职业学校里上课进行理论知识培训，部分时间在企业从事实际生产劳动进行实践培训。

（6）重视职业指导与职业培训。近几年参加 OECD（Organization for Economic Cooperation and Development 经济合作与发展组织）的国家的教育界都非常重视市场机制下高等职业教育的职业指导与职业咨询，各国政府采取了许多有效措施。如通过立法规定职业指导的目标，提供服务的范围和保证一定的资金投入，并授权有关当局搜集、整理和发布劳动市场的信息；在课程建设方面，为职业指导课程和服务提供资金支持，开发职业指导的教材，并建议为所有学生开设职业指导课程等。

二、国外高等职业教育比较

国外高等职业教育着重介绍美国、德国、日本、英国和澳大利亚的高等职业教育。此外，对新加坡、韩国与中国台湾这些国家和地区的高等职业教育也有所关注。

德国的职业教育特色明显，被许多研究所关注。相关的研究涉及了德国"双元制"的培养方式、法制建设和师资培训等，有些研究还结合具体的案例进行分析（如奔驰公司的培训体系），并从中得出对中国职业教育的启示：促进产学结合，加强法制建设，构建立交桥式的教育体系和加强高职师资培训。同时对"双元制"培养方式的发展方向进行了介绍：由中等职业教育扩展到高等职业教育，教学内容调整为注重对学生再学习能力的培养等。

美国的社区学院对于美国高等教育的大众化具有重要意义，而高等职业教育是社区学院的主要职责之一，有研究考察报告对社区学院的历史、管理体制、财政制度、课程设置和师生情况进行了详细的介绍。另外一些研究则对比美国社区学院和中国的高等职业教育，认为社区学院立足和服务社区，根据市场和学生需求提供多种灵活培训的经验对中国的高等职业教育具有借鉴意义，可以考虑在中国建立社区职业教育学院，以服务社区发展，承担再就业培训等职能。

加拿大的高等职业教育也得到了关注，它的特色被概括为融入社区经济发展、学院拥有较大的办学自主权、强调能力培养、多元筹资和建立专业特色优势等。对澳大利亚的高等职业教育进行的比较研究，主要通过对澳大利亚和中国高等职业教育的生源、去向、教师素质及教学技术与方法的比较，分析中国在此类教育教学中的薄弱环节，提出了解决中国高等职业教育师资建设的有效途径，该研究对于澳大利亚强调实践的教学法也进行了评述。

三、高等职业教育的办学模式比较

办学模式在这里是一个比较宽泛的概念，主要指人才培养目标、教学模式、课程模式、师资培训和办学形式等，涉及的是高等职业教育的微观层面。在这方面的研究中，有的对发达国家的高等职业教育模式进行了区分，并针对每种模式进行分析。如美国的"合作教育"、德国的"双元制"、英国的"三明治"（工读交替）和日本的"产学结合"，此外还有前苏联的"基地企业模式"。通过对这几种模式的分析和比较，提出了公立为主体、突出特色和强调实践性的借鉴意义。更多的研究则是从以下几个方面展开的：

1. 人才培养目标

美国的高等职业教育根据不同的需求进行定位，分为 2 年制和 4 年制，前者授予副学士学位，后者授予学士学位。《美国国防教育法》对前者的定位为"培养学生将来在需要懂得并运用工程、科学或数学的基本原理和知识的工程、科学或其他的技术领域中当技术员或从事半职业性工作"。后者由工业大学中的技术学院承担，前两年完成副学士学位课程，此时也可参加工作，如果要继续深造，那么再继续两年的学习以获得学士学位。英国的高等职业教育培养目标则是技术工程师。法国的培养目标是"为工业、商业以及应用科学部门培养既有一定理论基础，又有较强实践能力的高级技术员"。日本《教育法》规定高等职业教育的培养目标是"深入教授专门的学艺、培养职业所必需的能力"。德国的培养目标是能将设计变成现实产品、长于实践、能动手解决实际问题的"桥梁型"工程师和善于管理的"企业型"工程师。澳大利亚则是既培养以动手能力见长的技能型人才，也培养高级技术应用型人才和管理人才。

中国台湾的高等职业教育分为三个层次，每个层次的培养目标也存在差别，其中专科层次的目标为培养技术员、领班、工程师助理和技术助理等，本科层次培养学生成为各行各业的技术师层次的人员，研究生层次则培养学生成为各行各业中的技术师长、正技术师等层次人才。

通过上述的比较可以看出，发达国家和地区高等职业教育的人才培养目标主要是为生产一线或工作现场培训技术型的人才，即能将设计、规划等转化为现实产品或其他物质形态的劳动者，而培养层次可以有大学专科、本科和研究生三个层次，但主要以专科层次为主。

2. 教学模式

在教学模式上，主要有以下几种：（1）加拿大的 CBE（Competence Based Education）模式，它强调职业或岗位所需能力的确定、学习和运用，以达到某种职业从业能力的要求为教学目标。课程内容以职业分析为基础，重视及时反馈，重视学生自学能力的培养，强调个别化教学，以学生为中心进行教学。（2）德国的"双元制"模式，主要指教学活动的一元在职业学校里实施，另一元在企业实施，在教学上分为理论教学和企业实训两部分，实训教学采取准备、讲解、模范和巩固"四阶段教学法"。（3）就业技能模块教学法（MES），这是国际劳工组织开发出来的以现场教学为主、以技能训练为核心的教学模式。它将某一职业分别列出若干单项能力，以单项能力作为模块进行培训，以不同的模块组织适应不同要求的培训计划，主要适合于培养技术工人。

3. 专业课程模式

美国高等职业教育的专业涉及面广,第一产业、第二产业、第三产业均有涉及。专业设置的口径宽窄并存,口径较宽的专业包括自动化技术、机械技术、核技术、农业技术等;口径较窄的专业包括会计技术、照相技术、秘书技术、牙科护理技术等。许多专业的职业针对性十分明确。如航空与飞行技术、数据处理设备的维修技术、消防技术、国家行政与管理技术等。英国高等职业教育专业设置的特点是遍及三个产业,但专业种类较少;专业口径虽宽窄并存,但以宽口径专业为主,大多数专业的职业针对性不鲜明。法国短期技术学院专业设置面较宽,数量不多,基本按学科设置,共18个,其中工业类10个,第三产业类8个。法国短期技术学院专业设置的最大特点是,既有较稳定的宽口径专业领域,又有视社会需求而定的针对性较强的专门化领域。但是,即使在专门化领域,其职业岗位针对性也不鲜明,往往是针对一个相近的职业岗位群。德国高等职业教育专业设置的特点是专业种类较多,涉及三个产业部门;专业口径以宽为主,如自动化技术、能源技术等,也有少数窄口径专业,如照相、税收、保险、饮料制作等。在宽口径专业下,一般设有几个专门化领域,如纺织与服装专业可分为一般技术、精制技术、纺织构造、一般制衣技术、服装加工、服装构造等专门化领域。

针对上述国家高等职业教育专业设置的特点,有研究指出,中国高等职业教育的专业目前存在的主要问题有:一些专业师资和教学条件不足,专业名称按普通高校本科专业目录确定,造成高等职业教育专业特色不突出。

在课程方面,就理论上而言,课程模式有行业单元型、职业集群型、阶梯训练型、职业发展型、概念统整型和综合型五种。就具体的国家而言,德国由于采取了"双元制",由企业和学校共同开发课程,共同完成教学任务,因此,其课程与工作的匹配程度很高。尽管如此，在课程的理论深度方面，德国高等职业教育却很重视基础理论的学习，职业学院的科学基础课程和专业基础课程的课时，分别要占总课时的15%和35%。英国通过推行"国家职业资格证书"，使课程内容与工作要求的结合达到了较高水平。受传统学术教育的影响，英国高等职业教育很重视基础理论的教学，特别是随着高等职业教育机构的普遍升级，理论深度有进一步加强的趋势。美国社区学院的课程结构主要包括：学术教育课程、职业技术教育课程、继续教育课程、补救教育课程、社区教育课程，它们与工作的匹配程度相对较低。如有些学院开设与工作没有直接联系的人文学科和社会学科，这反映出美国高等职业教育中更重视人的全面发展，并且在课程理论深度方面，其对于基础理论的要求也不高，主要根据专业能力形成的需要开设理论课程。日本的课程十分重视应用技术、技能的培养，强调实用性，课程与工作的匹配程度较高，课程的理论深度则不是很高。法国的高等职业课程由于学制只有两年，因此非常强调基础理论教学，第一年一般以所有学生共同学习的基础知识为主，采取的是准备型的课程模式。而与上述国家的课程设置相比，中国的高等职业学校很多将学术性大学的办学经验直接移植到高等职业教育中来，使得课程与工作的匹配程度很低，理论与实践脱节比较严重。

4. 师资培训

法国职业学校中指导学生实践操作的教师，大多来自职业部门。日本在二战后规定所有教师由大学培养，并设立职业训练大学培养职业训练员。美国的教师采取公开招聘制度，社区学院教师分为专职教师和兼职教师两种，其中各学院专职教师占35%到50%不等；而兼职教师是从全国范围内招聘而来。聘任兼职教师是应对专业门类多、更新快的有效措施。社区学院通过招聘兼职教师，一方面降低了办学成本，另一方面获得了大量的劳动力市场上的信息。值得突出说明的是，德国对教师培训，也具有鲜明的"双元制"特点，将培养目标定位为"双师型"（"教师"和"工程师"），即把职业综合能力的培养始终渗透到专业技能知识和教学技能知识的传授过程中。

四、高等职业教育发展中的管理问题

在高等职业教育的管理上，众多研究都探讨了政府、社会和市场在其中的作用。有人研究考察了澳大利亚的高等职业教育管理方式，对其机构设置、经费管理、教学管理和师资管理进行了分析，认为它们体现出市场化运作、政府职能明确和行业参与的特点，并进而提出中国应借鉴其经验规范办学体制，严格评估高等职业学校的质量，并建立相应的中介机构。

还有的研究考察了美国的高等教育认证制度，指出非政府性的、中介性的评估机制和机构所从事的认证标准，促进了美国高等教育的发展。该研究也指出中国应该借鉴美国的认证制度，建立高等职业教育的认证机构，定期开展对高等职业院校新办专业、办学条件的评估，对重点学科、重点实训车间建设的评估，对社会服务的评估等，同时应该促进高等职业院校与劳动力市场之间的信息交流，以培养个性鲜明、充满活力与创新思维的生产一线技术人才。

在课程管理方面，一些研究指出，从美国、日本、英国、加拿大、德国、法国等发达国家来看，宽口径、厚基础、重应用已经成为国际高等职业教育的特色，这使得高等职业教育的课程管理呈现如下的特点：注重课程改革，各国普遍加强基础课程、跨学科课程和选修课程，确立课程选修制度，注重课程建设的国际化。研究也指出中国应该借鉴国际经验，尤其应加强课程选修制度。

教师管理是高等职业教育管理研究中另外一个关注点，有人

研究考察了美国和德国的教师聘任与管理制度，指出美国完善的聘用、晋升、业务提高保障以及激励制度，还有德国的严格选拔制度，都是中国高等职业教育师资管理中值得借鉴的方面，并提出引进竞争机制、加强教师评估和完善激励机制的建议。

五、目前研究的成果与不足

上述四个方面的研究成果比较集中地反映了目前国内对高等职业教育的发展与国际比较的研究概况。但是显而易见，这四个方面都是关注于高等职业教育本身，却几乎没有涉及与高等职业教育密切相关的劳动力市场的情况。然而，目前国际上对于职业教育研究的主流观点认为"职业教育本身无法改变劳动市场的结构性问题"，即高等职业教育出现的问题，并不能单单通过高等职业教育本身的改进而得到很好的解决。

虽然中国目前劳动力市场的竞争程度已经越来越高，然而不可否认的是，一些计划经济时代遗留下来的劳动、人事制度，使得就业状态、薪金水平并不能完全反映劳动者的劳动生产率，甚至会发生较大的扭曲。诸如劳动、人事等方面的制度安排不利于高职毕业生，那么即使我们能够学习发达国家的高等职业教育的先进经验，努力提高高等职业教育的教学质量，却仍不能解决我国高等职业教育目前面临的毕业生就业难等一系列问题。因此，在国际比较研究中加强关注、考察世界各国、各地区在协调高等职业教育与劳动力市场之间关系的制度安排和可行性政策，可能有助于真正从源头上解决中国高等职业教育的现实问题。

此外，职业教育在发展中国家的成本通常是高于普通教育的。尽管如此，世界范围内依然重视职业教育，因为人们期望通过职业教育培养未来的劳动者具备与生产有关的专门技能以减少失业，提高企业的生产率。也就是说，人们期望对职业教育投资的经济回报将最终超越它的成本。可见，发展职业教育最明确的目的是与经济有关的。

尽管目前高等职业教育最为严峻的问题是毕业生的就业问题，但是从长远看，在未来一段时间内，伴随经济社会对高级职业技术人才需求的扩大，高等职业教育必然随着中国高等教育的发展而加快规模扩展。规模扩展需要大量合格的、高素质的高中职教师。尤其是中职教师在职攻读硕士学位将成必然，如何多元化、多渠道培养中职教师已成迫在眉睫的问题。因此，我们很有必要来做中职教师在职攻读硕士学位多元化培养模式的研究。相关的学者、综合大学、研究机构以及政府机构，有必要未雨绸缪，为中国的高等职业教育可持续发展，培养高学历、合格的中职教师提供多元化的培养模式。

参考文献：

1. U. S. Department of Education Office of Educational Research and Improvement NCES 2000 – 029. "Vocational Education in the United States: Toward the Year 2000", February 2000.

2. Korea Education & Research Information Service. "Adapting Education to the Information Age", Ministry of Education & Human Resources Development.

3. Middlelon J. "Changing Patterns of World Bank Investments in Vocational Education Schools", *International Journal of Education Development*. 1988, 8 (3): 213 –225.

4. Lillis K, Hogan D. "Dilemmas of Diversification: Problems Associated with Vocational Education in Developing Countries", *Comparative Education*. 198319 (1): 89 –108.

5. 郭健. "国际职业教育中值得借鉴的特色教育". 中国高职高专教育网.

6. 杨明光. 美国成人教育办学特点及经验借鉴. 中国成人

教育，2004，（1）.

7. 郭健，张建党.美国职业教育发展的特点和启示.中国职业技术教育，2004，（29）.

8. 郭扬."什么是高等职业教育？".高中后教育与人力资源开发.1999，（1）.

9. 杨群祥."德国职业教育技能培养模式及启示".职教论坛.2002，（15）.

10. 杨静萍.美国社区教育与中国职业教育比较浅探.山西教育学院学报，2000（3）：28-29.

11. 王明伦.高等职业技术教育人才培养模式的国际比较.河南职业技术师范学院学报（职业教育版），2002，（2）.

12. 颜明忠，张建荣，等.从国际比较视角看"双师型"职教师资培养.职业技术教育（教科版），2002，（19）.

职业技能资料库建设浅析

职业与继续教育学院 李继东

摘　要："以就业为导向，以促进就业为目标"作为办学指导思想，这已经在各高等职业技术学院中达成共识。在此指导思想之下，把教育教学，加强实践教学和培养学生就业能力联系起来，使学生获得相关专业的职业技能就尤为关键。本文针对高等职业技术学院办学中存在的实际问题，即有限的办学资源与不断发展的市场对技能型人才的需求之间的矛盾，提出建立职业技能资料库的方法，尝试解决这一问题。

关键词：高等职业技术教育　职业技能资料库　计算机网络技能

高等职业技术教育是经济发展到一定水平后的产物，它的兴起、发展与规模必然与一个国家的经济发展水平密切相关。高等职业技术教育以培养高等技术应用型人才为根本任务，是我国高等教育的重要组成部分。高等职业技术教育如何使学生获得相关专业的职业技能，是我国高职教育发展中出现的最大问题，也是制约和影响其今后发展的最根本问题。

高等职业技术教育坚持以服务为宗旨、以就业为导向的办学方针，推进职业教育面向社会、面向市场办学，走产学研结合的道路，强化学生实践能力和职业技能，培养数以千万计的高素质高技能人才。教学与生产、科技与社会实践相结合，是培养高等技术应用型专门人才的基本途径。这些观点，是高等职业技术教育已经达成的共识。然而，在实际的高等职业技术教育教学的组织中，要把这些共识落到实处，却不是一件容易的事情。这不仅涉及各领域、各专业的特点，也涉及各高等职业技术学院的办学规模、办学方针等等，另外，由于科学技术的飞速发展，一些专业领域的职业技能更新非常迅速，如何使学生获得实用的相关专业的职业技能，这一问题变得更加艰巨。

因此，以就业为导向，面向市场办学，就面临着许多矛盾。其中一个主要的矛盾就是，有限的办学资源与不断发展的市场对技能型人才的需求之间的矛盾。我们知道，一个职业技术院校的办学资源是有限的，不可能在学生的职业技能训练方面持续不断地投入，另外投入的硬件也经常由于技术的迅速发展而落后。将学生的职业技能获得的方式加以分类，使有限的资源投入到必需的硬件建设上是我们必须考虑的问题。

学生的职业技能获得的方式，虽然各专业领域不尽相同，但大体可以分为：（1）通过正常的学校教学而获得，即在学校教师的课程教授中获得职业技能；（2）通过各种技能培训而获得，即有组织地、分门别类地进行技能培训而使学生获得职业技能；（3）通过生产、科技以及社会实践获得。这些方式对于一个职业技术院校的办学资源要求不同，资金、硬件投入也不相同。于是，什么样的技能可以通过什么样的方式获得，从而使办学资源得到有效的利用，将是一个值得研究的课题。

本文将对国内学生职业技术技能获得的现状上讨论这个问题，按照现代教育技术的观点，提出建设职业技能资料库的方法，作为学生职业技术技能获得的一个补充手段。另外，本文还以高等职业技术院校计算机专业的网络技能获得为例，系统地讲述学生职业技能训练的一些方法。

一、国内常见职业技能教育手段

目前我国高等职业技术教育的研究得到了长足的发展。本部分将对目前常见的、有代表性的职业技能教育手段作一个回顾，以便对职业技能资料库方法进行阐述。本部分的内容主要见于文献中。

1. 开展教学改革实践，努力提高学生职业技能

这个方面主要是以学校教学为主，主要方法有：

（1）重视学习能力培养，优化课程体系与教学内容，推进教学方法和教学手段改革。优化课程体系与教学内容，我们在构建"平台＋模块"式的课程结构体系的基础上，通过"增"、"删"、"补"、"合"等手段，重组优化教学内容，更好地体现岗位职业要求。改革教学方法和教学手段，组织开展现场教学，推行案例教学、项目制教学和应用多媒体教学手段。针对专业主干课程或课程群建立了案例库，使课程教学更形象，更切合实际。例如程序设计语言类课程，以项目组的形式开展教学，将学生分成若干项目组，每组承接一个项目，在教师指导下，各组独立完成整个项目的开发设计过程，整个过程完全按照软件开发流程和要求进行。

（2）建立激励机制，因材施教，均衡发展。在班集体教学中如何照顾学生的差异，使每个学生都能得到充分发展，一直是教师普遍感到困惑的问题。各个学校总是存在少数学生学习积极性不高、主动性不强的问题。为了有针对性地解决这些问题，一个方法就是进行"学年学分制"试点。

学分制的优点在于人才培养规格和类型上的多样化，承认差别，因材施教。学分制由于具有较大的选课自由度和弹性学制，有利于学生适应市场变化，为就业创造条件。我们还设立创新学分，鼓励学生参加各种形式的创造性活动。这样，可以鼓励学生

向自己感兴趣的方向发展，激发学生的创新动机，培养其创新意识和创新能力，在制度上为学生的创新能力发展提供宽松的环境。

（3）完善教学监控体系，不断提高教学质量。学生能力的培养效果在很大程度上取决于教学质量。提高教学质量是学校一切工作的主旋律和永恒的主题；完善教学质量的监督与调控系统，形成提高教学质量的激励和导向机制，是提高管理效率，确保教学秩序稳定和教学质量提高的重要手段。

2. 以就业为导向，以职业技能为主线，设计教学方案

要贯彻职业教育的办学方针，并落实到人才培养模式和培养方案中去，很重要的一条就是以职业技能为主线设计教学方案。

为了培养品德、知识、能力全面协调发展的高素质、高技能人才，且为今后持续发展打下基础，高职教育人才培养方案应该形成三条线。一条是公共基础线，这是基于素质教育思想来构建的一条线，包括思想政治教育、文化基础以及外语、计算机、体育等，目的在于培养学生良好的品德、职业道德、健康的身心以及掌握外语、计算机等工具；一条是培养职业技能的主线；一条是为今后持续发展打基础的提高线，包括扩大学生专业面及本专业提高性的内容。

以培养职业技能为目标的主线，其设计的基本思路是：根据专业（专业群）相应的职业岗位（职业岗位群），明确职业技能和核心技能，制定职业技能（主要是核心技能）的要求，并根据这些要求制定技能培养的教学方案，即教学计划的主体，包括课程体系和实践教学体系。在此基础上制定技能考核标准（试题库），组织技能考核，作为评定学生技能成绩和颁发职业技能证书（双证制、多证制）的依据。这样设计的教学方案，强调了课程和实践教学体系的针对性，能够真正体现技能主线，把培养目标落到实处。

3. 做到"四业贯通"，走产学（研）结合的道路，把职业技能培养落到实处

要真正实施以职业技能为主线的教学方案，必须走产学（研）结合的道路。我们把依托企业、实行产学（研）结合、开展创业教育，做到学业、产业、就业、创业"四业贯通"，作为自己的办学特色定位。学校可以积极探索以产学（研）结合为特征的高等技术应用型人才培养模式，依托企业的人才和技术优势，在优化专业设置和制订教学计划，教师与企业技术人员双向交流，建立校内外实训基地，加强课程建设，构建有特色的课程体系，合作编写反映新技术和以应用为主线的系列教材等方面都取得实际成效，可推进学院教学改革，提高人才培养质量。在校企合作，走产学（研）结合发展道路中，比较有代表性的就是学业、产业、就业、创业"四业贯通"的改革思想。主要内容是：

（1）在学业中重视学生学习能力的培养。当今社会的职业岗位是一个动态的概念，其岗位对能力要求的内涵也是一个不断变化、不断丰富的过程。学习一门学科不仅是"学会什么"，更重要的是"学会如何学习"。我国的教育前辈提出的对学生要"授之以渔"讲的也是这个道理。

考虑到学习型社会，人们不再看重"博闻强记"，因为完全可以依靠电脑和网络帮助人们记忆。受到推崇的能力是善于探索未知、创造发明和开创新局面，比起记忆能力和计算能力来，这种能力才是未来人才的关键素质。对学生来说，最重要的是学会学习、自发学习和边干边学。

（2）加强实训基地建设，形成产业环境，促进学生职业能力培养。形成实际的产业环境，让学生的学习与今后的工作尽量缩短距离，是高职教育职业能力培养的重要一环。一些学院按照这一思想建设 IT 技能实训基地，主要包括硬件实训生产基地和

软件实训开发基地。同时主动与政府、企业、各院校建立合作渠道，把基地建设成为本区域 IT 技能实训和 IT 知识普及的重要基地，在配合地方经济发展、服务社会中加快自我发展。目前，一些基地的实践教学已初步形成自己的特色：一是在实训过程中具有基本技术技能的仿真性，使学员按照未来专业岗位（群）对基本技术技能的要求，进行实际操作训练；二是在技术上具有专业领域的先进性，使学员在实训过程中学到和掌握本专业领域先进的技术工艺，增加适用性；三是在内容安排上具有综合性，使学生通过实训，在基本能力、基本技能和职业综合素质上得到全面的提高。

（3）树立正确的就业观念，提高学生的就业能力，帮助学生拓宽就业渠道，提高就业质量，以就业为导向是高职教育的重要思想观念。学生的发展，必须以就业为前提。因此，在"四业贯通"中，促进学生就业就成为中心环节。就业能力是指学生在校期间通过学习与实践而获得的能够实现就业理想，满足社会需要并在社会生活中实现自身价值的本领。它不单是指某一项或几项技能，而是多种能力与素质的集合。

（4）提供"创业孵化"，鼓励创业，推动就业。为培养学生的创业能力，鼓励学生创业，学校可以建立大学生创业中心，出台学生创业中心管理规定和学生创业办事程序等，建立一套富有亲和力的大学生创业孵化机制。

二、职业技能资料库的建立

通过对国内常见的、具有代表性的职业技能教育手段的回顾，我们可以看出，"开展教学改革实践，努力提高学生职业技能"，"以就业为导向，以职业技能为主线，设计教学方案"这两方面不需要高等职业院校很多的资金和硬件的投入。然而，在"做到'四业贯通'，走产学结合的道路，把职业技能培养落到实处"却不是每一所高等职业院校都能够实现的。特别在计算机职业教育中，一方面，实验室的投入成本巨大，计算机设备由于受"摩尔"定理限制（即每 18 个月，计算机性能提高 1 倍，价格降低 1 半），设备极容易落后。许多实验室刚建成就已经落后了；另一方面，走与产业结合的路，也面临着许多的困难，这不仅需要多个部门、学校之间的配合，还需相应的、对口的职能训练，而且还需要诸多的教学、技能人员，投入不可谓不大，因此，这方面工作往往流于形式。

那么在我们大力提倡"四业贯通"的时候，是否应考虑对职业技能的获得的方式进行分类：一方面，能够通过现代教育技术手段，如视频、图片、音频等手段获得的技能知识，是不需要通过"四业贯通"的方式的；另一方面，"四业贯通"针对的技能，可以事先使用现代教育技术的手段先让学生熟悉，在实际动手的时候才能取得事半功倍的效果。

针对这个思想，笔者及笔者所在的高等职业技术学院在计算机网络技能的训练方面开展了一系列的研究，建立了计算机网络技能训练的职业技能资料库。

网络职业技能资料库，顾名思义，是将各种计算机网络理论、产品、技能的资料使用现代教育技术的手段形成的一个资料库，涵盖网络课程群的各门功课的知识，而不是某门课程的课件。

网络职业技能资料库根据计算机网络课程群设置，所含知识如下图所示：

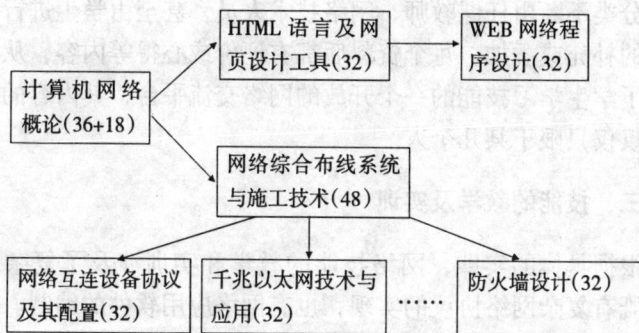

高等职业教育计算机网络课程群图

  网络职业技能资料库中包含了以下的教学方法和教学手段。如"案例教学"、"项目制教学"等教学方法，多媒体教学、类似 E-learning 课件教学、现场教学等多种教学手段，充分调动学生的学习积极性，增强学生的直观感受，加深了他们对专业知识的理解和掌握，提高了学生的自学能力。

  网络职业技能资料库中的媒体，主要为视频动画、图片、文字等媒体。

  视频动画类：在资料库中，视频动画类主要包含了计算机网络的背景、专家介绍计算机网络发展的科普性短片，也包含了各种网络产品的介绍、操作使用短片、网络布线工程及布线网络实施步骤的短片、网络不同编程工具实现不同网络应用的编程短片、网站构建不同步骤的短片，等等。

  图片类：主要为对网络理论、实际应用的知识的图片讲解。

  文字类：主要为对网络理论、实际应用的知识的文字讲解，学生的学习心得，等等。

  由丁网络技术的飞速发展、知识的不断更新，库中的资料都以时间作为关键字段，同时，资料库发布在网络之上，按照图中的大分类不断由任课教师、网络技术人员，甚至由学生进行知识技能的补充或添加，每个资料后都有评价或心得等内容，从而也形成了学生学习技能的一个开放的网络交流平台，其内容的维护也不仅仅只限于某几个人。

三、技能的教学及实训

根据具体的实践，网络技能的教学和实训涉及了复杂的内容，既有复杂网络协议的实现，也有网络应用软件的编制。根据目前实际的市场需求，我们以 WEB 网站设计和网络组网工程为例来进行讲解。

首先，完成图中的高等职业教育计算机网络课程群的教学之后，结合网络职业技能资料库进行 WEB 网络程序设计和网络综合布线系统的技能培训。WEB 网络程序设计知识点主要为 WEB 的基本概念、WEB 服务器的设置（IIS）、HTML 语言，网页制作工具 Frontpage、VBScript 语言及 ASP 概述、ASP 内置对象及组件、ADO 对象及数据库连接、ASP. NET 概述（对 ASP. NET 的学习主要为自学）。网络综合布线系统的教学组织为掌握基础知识→进行方案设计→组织施工→进行测试→组织验收鉴定。根据实际的学时数，要求学生完成第一、二步骤，即讲解基础知识，包括综合布线系统、网络数据传输介质、网络互联设备、网络综合布线系统的线槽规格和品种。要求设计的方案和基本设计的内容使用网络总体方案设计、网络布线工程系统设计技术。

在此基础之上，另外按照公司组织的思想。我院组织计算机专业的学生到一些知名的企业进行培训，如成都华迪培训中心。培训课时为 80 学时，具体培训内容为施工技术及网络工程施工实用技术，详细为工作区子系统、水平干线子系统、管理间子系统、垂直干线子系统、设备间子系统、楼宇管理子系统、布线技巧等方面的施工技术，以及光纤 ST 头制作技术和数据点语音点互换技术。测试和标准的内容为测试、网络综合布线规范标准，包括 3 类/4 类/5 类/超 5 类/6 类线的测试工具、光缆测试工具、测试内容、测试方法的有关技术。验收与鉴定的内容为网络工程的验收与鉴定，即验收需要注意的环节，鉴定需要的材料。另外还有网络互联设备网桥、路由器和交换机的配置。

学院学生经过了网络课程的教学和实训之后，反映良好。以下为两个有代表性的反馈信息，某学生到计算机公司实习，回来后说"在同去的本科生之中，只自己学过网络综合布线方面的内容，也在资料库和培训之中见过或使用过类似产品，因此轻车熟路"；另一网络公司项目经理反馈说"职业技术学院学生由于重视实践，基本能够做到不需人带就可以上手"。

四、结束语

本文针对高等职业技术学院办学中存在的实际问题，即有限的办学资源与不断发展的市场对技能型人才的需求之间的矛盾，提出建立职业技能资料库的方法，从而尽最大的努力减少资金和硬件的投入，而又使学生能充分地得到相应的技能。

然而，笔者所述的方法也仅仅是个人的一些想法，其中必有偏颇之处，希望起到抛砖引玉的作用，更望广大专家不吝赐教。

参考文献：

1. 郦昕阳. 产学结合"四业贯通"探索提高职业技能新途径. 黑龙江高教研究, 2006：106 - 108.

2. 魏怡君, 张乐成. 唱好技能培训的"三部曲"拓宽职校学生就业路. 中国职业教育, 2004：55.

3. 卜艳萍, 周伟, 高等职业技术教育办学模式分析. 南通职业大学学报. 2001, 15：38 ~40.

关于高等职业教育特色的几点思考

云南大学职业与继续教育学院　杨永兵

摘　要： 传统的高等教育模式难以在数量上和内容上适应社会需求，于是高等职业教育便应运而生。高等职业教育是我国高等教育的重要组成部分。关于高等职业教育的重要性的认识现已基本达成一致的认识。然而，什么是高等职业教育的特色却还是众说纷纭。本文从高等职业教育与普通高等教育的差异、高等职业教育的培养目标和高等职业教育育人理念的实践特色展开了讨论，提出一些自己的设想。

关键词： 高等职业教育　特色　思考

我国的高等职业教育经历了十余年的探索和发展，其重要性已逐渐被人们所认识。但是，由于普通高等教育的教学思想和管理模式的影响根深蒂固，从上到下存在着一种"职业教育低人一等"的陈旧观念，盲目追求办学层次、类型的偏见时有表现，这些价值取向和政策导向都在不同程度上影响着高等职业教育的健康发展。因此，非常有必要对高等职业教育的特色展开讨论。

一、高等职业教育与普通高等教育的区别

高等职业教育作为高等教育的一种形式，和其他普通高等教育一样，都是建立在高中基础上的教育，同样都具有高等教育与国民经济发展联系密切、专业性强、结构复杂、职能广泛等特

点。但高职教育与普通高等教育又有着本质区别，主要反映在培养人才的目标和专业教学体系的安排上。

（1）普通高等教育培养的目标是：从事学术研究、科技开发、产品设计的学科性人才，其中主要培养以行业需要为基础的理论型和工程技术开发型人才，也称"学术型"专门人才；而高等职业教育培养的目标，主要是在生产与服务第一线，从事管理和实际操作的技术应用型人才，也称"应用型人才"。

（2）在教学体系和课程设置上，普通高等教育是以学科为基础，强调基础理论和知识的系统性、完整性，知识的逻辑性和教学过程的连贯性，以期通过知识的积累和传授变成素质的形成。其课程设置特点是：把课程组成许多科目，每个科目都有意识地阐明专门的、同质的知识体系。这种知识体系是一种排选出来给予学生顺序、覆盖不同科目的各方面的信息集合，教育方式是以传授、讲解、灌输为主，教师通过系统的、有条理的授课方式，把前人有价值的知识教给学生；教师严格控制对知识的选择和组织，控制着传授知识和接受知识的进度；整个教学活动以教师为主导，以学生为主体。而高职教育则不同，它的专业教学计划是在满足社会需要的前提下，以突出"职业性"、"应用性"为特点，遵循职业岗位的原则，即以职业定位为主导，以职业岗位和岗位群为依据，以能力培养为中心考虑专业设置、制订教学计划，突出其适用性。因此，高职教学是以基础课为先导，以专业课为重点，以实践课为主要形式，层层分解，来确定学生的综合能力和专业能力。在掌握必要基础理论和专业知识的前提下，重视实践性的课程设计，这是高职教育和普通高等教育在教学计划上的原则区别。

（3）在教学和研究内容上，高等职业教育与普通高等教育的重要区别是"职业技术"和工程技术的区别。工程技术是自然规律和技术工具等客观事物的反映，而职业技术还包括主观能动性较强的经验性知识、经济社会利益的体现方式以及由于工业文化导致的实现手段等，它与人的行为过程有着密切的联系。简单来说，职业技术与工程技术的研究对象都是专业技术，但技术的内涵是不同的，典型的例子如汽车技术，就包括与职业行为联系较少的发动机技术、传动技术等设计制造技术以及与从业人员职业活动和职业能力关系较大的故障诊断技术等。

（4）普通高等教育的目的是，通过课程教学对基础理论和专业知识的传递，培养学科性的专门人才；而高职教育的目的则是通过实习、实训等实践性教学活动，使学生进一步将理论知识和实际工作相结合，丰富实际工作经验，提高生产意识和服务管理意识，进而提高适应职业岗位的技术能力。因此，高职教育的课程设置应该具备针对性、灵活性强的特点，教师教学也必须遵守新的规程：即从满足企业对人才的需要出发，基础理论以必需和够用为度，加强专业课，强化实践性教学环节，使学生在学习中实践，在实践中学习，突出能力的提高，进而提高教学质量。

二、高等职业教育培养目标

（1）高等性。高职教育的高等性，是相对于初等、中等职业教育而言的，是其培养目标的纵向定位，其内涵又有别于传统普通高等专科教育的高等性。高职教育是职业教育的一个较高层级，普通高等专科教育是普通高等教育的一个较低层级，应分置于两个教育系列，它们产生的背景也不同。高职是在社会对生产一线劳动者素质要求越来越高，社会呼唤技术应用能力更强的专门人才的背景下产生的，目前定位于"专科"层次，是传统习惯的约定俗成所致。从长远看来，用普通高等教育作为高职教育的参考系可能会造成误导。高职教育不应局限于专科或本科层次，应作为一个相对独立的系列，按社会需要和自身成长规律发展。当然，高职教育与普通高等教育两者可以比照，也能相互沟通，但要通过中介教育。

（2）关于职业性。职业性应是高职教育培养目标定位的基本内涵。关于职业性必须明了三点：一是职业不等于专业，而是专业的复合、综合、融合。普通高等教育一般有一个"专业"或"研究方向"，特别注重培养宽基础、适应性强的"知识通才"；而高职教育培养的应是能解决职业岗位综合的、复杂的实际问题的"职业通才"。二是职业的具体化，也就是岗位。高职教育必须立足"上岗"、服务"就业"，否则就丢掉了自身的优势。三是高职要体现知识、技术的应用性，技术与管理的结合性，而不是简单的"大专知识＋中职技能"。高职培养的人才除具备一定岗位的操作能力，还应当掌握相当的理论知识，有管理才能、发展潜能和创新能力。

（3）关于高职人才的职能与岗位设定。高职人才的主要工作职能：一是把技术创造原型进行具体化设计，组织实施于现实的生产实践中，或者把重要的、关系全局的决策具体化，组织贯彻并做出部门性的决策；二是维持、监控实际的技术系统或组织系统，承担部门或系统的主要责任，发现、分析和解决综合性的复杂的技术或实践问题，对基层技术员、工人或业务员提供指导和咨询；三是在服务领域，运用专门的知识与技术，向特定顾客提供全面或综合性的服务，并承担相应责任。高职人才的主要工作岗位：一是工程技师、工作或组织分析员等应用技术型人才；二是主管、监理、领班等技术或业务管理型人才；三是咨询、护理、旅游等高级服务型人才；四是职业技术学校实习教师、培训师、教练等技术训练人才。

三、高等职业教育育人理念的实践特色

培养什么样的人才要有比较实际的考虑，要有对客观环境的科学分析。高等职业教育是学生职业生涯计划的重要一站，关系

到未来职业发展能力的基础。应该看到，这个年龄段的学生已经相当熟悉学校的生活了，进入大学以后对不能使自己产生顿悟的单向灌输式的教育有抵触倾向，不好教。在社会转型时期，他们渴望个性的张扬，偏好新事物，对许多问题的考虑也是比较实际的。学生们希望通过学习提升自己将来进入社会的自信心。所以，要针对学生的内在特性，研究双向引导性和创造性的教育，共建一种研究型学习、探索型学习的氛围，提高学生利用知识的能力，培养他们继续学习的兴趣和能力。我们认为，高等职业教育本身对社会的功能应该是非常实际的，培养出来的学生至少应该具备的素质是：第一，比较强的谋生能力，即灵活运用知识的能力，而不仅仅是书本上得来的观念能力。第二，对自我社会属性的认识能力。即自律能力和社会活动能力（处理人际关系的能力）。第三，完善的人格。第四，多方面的知识储备以及面对困难时坚韧不拔的意志力。以上这四个方面，是学生最基本的职业发展能力。要达到这些目标，教学改革要有超前意识，课程设置、教材选择、教学内容、教学模式要考虑综合性、交叉性、前瞻性、创新性。要让学生一进校门就树立起推进自身发展的职业意识并拥有学习中能够全身心投入的激情。

首先是课程设置的改革。学生进入校门以后，在专业课程的系统教育中，本着以人为本、以学生为重的原则，学校有责任和义务，把基础知识与前沿的科技发展有机结合起来，让学生了解该专业的最前沿正在发生着什么（其中包括新的科研成果和新的科学概念），帮助学生把握专业发展的方向。让学生对自己将要涉足的行业有充分的认识，能够站在一个较高的层次上认识自己今后几年的学习和将来的位置。现在的问题是，有的学生往往是被动地跟着走，学习前的兴趣和好奇心激发不起来，对所学知识的实践感觉找不着，不知道学它有什么用。怎么解决这些问题呢？学校在课程的设置上应该承担更多的责任。应该承认，专业课程相对固定的必修课程存在着吸纳现代教育信息慢、有一定的滞后性、关注学生个性发展和能力训练不够、有些课程的内容明显过于陈旧等等不足，因此要不断提高专业课程的含金量。

其次，专业课程的设置也应该是有弹性的，不能是铁板一块，针扎不进，水泼不透。它与学生的认知规律之间，与市场需求之间，与飞速发展的经济社会之间的联系，应该是越密切越好。在与学生的多年接触中，我们想，在相关专业必修课程的范围内，能不能让学生根据自己的兴趣、爱好，也有一部分选择权呢？让学生也能部分地安排自己的课表，提高其自主学习的能动性。学校通过这个窗口，了解学生的需要，强化课程设置的时代性、变化性，应该说是一件好事。现在大学生就业的压力比较大，所以学校的课程设置要考虑这些实际情况，相关专业的必修课也能给学生有选择的机会。让学习产生实用的效益，不排除在这种选择中，有些学生会找到将来职业发展的最佳切入点，或者在将来的职业转换中具备了一定的知识基础。同时学校教育资源也能发挥更大效益。

再次，我国加入 WTO 以后，通过与国外联合办学的方式，给高等职业教育注入一种更加开放的理念，也为学生提供了更多可选择的、迅速学习的机会。对于学校来说，在市场经济和我国加入 WTO 的条件下，充分利用国际上的教育资源，为我国现代化建设培养人才。学生也在学校的帮助下，职业生涯在学习阶段又增添了新的亮点。

最后，从学生的情况看，这个年龄段的学生也还存在着思考贫乏、心态偏激等一些基本素质问题，课程设置中要考虑到这一点，充分挖掘校内校外的教育资源，创造条件多开设一些有特色的、多方面的选修课，开拓学生的知识面，提高学生的综合素质。美国曾对 1 131 位科学家的论文、科研成果等各方面进行了分析，结果发现，这些人大多数是以博取胜，很少有仅仅精通一门的专才。换个角度说，专家之所以专，的确因为他有自己的一片领域。熟于斯、精于斯、创造于斯。他不必也不太可能同样地熟悉许多其他行业。不过，如果他能多少涉足本专业之外，看看别人做了些什么，怎样做，还想做什么，这对加强他的洞察意识、审美意识、联想意识和创新意识是非常好的，对提高个人整体学习水平，一定会起到重要的作用。无专则不能精，无广则不能通。比如医生不能简单地掌握医学的基本知识，你要懂得人文，懂得心理学，懂得社会学等等，然后才能正确地对你这个服务对象有所了解。确实，有些学生个人阅历少，知识相对薄弱，视野相对比较狭窄，而选修一些相关课程，有助于改善他们的知识结构，也有助于他们提高运用知识的能力。立足于本专业，学生会在不同学科的选修中产生某种顿悟，进而实现自我修正的良性循环。

总之，把握育人理念的实践特色，关键是要以学生为本，一切以学生为重。

参考文献：

1. 陈晓燕．对办好高职教育的若干思考．北京市经济干部管理学院学报，2001，（1）．

2. 王棣，刘娟．关于高等职业教育办学理念的几点思考．北京联合大学学报，2002，（增1）．

3. 金潇明、胡新华．我国高等职业教育的发展趋势初探．湖南工业职业技术学院学报，2004，（2）．

4. 赵冬娟．高等职业教育教学改革的若干思考．北方经贸，2004，（8）．

中职教师在职攻读硕士学位培养工作存在问题的分析与思考

云南大学职业与继续教育学院　　王　雯

摘　要：近年来，在中职教师在职攻读硕士学位培养工作取得成绩的同时，也面临着一系列问题与挑战，针对这些问题，本文提出了构建多元的教学模式，深化课程改革，建立和完善实践教学体系等应对方法。

关键词：中职教师　硕士　师资培养

改革开放以来，我国中等职业教育事业取得了长足发展，实现了我国中等教育结构历史性的变化，有效拓宽了青年求学成才的道路，为社会输送了大批高素质劳动者和中初级专门人才，为国家经济建设和社会发展作出了重大贡献。在我国即将进入全面建设小康社会，加快推进社会主义现代化的新的发展阶段，作为既要会理论教学，又要具有实际操作技能，能进行实践教学的中等职业学校的教师，在观念转变、知识更新、能力提高等方面都面临着严峻的挑战和新的发展机遇。为促进我国中等职业学校中青年骨干教师和专业带头人的发展，加快我国硕士层次职教师资队伍建设，促进我国职业教育事业的健康发展，经教育部和国务院学位委员会批准，全国部分高校招收中职教师在职攻读硕士学位。几年过去了，中等职业学校教师在职攻读硕士学位工作取得了很大成绩，对我国职教师资队伍建设与发展起到了很大的推动作用，但也面临一系列问题与挑战。

一、存在的问题

1. 培养目标不明确，培养方案与送培单位的实际需求有差距

"中职硕士"的学位授予应将实践能力考核放在首位，但在实际教学中仍然照搬学术硕士学位的标准，脱离了中职教师的职业背景和学习要求。对中职教师的专业技术训练和教育技能培训不够，培训的目的性和针对性较弱，学历补偿教育的迹象明显，不能满足送培单位所需的"双师型"教师的实际需要。

2. 学员基础知识水平参差不齐，组织教学难度增大

中等职业学校教师在职攻读硕士学位的学生，多数是中等职业学校中的骨干教师，有的年龄较大，他们长期在第一线工作，实践教学经验非常丰富。然而大部分中职学校专业开设有限，加之各中等职业学校根据自身的发展要求，明确规定教师只能报考指定专业，有些教师是跨专业报考，因此造成学生基础参差不齐，组织教学难度较大。有的学生以前是工科专业的毕业生，对教育学、教育技术等教育基础理论知识了解较少，参加课程面授时对教师讲课的深度、广度提出分歧较大的要求，课程进度也不易掌握。同班学生年龄差别大，对各门课程学习在记忆力、理解力上存在较大差距，尤其是外语学习程度差异更大。在论文实施阶段，由于学生分布较广，一些学生还面临试验场所困难，不能及时向学院提交中期报告，导师也难以控制，对论文工作产生一些不利影响。

3. 学员工学矛盾突出

中职研究生大多是中等职业学校的教学管理骨干，有一部分还是学校的领导，在读期间其经济利益、职称职务晋升、福利待遇等与原工作单位紧密挂钩，在完成学业的同时，还得承担单位大量的工作任务，不可能全脱产学习，在工作需要时，学习便成为次要。少数学生缺课较多，即使上课，课前的准备时间与课后的复习时间也相对较少，总的教学时间难以保证。有的学生因工作需要，要回原单位完成学位论文；有的学生在单位和学校之间两头跑，间歇性地进行论文研究工作，弄得筋疲力尽，学位论文工作条件和工作时间得不到充分保证，影响了论文质量。

4. 送培单位经费落实不到位，学生经济困难较大影响学习

当前由于各中职学校经济条件普遍不佳，没有切实落实好国家有关中职硕士培养经费的相关政策，许多送培学校都要求学生自垫学费，等毕业拿回学位证后才报销学费和差旅费，个别学校甚至拒绝给学生报销一切开支。一些学校表面支持教师的培养和提高，但学生入学后被停发工资，学费全部自理。学生入学后，一方面思想负担较重，正常的生活受到了影响；另一方面，部分学生对获得学位后返校工作没有积极性，有的已经在联系其他工作单位，而有的学生已经调离了中等职业学校。有的学校政策没有持续性，上届领导签字同意学员深造，换一届领导就全盘否定。

5. 随着大量的中等职业学校升格为高职院校，而"中等职业学校教师在职攻读硕士学位"招生对象为"中等职业学校教师"，这与新升格的高职院校普遍要求提高师资队伍水平和招生对象的控制产生了矛盾

6. 论文选题有针对性地解决职业教育实际问题不够

这一方面反映出中等职业教育当前仍然举步维艰，教师缺乏长期从事职业教育的热情；另一方面也说明，当前这种以专业导师独立带培中职硕士的培养方式需要改进，毕竟职业教育和现代教育技术已经超出了专业指导教师的业务范围。努力将专业理论和职业教育理论有机结合起来，让学生们更多地关注职业教育实践，确定解决中职学校实际问题的论文选题，必将更加受到送培单位的欢迎。在这方面尝试实行专业导师和职教导师相结合的

"双导师制"，对中职硕士培养将大有裨益。

7. 学术学位与职业教育的矛盾

开展在职教师攻读硕士学位的目的在很大程度上是为了提高教师的学历、知识结构、技能水平等，以将其培养成真正意义上的"双师型"教师。然而，因为授予的是各个学术学位，论文需相应学科的学位评定委员会审核评定，所以这些专业方向的在职研究生毕业论文绝大部分是纯专业技术领域的，而较少涉及职业教育。学位论文未能充分体现职教师资学科的交叉性，未能将所学专业与职业教育有机结合起来，导致学生在课程结束之后主要是攻专业而脱离了职业教育，由于其没有考虑到职教师资的特殊性，因而无法达到"双师型"师资的要求。

二、对保证中职教师在职攻读硕士学位工作的建议

1. 提前下达招生计划，进一步加强宣传，扩大培养生源

要通过广泛的宣传，在全社会进一步提高对中职硕士研究生教育工作战略地位的认识。中职学校要充分认识通过教师在职攻读中职硕士，对改善现有师资结构、整体提升教学质量、迅速培养一批专业课程骨干教师和专业带头人的重要意义和现实紧迫性，提高中职硕士送培积极性。建议教育行政主管部门每年年初就下达招生计划，并在中职学校教学质量评估标准中，加强对师资队伍学历建设的要求，从根本上解决中职硕士培养生源不足的问题，推动我国中职教育师资队伍建设再上新台阶。

2. 进一步落实国家有关中职硕士研究生培养政策

一是要按国家相关政策规定落实好学员的送培经费，建议教育行政主管部门、送培学校与学员合理分摊培养经费。二是各送培学校必须按照认可的学员培养计划，合理给学员安排教学和工作任务，保证学员在面授和论文撰写阶段能集中精力完成培养计划。三是送培学校要保证学员的正当待遇，对完成学位培养的优

秀学员，要创造条件予以重用，充分发挥他们的才干。这样既可以极大地提高学员的学习积极性，也能保持学员在中职岗位教学管理工作中的稳定性，解决送培单位怕学员培养后"跳槽"的后顾之忧。四是以硕士研究生培养的基本要求为准则，以全面提高中等职业学校骨干教师思想政治素质及业务水平、教学能力为重点，以培养中青年骨干教师和专业带头人为目标，建立一支结构合理、勇于创新、能够覆盖我国职业教育重点专业、具有"双师"素质的高水平职教师资队伍。

3. 构建多元的教学模式

在教学模式上应着重加强两个方面的建设：一是理论和实践的结合；二是教学方式方法的革新和多样化。具体而言，首先，在进行班级教学的同时，还应强调个别化教学，重视对中职教师自学能力、独立研究能力的培养。其次，针对不同学科、专业的中职教师，教学方式也应有所不同。对于基础课教师可加强学术、理论的学习、研讨活动；而对于专业课、实践课教师，则应增加现场教学、实践实习。最后，教学的方法和策略上，可采用多媒体教学、网上教学等灵活的教学手段，引进探究式学习、合作式学习、问题式学习等模式，重视学习者的参与性和互动性。

4. 建立模块化课程模式

模块化课程是把课程分解为一些程度或重点不同的模块，增加课程组合的灵活性和学生选课的自由度。我国为中职教师硕士开设的课程通常理论与实践脱节较严重，课程与实际工作的需要和能力培养目标匹配程度较低。因此，建立课程标准，开发符合中等职业教育特点、实用性针对性强的课程，加强课程与中职教师工作的匹配程度，建立模块化课程模式，是我国中职教师硕士培养必须解决的重要课题。

5. 建立和完善中职教师实践教育体系

主要应做好两方面的工作：（1）加强职教师资培养基地建

设，应选择一些大型企业或科研院所设立，以满足不同的培养要求，提高针对性和适应性，这需要得到政府和企业的支持。（2）加强校企合作，建立中职教师到企业实践制度。政府、学校、企业以及各种相关的社会组织与团体之间建立新的合作关系，发挥行业对职业教育与培训的教育资源统筹和规范方面的重要作用。

6. 建立中职教师学习的监控模式

应进一步建立和完善中职教师硕士学习的考核与评价制度，保证培养质量。我国的高等院校在人才的招收与培养上普遍存在"进门难，出门容易"的现象，加之中职教师属于在职攻读学位，学习时间少，工作负担重，如果忽视教学过程的管理就不可能实现培养目标。因此，必须建立一套科学、可行的质量标准和监控体系，严格教学过程管理，严格考试管理，严格教学质量评估，选派有经验的优秀教师，加强学位论文的指导，才能保证中等学校教师在职攻读硕士学位的质量。

7. 加强与学生所在单位的联系与合作，采取所在单位与学校共同管理的双重管理模式

应将招生、课程学习、科学研究、学位论文完成、学位授予、学习纪律等情况主动告知学生所在单位，取得单位的广泛支持和理解，切实保证和提高中职研究生的培养质量。

8. 建议批准重点院校职教师资本科班5%～10%的优秀生可进行本硕连读的试点

硕士专业可以是专业技术也可以是教育类专业，具体由各校规定。此举的可行性分析为：（1）本科师资班中确有5%～10%的学员十分优秀，具有可保送读研的条件；（2）可使部分学员进入高一层次学校而满足中、高职学校对硕士人才的需求；（3）本硕连读的学员必须与学校签订协议，承诺毕业后，到中、高职院校服务8年以上，以稳定部分优秀的师资来源。

参考文献：

1. 张立，胡新喜．在职研究生培养质量管理若干问题的思考．湖南农业大学学报（社会科学版），2004，5（3）．

2. 陈钢，等．中职教师在职攻读硕士学位培养方案探讨．职业技术教育，2005，（34）．

3. 张维玺．提高中职教师攻读硕士学位教育质量的途径．职业技术教育（教科版），2005，（34）．

4. 饶异伦，唐玉凤．中职教师攻读硕士学位问题探讨．职业技术教育（教科版），2006，（7）．

对云南表演艺术类旅游资源的思考

云南省旅游学校 贺迎枫

摘　要：随着大众传媒的发展、电视电影的普及，以及人们对于传统表演形式的重新定位和再思考，表演艺术已经成为重要的旅游吸引物。故而，加强对表演类旅游资源的研究和思考具有很大的现实意义。本文将着重对云南表演艺术类旅游资源加以讨论。

关键词：云南　表演艺术　旅游资源

　　旅游主要是一种社会经济现象，从本质说，则是"一种文明所形成的生活方式"，"是一种文化现象，一个系统，是人类物质文化生活和精神文化生活的一个最基本的组成部分"（沈祖祥）。由此可见，旅游活动是一种文化活动，一种文化交流活动。文学艺术作为人类文化的一个重要组成部分，其多样性和形式，诸如小说、游记、楹联、题刻、神话传说以及表演艺术，不仅自古以来就受到人们的喜爱，而且在旅游活动中，发挥着独有的功效。文学艺术类旅游资源可以导致其他旅游资源的产生，同时也具有很高的旅游审美功能。

　　也正是基于这一认识，在当今的世界上，随着大众传媒的发展、电视电影的普及，以及人们对于传统表演形式的重新定位和再思考，我们有必要加强对文化类、特别是表演类旅游资源的研究和思考。

一、表演艺术类资源在国际旅游市场上的作用

作为文学艺术重要组成部分的表演艺术包括电影、电视、音乐、舞蹈等多种艺术表现形式，它们以其大众性、通俗性、全球性、感染力强等特征，已经成为一个不可忽视的重要的旅游资源。从世界范围来看，表演艺术类资源在国际旅游市场上发挥着重要作用。主要成功案例如下：

（1）根据电影、电视开设或兴起的旅游线路主要有：基于美国 HBO 热播连续剧《欲望都市》而开发的"欲望纽约游"，旅游景点主要是剧中的外景地；由于电影《指环王三部曲》而颇具规模和人气的新西兰"魔戒奇幻游"；2006 年包括中国海外、中青旅在内的多家国内知名旅行社联合推出的"《达·芬奇密码》欧洲揭秘之旅"；2001 年由好莱坞当红小生莱昂纳多·迪卡普里奥主演的《海滩》使得泰国南部原来名不见经传的一座小岛一夜之间成为欧美游客必到之处。

（2）国外还有很多根据表演艺术类旅游资源而修建或复建的永久性实体旅游资源，例如遍及全球的迪斯尼乐园、好莱坞的环球影城、福尔摩斯"故居"等，每年吸引来自全球游客达数十万计。

（3）由某种艺术形式而形成的盛大节日，例如法国戛纳电影节、美国圣丹斯电影节、德国柏林夏季露天音乐节、奥地利维也纳国际音乐节等。节日期间，旅客如潮，城市的知名度不断扩大，旅游收入颇为可观。

二、云南开发表演艺术类旅游资源的现状

作为中国旅游大省之一，云南有着得天独厚的自然气候条件和丰富多彩的民族风情，但也不乏别具一格的文学艺术类旅游资源，本文将着重对主要的相关表演艺术加以讨论。从 20 世纪五

六十年代以来，有很多优秀的影视文艺作品写在云南、拍在云南、宣传云南、歌颂云南。它们以深情的笔调、优美的画面、感人的情节，深深地影响着一代人。其中较有影响的有：20世纪50~70年代的《阿诗玛》、《五朵金花》、《孔雀公主》等，近年来拍摄的《无极》、《千里走单骑》、《诺玛的十七岁》、《玉观音》、《天龙八部》等。而到了20世纪末、21世纪初的这段时间里，新兴舞台表演艺术形式不断出现，它们从不同的视角，以不一样的艺术感染力，或借助现代舞台效果，或回归传统自然，又一次将全世界的注意力聚焦到云南这片七彩的土地上。

1. 影视艺术（以《天龙八部》为例）

《天龙八部》是2002年由中央电视台中国电视剧制作中心投巨资拍摄的。它给云南带来的是一座占地面积700余亩的影视拍摄基地。它同时还以一个主题公园的魅力，展示给四面八方的中外游客，已经成为大理古城的旅游热点。

大理"天龙八部影视城"按照"大理特点，宋代特色，参照《清明上河图》，影视拍摄与旅游观光相结合"的原则进行规划设计，造型上以"优美、飘逸、奇特"为风格，结构上以北宋张择端名画《清明上河图》为依据，以砖木结构为主体，青砖青瓦为主要建材构筑"古城"，真景、真物、永久、固定，平面构成突出"错落、变化、统一、大气"布局原则，根据自然地形采用阶梯式高差处理。色彩处理按"历史、自然、生活"为前提着色，建成一个具有岁月感、生活气息、回归自然的意境。既是一个独具地方民族特色，能满足影视拍摄要求，功能比较齐全的中国影视基地之一，同时又是展示宋代大理国及西夏、女真、辽国历史文化的大型主题公园，与大理古城、崇圣寺三塔、元世祖平云南碑、弘圣寺一塔等现有景点，形成集中展示大理历史文化的旅游核心区。

根据《天龙八部》剧组的设计和构想，影视城按照"大理特色、宋代特色、艺术要求"三结合的原则，参照宋代名画《清明上河图》的风格进行规划、设计。走进"天龙八部影视城"可以游览四大片区：一为大理国，包括大理街、大理皇宫、镇南王府；二为辽国，包括辽城门和大小辽街；三为西夏国，包括绝望山庄、西夏一品堂；四为女真族部落。

"天龙八部影视城"继《天龙八部》拍摄热播后，电视剧《倩女幽魂》、《福星高照猪八戒》、《茶马古道》、《我们的眼睛》、《喜气洋洋猪八戒》、《好想好想谈恋爱》等先后在该城完成了拍摄，目前待拍的尚有《阿盖公主》等十多部影视片。

在没有剧组驻扎的时候，游客可以参与到景区节目中自娱自乐。这些表演充满了浓郁的民风民俗，还有好多来自《天龙八部》的片段，让游客亲临其境做一回武侠梦。仅 2006 年 1 月至 12 月期间，"天龙八部影视城"接待游客 30 万余人次，取得了不凡的经济和社会效益。

2. 舞台音乐（以纳西古乐为例）

纳西古乐主要包括丽江洞经音乐，其原是中原汉族儒道合流的宗教性文人科仪音乐，主要用于谈演道教经典《玉清无极总真文昌大洞仙经》（简称洞经），供奉掌管人间功名的文昌帝君，祈愿地方文化昌盛、功名禄位而在一定时节演奏。内容上包括调音曲、经曲、细乐曲牌、打击乐曲牌等。

在 20 世纪 80 年代出版的被称为西方背包客旅游"圣经"的《中国》中，已经有关于丽江和纳西古乐的介绍。1986 年丽江成为乙类对外开放地区以后，更多的外国游客在那本圣经的指引下，来到古城，聆听古乐，对古乐有很好的评价。游客的口碑广告是极有功效的。在这些旅游先驱的宣传下，1988 年 11 月，英国 BBC 广播电台用一周的黄金时间播放在丽江录制的洞经音乐及丽江风光介绍；1989 年 3 月，美国 CNN 广播公司用一周的最佳时间，介绍了丽江洞经音乐；1991 年 11 月，意大利国家一台、二台联合来丽江录制古乐专题，访问了宣科和古乐会成员；1992 年 7 月 12 日，英国《泰晤士报》载文说："到中国旅游，最精彩的部分之一莫过于到云南丽江听古代中国的音乐，那是真正的属于'中国的严肃音乐'，是'未被污染的音乐'。"90 年代中期以前，来丽江的游客中外国人占很大比例，而纳西古乐的最早听众也以外国游客为主。

1997 年后，古乐会先后到中国香港、挪威、法国、意大利、瑞士、德国、中国台北、日本等地演出，宣科等人也曾应邀赴爱沙尼亚、葡萄牙和西班牙等地参加各种国际性艺术节。大研古乐会一系列的对外宣传活动，扩大了纳西古乐在国内外的影响，纳西古乐的名声越来越响。从而"纳西古乐"成了丽江的旅游名片，成为营销丽江，乃至整个云南的一个品牌。

3. 舞台舞蹈（以《云南映象》为例）

这是一部充分体现中国民族民间舞蹈的本质特征和发展趋势的大型原生态民族歌舞。《云南映象》有几个突出特色：作品充分汲取原汁原味的云南民族舞蹈元素；70% 的演员来自云南各地民间，很多人本身就是常年在田间地头劳动的少数民族群众；演出服装是各民族民间生活着装的原型。这一切构成了鲜明体现舞蹈艺术原生态的特色。

《云南映象》把那些濒临消失的民族民间艺术挖掘出来、抢救下来，给观众和后人留下一个活的民俗文化博物馆。广大观众从中强烈地感受到云南各族群众的习俗、历史、思维、哲学等丰富内涵。

在 2004 年 3 月，大型原生态民族歌舞《云南映象》在第四届中国舞蹈"荷花奖"舞剧、舞蹈诗比赛中，荣获舞蹈诗金奖、最佳编导奖、最佳女主角奖、最佳服装设计奖和优秀表演奖等 5 项大奖，获得了社会效益和经济效益的双丰收。

《云南映象》的成功正是因为它对云南各族群众的习俗、历史、思维、哲学等丰富内涵的表述、还原。原云南省委副书记丹增在 2006 年 6 月 12 日出席湖南省文化体制改革工作会议上表示，《云南映象》政府只出资了 100 多万元，吸收了民间资本 300 余万元，但到 2006 年中期，收入超过 6 000 多万元，世界巡演的收入超过 1 600 万美元。在国内各大、中城市都受到了前所未有的关注，在全国已上演千余场，国外百余场，获得了强烈的轰动效应。《云南映象》为云南古老独特的民族文化的输出作出了巨大的贡献，并有望成为 2008 年北京奥运会的文化项目。我们完全可以将其称之为云南文化旅游资源开发的一个成功案例。

文学艺术是一种社会意识，是客观物质世界和心灵精神层面心物交融的产物。文学艺术自它诞生的那天起，就与旅游结下了不解之缘，成为一种重要的旅游资源。而在新型传媒时代，包括电影、电视、音乐、舞蹈等多种艺术表现形式的表演艺术，正在占据着更大的公众感知空间。加强对云南表演艺术类旅游资源的开发，不但可以深化现有实体旅游资源的利用、开发程度，也可以导致其他类型的旅游资源的产生，还能作为天然的、大众的旅游宣传品，更好地推广云南这一旅游品牌形象。故而，加强对云南表演艺术类旅游资源的研究，具有重大的现实意义。

参考文献：

1. 谢彦君 . 论旅游的本质与特征 . 旅游学刊，1998，(4) .

2. 马莹，马国清 . 新编旅游美学 . 中国旅游出版社，2005.

3. 郑晴云，郑树荣 . 论旅游的精神文化本质 . 思想战线，2003，(29) ?.

4. 张晓萍 . 民族旅游的人类学透视 . 云南大学出版社，2005.

5. 甘枝茂，马耀峰 . 旅游资源与开发 . 南开大学出版社，2004.

6. 大理旅游集团：以文化力激活经济力做强做大大理文化旅游产业. http：//life. sina. com. cn, 2006, 07.

7. 宗晓莲，保继刚. 解构纳西古乐神话. 旅游研究网, 2005, 12.

8. Butler, R. W.. *The Concept of a Tourist Area of Evolution*：*Implication for Management of Resources*. Canadian Geographer, 1980.

职业教育的专业设置
应以岗位为中心

云南国防工业职业技术学院　龙　琦

摘　要： 在社会竞争日趋激烈的态势下，社会分工越来越细，依据职业教育的职业性、社会性和人民性，在综合研究了专业设置的制约因素后，本文提出了职业教育的专业设置应以岗位为中心，做好社会需求的岗位评价工作，根据岗位能力提出的要求，努力创造条件，才能培养出更适合社会需求的工程性人才。

关键词： 职业教育　岗位　专业设置

职业教育的目的就是使"无业者有业，有业者乐业"，培养胜任某种岗位要求的各类职业人才。随着科学技术的发展，特别是计算机信息技术的快速发展，给"三大产业"的发展及其人才结构的要求带来了深刻的变化。昔日的某一岗位，在今天平添了许多新技术和复杂技术；有的两三个岗位变成了一个岗位；有的岗位被彻底淘汰，岗位的更新日益加快。社会经济和产业发展的变化，要求从业者的知识技艺经常更新，职业能力不断提高，这就要求职业教育的专业设置应把握好职业教育的本质，做好专业的课程组织，才能更好地培养出适合社会长期发展需求的学生。

一、职业教育的任务和本质

职业教育有三重任务：一要为个体进入工作岗位作一般性准

备；二要为个体从事某种职业作准备；三要为个体在工作中所处的特殊地位和角色作准备。美国曾在 20 世纪 80 年代末成立专门委员会，进行长期调查与广泛分析，最终提出在当今的技术时代，无论从事何种职业，都应具备五种基本能力和三种基本素质。五种能力为：合理利用与支配各类资源的能力、处理人际关系的能力、获取并利用信息的能力、综合与系统分析的能力、运用各种技术的能力。三种素质为：基本技能、思维能力、个人品质。

1. 职业教育的职业性

现代职业教育的规定性与现代社会、现代职业、现代人的内涵共生和交织，表现为职业教育既要准确反映和适应现代职业对人的要求，又要为现代人的终身学习和可持续发展提供思想和制度保证。随着现代社会劳动分工日益精专化，现代人的发展在相当大程度上依赖于职业的形成和发展，并通过职业与社会及他人建立密切关系。从事某种职业成为人的重要的社会化途径之一，职业性在某种意义上也就成为现代人的规定性。从这个角度而言，现代教育培养人的规定性，实际上在很大程度上体现为培养符合一定社会和经济发展要求的现代职业人。根据劳动市场分割理论，劳动力市场可分为普通劳动力市场、职业劳动力市场和内部劳动力市场三种。第一种被称为二级劳动力市场，后两种被称为一级劳动力市场。二级劳动力市场不要求任何特殊的知识技术和严格的准入条件。而一级劳动力市场则针对不同的产业及其中的不同职业，要求劳动力拥有产业需要的专门技术，进入此市场必须具备在经过认可的训练和实践中获得的相关知识和技术。一级劳动力市场的工人工资较高，工作条件相对优越，就业稳定，升迁的机会较多；二级劳动力市场的工人工资较低＋工作条件较差，就业不稳定。可以说，适应劳动力市场的需求，是现代职业教育发展和改革的根本动力。

2. 职业教育的社会性

职业教育的社会性主要体现在社会发展需要职业教育、职业教育要适应和服务于社会发展、改革和发展职业教育要依靠社会力量这三个方面。大力发展职业教育是当前我国经济社会发展的一个重要战略选择。应当清醒地看到，发展职业教育不仅是一个重要的战略问题，也是一个涉及社会和谐与人民生活小康的政治问题、社会问题，职业教育有着鲜明的社会性。

3. 职业教育的人民性

《国务院关于大力发展职业教育的决定》中明确规定："建立职业教育贫困家庭学生助学制度。中央和地方财政要安排经费，资助接受中等职业教育的农村贫困家庭和城镇低收入家庭子女。"国家出台这样的政策，体现了对职业教育的人文关怀，体现了教育政策对机会均等和社会公平的关注，体现了职业教育的"人民性"特征。职业是谋生的手段，就业是民生之本。关注社会弱势群体的就业、谋生问题，为他们的生存现状、发展命运而忧，这是职业教育人民性的根本体现。在解决了"为什么人服务"这个根本问题后，另一个关键方面就是以就业为导向，以创业为动力，解决"怎么服务的问题"。满足广大人民群众广泛而充分地就业和终身学习需要，是发展有中国特色职业教育的根本目的。目前，我国正全力实施职业教育的"四大工程"，即国家技能型人才培养培训工程、农村劳动力转移培训工程、农村实用人才培训工程、成人继续教育和再就业培训工程，就是对满足人民群众终身学习需要的全面关注。温家宝总理在 2005 年 11 月 7 日召开的全国职业教育工作会议上指出"中国正在举办世界上最大规模的职业教育"，这既是对目前职业教育发展的肯定，也是对今后职业教育解决就业问题充满信心、充满希望。

二、职业教育专业设置的制约因素

更新专业设置是一项庞大的系统工程，涉及面广，科学的规划、稳定的步骤和合理的组织是其健康发展的关键。这些年来，职业教育更新专业设置除少数是地方行政组织发起外，绝大多数是学校自发进行。更新专业设置的职业学校为数众多，可以说涉及每所学校，其中星星点点的改革成果也自然不少，不过明显缺少有影响的代表。归其原因在于理论研究跟不上实践的发展，没有形成有中国特色的真正属于职业教育的理论，使职业教育更新专业设置的实践一直难以达到令人满意的境界。虽然从改革策略方面看，这种自发的机制调动了地方和学校的积极性，但其自发性也显露出诸多不足：受诸多制约因素影响，表现为在专业设置方面出现重复浪费，过程流于形式，教育质量得不到保证等等，从而导致无法长期稳定地得到贯彻发展。

制约因素一：社会需求。职业教育的专业设置必须建立在社会需求的基础上。这是职业教育专业设置的根本出发点。考虑社会需求是双方面的辩证考虑，既要考虑市场对劳动力的要求（市场对专业的要求），又要考虑学生对劳动岗位的要求（学生对专业的要求）。简而言之，就是要考虑招生（学生对专业的要求）和就业（市场对专业的要求）两个方面。

制约因素二：学校硬件条件。随着社会经济对劳动者素质需求的转变和提高，劳动力的技术含量显得越来越重要。应用型技术人才的培养，离不开硬件设施的配合。而不同的专业，又需要不同的硬件设施。一个专业的设置，能不能带来直接的经济效益，能不能带来长久的经济效益，往往在短时期之内却无法体现出来。那么怎样认识在某一个专业上的投入和产出之间的关系，以及该专业和学校整体的比重关系是一个很难把握住度的问题。这样，能不能对该专业足量投入、愿不愿意对该专业足量投入就很难得到保证了，结果开设专业往往是重申报轻建设，重名称轻内涵。

制约因素三：师资力量。职业教育是以就业为导向，培养的是应用型技术人才，这就对教师提出了更高的要求，教师必须是"双师型"的，不仅要是讲台上讲课的好教师，也要是本专业实践操作的熟手。学校开设新的专业，必须有熟悉该专业理论和实际操作的教师。但从现实上看，绝大多数学校无法充分保证此环节。一些新兴的专业，缺乏师资力量，学校只能勉强使用对原有教师进行短期培训的方法来实现转行，完成新专业的开设。

制约因素四：学生基础。当前，由于高校扩招、办学供需双方信息传递不灵敏、社会对职业教育存有偏见等多种原因的影响，造成了职业教育生源人数上的相对枯竭。而职业学校为了保证生源，只能无奈地降低门槛，其直接后果就是导致生源文化程度的整体下降，这样又给职业教育的发展和提高带来了不小的困难，某些技术含量高的专业人才难以培养，甚至导致该专业无法开设。

三、以岗位为中心的职业教育专业设置方法

专业划分是专业设置的基础和前提，不仅应具有科学性、规范性、权威性，同时还要具有不断适应发展需要的灵活性。专业划分主要由国家主管部门完成。职业教育的专业划分一般来说可以有三种方法：（1）职业分析法；（2）课程分析法；（3）培训分析法。企业岗位的研究和划分应由国家统一组织。

在确定了企业岗位后，组织相关资源，设计合理的问卷，对企业岗位能力从德、才方面做出分级评价。依据岗位要求，从基本素质、文化素质、通用能力和专业能力着手，对岗位进行岗位群和岗位分类，使其成为在一定时间（两年到三年）内可以达到的培养目标。学校应利用现有的社会资源做好岗位评价工作，

这是以岗位为中心专业设置的先决条件。依据专业设置的制约因素，合理设置出通过努力可以达到目标的专业教学计划。

以岗位为中心的专业设置过程如下图所示。

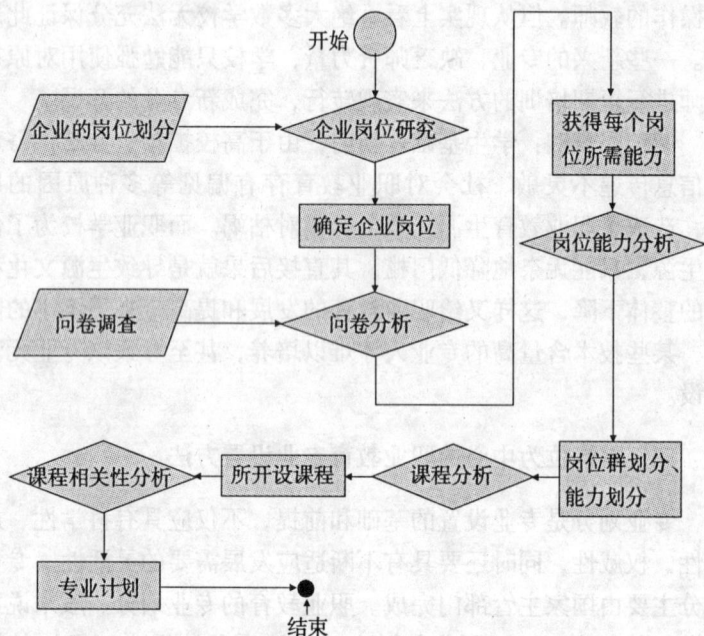

职业教育专业计划设置过程图

随着科学技术水平的提高和社会分工的逐渐细化，新的职业相应产生，旧的职业逐渐消失，各种职业的劳动者比例不断发生变化。职业结构变化总的趋势是，体力性、非技术性职业劳动者所占的比例不断减少，而脑力性、技术性劳动者所占的比例不断提高。职业结构的变化对劳动者的知识和技能提出了要求，要求劳动者在上岗前接受一定的职业技术培训。以往职业教育具有强烈的工具主义色彩，过分凸显职业教育的社会筛选与分配功能，而使其在一定程度上丧失了本质功能——育人。杜威曾指出："就是有一种危险，把职业教育在理论和实践方面解释为工艺教育，作为获得将来专门职业的技术效率的手段。"而当代职业教育新理念也开始反省，指出："现代的观念理所当然地认为，职业教育项目不能准确地对某个特定工作进行设计。劳动力市场动态的和变化着的需求对思维能力越来越多地替代体力技能提出了要求，因此，职业教育计划应该人文化和宽基础化，以提高适应性，拓宽就业机会，提高教育和职业的能动性。"职业教育首先要保证受教育者能够掌握专门化的知识与技能，确保其在所学领域能够处于领先地位，以适应未来职业不断变化的要求。与此同时，要使受教育者在道德上健康发展，使其形成某种有望获得未来职业地位和对他有利的个性特征。笔者认为，现代职业教育必须遵循"育人"而非"制器"的原则，使学科教育与职业教育相通相融，共同建构具有一定人文精神和学术修养的专门化职业人才。

职业教育的专业设置做到了以岗位为中心，能够在解决培养对象与社会的适应性方面发挥极大的优势。

参考文献：

教育部高等教育司.点击核心：高等职业教育专业设置与课程开发导引.北京：高等教育出版社，2004.

产 学 研 结 合

——职业教育发展的基本方向

2006 级中职硕士计算机应用技术专业　陈　奇

　　摘　要：社会对人才的需求，可以分为两大类。一类是探索世界客观规律，即做科学研究的人才，这类人才属于学术型人才。另一大类是将科学原理应用于实践，即应用型人才。我国人力资源丰富，但劳动者整体素质不高，人才结构不尽合理，重要原因是教育结构不够完善，职业教育发展滞后。目前，全国城乡每年有一千多万初中毕业生不能升入高中，数百万高中毕业生不能升入大学；同时，大学毕业生就业难的问题越来越突出，每年有上百万名大学毕业生不能及时找到工作。而社会对各类技能型人才需求量却很大。不同类型的人才由不同类型的教育来造就。一般说，技术型、应用型人才由职业教育来造就，而学术型人才则由普通高等教育来培养。由此可以看出职业教育在我国教育中的重要地位。

　　当今社会在呼唤综合应用能力更强的职业类人才，社会性是职业教育培养目标定位的价值取向。借鉴国外的职业教育的一些先进经验，加之多年的摸索，我国的职业教育的基本发展方向已经逐渐明晰，那就是必须充分利用社会和行业资源，走校企结合之路，将产、学、研紧密结合起来。

　　关键词：职业教育　合作办学　产学研结合

一、产学研结合的内涵

产学研结合，是指科研、教学和生产部门在功能与资源优势上的协同与集成，其特点在于科技直接与产业结合，缩短科技成果转化的时间和环节，促进企业和社会生产力的快速发展。对于国外的职业教育，我国的职业教育仍是一个相对封闭的体系，迈向开放型、综合型发展是必然的选择。职业院校要生存、要发展、要在竞争中立于不败，就必须拓宽思路，大胆改革，构建一个开放的职业教育体系。

其实，像德国、澳大利亚、瑞士等一些国家，之所以具有发达的职业教育，就在于其突出了人才培养的技术性、技能性，充分体现了开放的内涵。澳大利亚职业技术教育最鲜明的特色就是政府、社会、企业与院校之间紧密协作，共同培养职业技术人才。政府不仅出资赞助培训基地的开发，还鼓励企业直接参与到学校的课程设计、教学评估、入学甚至就业安置的全过程中来，把产学研结合真正落到了实处。

二、校企结合，实现产学研协调发展是实现职业教育培养目标的重要途径

校企结合与产学研协调发展是职业院校深化教学改革、提高教学质量、强化师资队伍、铸造社会实用人才的可靠保证，并能使职业教学更加贴近社会，更加适应经济发展的需要。另一方面，校企结合与产学研协调发展也是培养应用型人才的重要途径。职业院校培养的学生是工作在一线职业岗位的技术应用型人才。因此，培养方案的落实依赖于企业的合作，依赖于企业的力量、设备资源和管理经验。同时，产学研相结合协调发展有利于学生的整体职业素质的提高，学生在项目学习操作实践中与企业结合，接受企业文化、企业精神的熏陶，从而培养爱岗敬业、吃

苦奉献、团队协作的精神，以及质量意识、效益意识和竞争意识。这样，既有利于根据社会的需要确定学生的培养模式，又有利于把各专业的优势和教师的科研实力推向社会，从而形成学校与社会的互动互利的培养模式，以适应社会对新型人才的需要，实现社会效益和经济效益共赢的目标。

三、目前我国职业教育产学研合作办学存在的主要问题

（1）职业院校运行机制问题。长久以来形成的封闭式的传统办学观念是目前实行产学研合作的最大障碍。一些学校还在着眼于重点学科的建设以及硕士、博士的数量上，缺乏市场观念和商品竞争意识，加之没有形成把科技成果及时推广的体系，无法让科研成果及时商品化，极其不利于产学研结合的实施。

（2）经济利益的冲突。随着我国市场经济体制的不断完善，企业与职业院校在人才培养目标取向上，在经济利益分配上出现严重的冲突。所有产学研合作的参与者如企业、高校、学生和教师在自身利益方面的各种各样的考虑，影响了他们的积极性，从而也会阻碍产学研结合的实施。

（3）政府支持力度薄弱等来自外部的问题。产学研合作的开展离不开政府相关政策的出台和实施。而政府有关部门并没有依据政府的政策法规很好地进行引导、协调和管理，这些也成为影响产学研合作积极性的重要因素。

另外，还有风险投资等问题的存在。比如对于企业来说，面对需要承担高风险的巨大压力，往往对很多技术成果望而却步，他们希望国家通过法律政策或者金融等机构的介入一起来共同承担风险。上述这些问题的存在，都需要我们在产学研合作办学的实践中去研究、去解决。

参考文献:

1. 王前新. 高等职业教育人才培养模式的构建.

2. 朱勤. 高等职业教育发展的生命线（职教论坛）.

3. 徐国庆. 试论职业教育专业课程的展开顺序（职教论坛）.

4. 左健民. 产学研合作的动力机制研究. 高等教育.

5. 陈解放. 中加合作教育对比分析. 中国高教研究, 1997. (4).

高职院校实践性教学初探

云南大学职业与继续教育学院　冯志鹏

摘　要：本文从实践性教学对于高职教育人才培养的重要性分析入手，提出高职院校在实践性教学环节中存在的问题，并浅析提高实践性教学的一些相关举措。

关键词：高职教育　实践性教学　重要性　举措

高等职业教育是高等教育的重要组成部分，它具有双重属性，既是高等教育，又是高层次的职业教育。从职业教育的高层次这一点来看，它与普通高等教育有显著的不同之处。后者在教学上强调学生所学知识的宽理论性、系统性和完整性，以培养学术研究型、应用研究型和技术理论研究人才为目标。而高等职业技术教育是为生产、服务、建设和管理第一线培养高等技术型、应用型人才。正是由于培养目标和普通高等教育不同，高职院校在办学模式、教学实践等方面也有别于普通高等院校，尤其在实践性教学方面高职院校教学具有显著特点。

一、高职实践性教学的概念

（1）普通高等教育实践性教学就是在课堂理论教学基础上，通过课堂外的作业、验证或创新实验、实习、社会调查（课程设计）、社会实践、社会服务、毕业论文（设计）等形式，将理论知识与实践教学相结合，培养学生将理论知识运用于实验教学、实践活动、科学研究和创新研究等方面的解决问题的能力，是提高学生综合素质的教学环节之一。

（2）高职实践性教学是指高职院校相对于理论教学之外开展的各种教学实践性活动的总称，包括实验、工程设计、工程测绘、车间技能实习、社会调查和岗位培训、技能考核等。要做到专业理论课与专业实践课相结合、专业工艺课与专业实训课相结合、专业实践教学与社会工作岗位技能相结合，做到与相应专业实践教学计划、教学大纲、师资、社会岗位技能需求一体化，促使理论教学与实践教学紧密结合，形成理论教学与岗位技能需求融为一体的教学模式。根据课程特点和社会岗位技术要求，制定好理论教学和实训教学的比例关系，是培养学生综合素质的最重要教学环节。高职实践性教学目标是使学生获得基本的社会知识和掌握较深入的专业理论知识和技能，掌握从业职业技能，获取职业资格证书，具备独立操作能力，具有独立解决问题能力，有较完善的知识结构，使之成为以岗位能力为中心的技术应用、服务、建设、管理等方面的复合型高级技术型实用人才，并促成良好职业习惯、职业道德的养成。

二、实践性教学在高职教育中的重要性

（1）高职教育为社会培养生产、建设、服务和管理第一线的高等技术型、应用型和管理型人才，足见高职教育人才培养的重要性。人才培养的目的是满足社会各行业对人才的需求。随着社会经济和技术的飞速发展，各行各业对人才的观念也发生较深刻的变化。这种变化包括人才招聘、人才培训、人才的劳动技能和职业观念，具体表现在招之即用，企业不再对员工进行长期的培训。随着人才市场对实用型人才需求的不断扩大，过去那种关起门来按部就班培养"学究式"人才的办学模式逐渐地没有了市场。现在用人单位的用人法则就是"吹糠见米"的现实主义

法则，他们根据其价值取向极力推崇那些有一定专业理论知识，更具实际操作技能，动手能力极强的实用型人才。企业对招聘、使用人才观念的变化，促使人才培养机构和学校对人才培养模式也进行相适应的改革和探索。在这方面，高职教育比普高教育更具有优势，但高职教育也应动态地紧密结合人才市场的发展变化来及时调整学校的实践性教学工作，促进合格人才的培养。

（2）实践性教学从实践到理论更好地促进学生对理论知识的学习。实践性教学是高职院校的特色之一，也是学校教学重点。普通高等教育强调从"理论—实践—再理论"的实践教学模式，而高职教育提出"实践—理论—再实践"，甚至是"早实践，多实践，边学习边实践"等实践性教学模式。前者强调学生掌握知识的系统性、完整性，后者侧重知识的实用性、服务性。通过实践活动，学生能学习到丰富的感性知识，促进对理论知识的深入思考，也实现学以致用。实践性教学能具体地检验学生对相关专业理论知识的掌握程度，促使学生形成相关专业、技能的理论性知识结构，提高学生学习枯燥理论知识的积极性，产生对理论知识学习的兴趣，最终形成实践性教学的良性互动循环，同时也有利于培养具有一定专业理论知识，又具备较高实践技能的实用型高级人才。

（3）实践性教学是培养和提高学生专业技能的根本途径。新时期高职教育就是就业教育，而就业是评价学校教学质量的核心指标。高职院校的教学质量最主要体现在它所培养的学生的学业水平上，而衡量学生学业水平的重要指标是他们的专业技能或实践能力，即他们毕业后无需过渡期或从业再培训等就应成为生产、建设、管理、服务第一线的技术应用型人才。这就要求高职院校的教学应以职业技能为核心，把学生专业技能的培养放在第一位，加强实践性教学环节。另一方面，从业技能和社会实践能力的养成也只有通过实践来培养。任何岗位的专业技能都是在多年多次无数人的工作实践中摸索总结出来的，如仅仅学习书本上别人总结的经验，不通过动手操作和实际参加锻炼，是无法学到家的，也无法将所学到的知识融入自己的技能体系结构中，更不会对此进行修改、创新。社会实践能力更是要求学生深入社会，身体力行，才能获得。所以，高职院校为实现培养和提高学生专业技能和实践能力就必须长期坚持和加强实践性教学。

（4）实践性教学能培养学生的职业技能和职业道德观念。培养和提高学生的职业能力也是高职院校的基本任务。职业能力是一种综合能力，它包括专业领域的有关知识、职业技能与经验、情感领域的需要、动机等态度以及按一定标准有效地从事某项职业工作的能力。学生的职业能力只有在理论教学和实践教学的结合中才能形成。所以，实践性教学对学生形成正确的职业态度方面，特别是对培养学生综合应用所学理论知识和实践技能去解决工作中的实际问题的能力等方面都有着重要的意义。对于高职院校的学生来说，职业道德问题不是一个理论上探讨的问题，而主要是怎样训练和养成的问题。职业道德的基本规范如爱岗敬业、诚实守信、奉献社会等；职业道德的基本素养如遵纪守法、尽心尽责、严谨自律、宽容合作、吃苦耐劳、精益求精、开拓创新；职业从业道德如行业技能要求、行业规范、行业观念等每一条都是一种行为实践，也必须通过实践才能形成。

三、高职实践性教学中存在的问题

随着社会经济和技术的飞速发展，我国高等职业技术教育在国家的大力支持下也实现了跨越式的发展。其办学规模、招生规模、办学层次、教学改革和人才培养等方面都得到较快的发展，但在发展过程中也逐渐暴露出一些问题。笔者就高职教育中实践性教学方面存在的问题总结如下。

（1）高职教学中对实践性教学不够重视，其地位没有得到共同的认同。对实践性教学不够重视原因是多方面的，有主观的，也有客观的。如分管教学的领导不够重视或是对高职教育人才培养定位不准等；或是学校的资金投入不够，没有实践性教学软硬条件或受普通高等教育教学的传统影响等。因此，不管是学生、学校管理者，还是任课教师都认为实践性教学就是走过场，学不到真正的技术。这样实践性教学的地位在学生、教师和管理者中都得不到重视。

（2）实践性教学计划难以适应新时期高职教育岗位型、技能型的特色要求，相应的实践性教材也难以适应现代职业岗位的要求。实践性教学环节理论脱离实际，停留在简单模拟和论证上，基本实验多，创造性实验少，且内容陈旧，甚至根本没有结合社会职业需求，导致专业、岗位技能和独立工作能力、创新能力得不到应有的培养训练。在过去的专业教学计划中，虽然也分为理论和实践两大部分，但往往只是把实践教学当成理论教学的完善过程或辅助手段，实践课时偏少，而且实践性指导教材内容或简单或陈旧或照抄课本案例等，对社会岗位不了解，对专业技术不认识，根本不适应现代职业的需求。

（3）师资队伍建设相对滞后，尤其是"双师型"教师偏少。师资队伍的质量决定学校的教学质量，一支既有较高的专业技能和社会实践经验、又有很强的实践教学能力的师资队伍是保证高职人才培养质量的重要条件。

（4）缺乏有效的科学的实践性教学质量评估体系，实践性教学的考试考核制度不完善，走形式主义。长期以来，实践教学的成绩是附属在理论教学成绩上的，教师评定成绩仅从学生的实验报告、出勤次数等项目上着手，对实验实训的教学过程、教学质量、技能掌握情况等各环节缺乏一个科学、有效的评价体系，容易在学生乃至教师中形成重理论课、轻实践课的观念，在不同程度上影响实践课程的教学质量。

（5）实践性教学基地的软硬件条件较差，实验室设备陈旧、信息化程度低、规模较小等；实习基地经济、技术投入不够，场地建设难以落实等现象较严重。现有的教学设施难以满足高职院校人才培养的需求，更难适应社会职业技术发展对人才的挑战。

四、针对以上存在的问题，加强高职实践性教学的举措

（1）对实践性教学不够重视的问题，笔者认为从以下几点可以提高学校管理者、教师和学生对实践性教学重要性的认识。①从高职院校发展趋势、国家政策、形势等宏观方面，并结合本校校情，重新定位、分析学校人才培养的目标和途径，以提高学校管理者对实践性教学的重视和关注程度。②从社会职业发展的需求，从业技能、技术和社会工作岗位要求，结合学校特色专业和品牌专业，打造学校品牌和社会声誉，以提高学生技能，促进学校就业工作来提高管理者、教师和学生的重视程度。③从建立科学有效的实践性教学质量评估体系来提高学生实践教学的质量和效果，促使学生积极参加实践性教学活动。科学、公正地考评学生的实践教学成绩，同时能使学生在实践教学活动中学到专业技术、操作技能、实际岗位能力等综合能力，让学生从被动学习变成主动参与，从怕上、不愿上到自觉上、爱上实践教学课。④还有从加强教学改革，主观侧重教学实践课程，调整教学大纲，加强实践性课程的比例等方面来提高学校管理者、教师和学生对实践性教学课程的重视。

（2）对于实践性教学计划和实践性教材方面的问题，可以从以下方面来解决。①修订教学大纲，结合职业技能、技术发展的实际和趋势，调整实践性课程与理论课程的比例，尤其对技术型、工程型、实用型等实践性课程加大实践性教学比例。②规范实践性教学大纲。实践性教学大纲是实践教学体系的重要构成，它应对各实践教学环节的目的要求、内容、时间安排、教学形式

和手段、教学所需设施条件、考核办法等作出明确规定。③注重教学的组织、内容及方法的改革，充分反映学科发展，以求把"知识、能力、素质"的培养融于一体，真正发挥实践性课程在提高学生操作技能、创新能力以及培养学生严谨求实工作作风中的作用。④实践性教学计划应充分结合社会职业技术、技能，职业要求实时调整，以适应人才市场的需求。⑤实践性教材应紧密结合专业技术、技能的发展方向、趋势，具有实用性、操作性，切忌内容的陈旧。⑥实践性教材应组织学校相关专业有较强专业技能和有丰富实践教学经验的"双师型"教师编写。⑦实践性教材应结合实践基地的实际状况，编写体现本系、本专业特色的、具有较强的针对性、实用性的院内实践教学教材和院外实践教学讲义、生产实习、部分课题毕业设计指导书等，完善实践教学教材体系。

（3）师资队伍建设是一个长期的、永久的问题，但高职院校"双师型"队伍建设刻不容缓。"双师型"教师既具有高深专业技术又具有丰富实践教学经验，在实际教学中，能不断充实与改进实训内容，改革教学方法，培养学生职业技术技能及独立解决实际问题的能力和创新能力，培养学生的职业道德和团结协作精神，全面提高学生的综合素质。所以"双师型"教师队伍既是实践性教学的核心，也是高职院校培养高级应用型人才的关键，因此学校必须拥有一支能适应工作需要的"双师型"教师队伍。"双师型"师资队伍的建设途径主要有三条：①"请进来"，是指从企业选聘、社会引进具有扎实理论功底和丰富实践经验，又有较高学术水平的高级工程师、技师、管理人员到学校经过教学业务培训后担任实训教师。②鼓励、培养教师向"双师型"方向发展，有计划、有组织地选派一些青年教师到企业实践、考察，带着教学过程中的问题深入企业一线，让教师参与实践，或从事横向的科研项目，将教师的专业知识应用能力提升到一个新的高度。③从社会上聘任有实践经验的工程技术人员到学校任专职或兼职教师。

（4）建立科学有效的高职实践性教学质量评估体系是实践性教学的保障，同时也体现高职教育特色。教学质量监督、评估体系的建设，是学校教学的核心任务。科学地评价和考核，是促使实践教学达到最佳效果的关键。构建实践教学评估体系要根据应用型教育人才培养对基本实践能力与操作技能、专业技术应用能力与专业技能、综合实践能力与综合技能提出的要求，制定切实可行的实践教学评估体系，依靠行业共同确定专业的核心能力或关键能力要求，制定各项技能特别是核心能力的考核标准，严格考核制度，才能确保实践教学质量，促进学生实践技能的真正提高。笔者认为应从以下几点来抓实践性教学质量评估体系建设。①从改革实践性教学的考核方法入手，强化实验课、课程设计、毕业实习等实践课程在专业必修课中的地位，加强实践性课程的教学时间比例。②推行实验考试制度，每一门实践性课程的成绩以实验考试结果为主，辅助一定的理论学习成绩，对实践性课程考评时学生应在规定的时间内按临时抽签序号测试某一项实验操作技能。这就要求学生必须掌握所有的实验操作技能。实验考试的成绩在该门课程的成绩中占有相当的比重。③教师要认真抓好学生平时的每一次实验、实训，建立实训的量化考核标准，学生每次做完实验、实训后，教师按考核标准进行评分，得出平时每次实验实训的量化考核成绩，按一定比例计入课程总成绩。④建立相应的创新性实践评估制度。积极鼓励、引导学生参加全国的各项大赛，学校设立相应的创新资金资助学生的创新研究。

（5）实训基地建设是各高职院校在发展过程中都面临的问题。实训基地建设，包括场所、设备、教学指导人员、教学计划等，可为学生提供实践教学、基本技术操作和训练的场所，保证学生掌握相应的职业技能。实验实训基地建设是促进职业技术教育发展，培养适应现代化建设需要的技术型、应用型专门人才的关键，是完成实践教学环节的基本硬件，是实施职业技能训练的保证。目前实训基地建设较明显的问题是经费的投入明显不足，国家在职业教育上也缺少专项资金和有效的政策引导。对实践性教学基地的建设要坚持从实际出发，应做好以下"三个结合"。①校内与校外相结合。校内实训基地建设应以满足课堂教学需要为出发点。校内实训基地有别于实验室和实习车间，是介于两者之间的一种人才培养基地。校外实训基地是由学校与企业、科研单位等合作、协办的，对学生参与生产或经营活动进行培训的场所。它的主要功能是在完成特定的生产任务，在保证企业或公司正常的管理、生产、销售、服务等运作流程的前提下，承担为学校（学生）提供社会化服务的实习指导、实践以及科技开发等任务。校内与校外实验基地相辅相成、有机结合，可以把高职教育的教学质量提高到一个新的水平。②政府支持与自主发展相结合。政府和学校要充分认识实验实训基地建设在人才培养中的重要性，从而调动社会各界对人才培养的积极性，建设不同规模、不同层次的实训基地。③学校与学校相结合。开辟校外实训基地的另一重要途径，是校际合作办学。根据不同专业方向，建设具有各校特色的实训基地，实施校校联合，取长补短，资源共享。校际合作可以优化资源配置，避免重复建设，解决教育经费不足等问题。

总之，实践性教学是高职院校的特色，是其为社会培养生产、建设、服务和管理第一线的高等技术型、应用型和管理型人才的根本途径。高职院校应重视实践性教学，改革实践性教学大纲、教学计划、教学质量评估体系，加强实践性教学。本文是笔者对高职院校实践性教学的一些粗浅看法，有错误之处恳请各位专家学者批评指正。

参考文献：

1. 杨选辉，肖燕. 对高校实践性教学模式的探讨和建议. 科技广场，2006，(3).

2. 沈时仁，赵杰. 高等职业教育实践性教学体系构建的若干问题. 宁波大学学报（教育科学版），2000，22（5）.

3. 吕冲. 浅论新时期高等职业教育中的实践性教学. 前沿，2006，(4).

4. 黄象珊. 加强高职实践性教学. 职业教育研究（高职专论），2005，(4).

5. 冯钟. 关于高职实践性教学改革的思考. 职业教育研究（实验实训），2006，(1).

6. 黄立志，李祥峰，范树林. 新世纪我国高职院校实践性教学体系的构建. 邢台职业技术学院学报，2000，17（3）.

7. 宋正武. 职业技术教育实训基地建设问题思考. 信阳农业高等专科学校学报，14（3）.

8. 马三生，陈英. 高职院校实训基地的建设. 边疆经济与文化，2006，(2).

传统士人文化影响下的高职教育发展思路探微

云南大学中文系　孔维增

摘　要：我国高等职业教育已经发展了二十多年，虽然取得了显著成绩，但与社会经济的发展步伐相比，高职教育在我国依然显得滞后。造成这种状况的原因固然是多方面的，如教育制度、考试制度，以及经济发展水平等，但根本而言，真正制约我国高等职业教育发展的核心因素是我国"重文轻工"的传统士人文化思想，正是这一传统思想从根本上制约了我国高等职业教育的发展。

关键词：高等职业教育　发展　滞后　士人文化

自 20 世纪 80 年代初我国东部沿海及一些经济发达地区率先出现一批由中心城市举办的新型地方性大学——职业大学时算起，高等职业教育已经走过了二十多年的发展历程。经过这二十多年的发展，高等职业教育取得了显著的成绩。截至 2002 年底，全国共有 1 374 所独立举办高等职业教育的院校，占全国高等学校总数的 68.6%，其中，职业技术学院 548 所、高等专科学校 219 所、成人高等学校 607 所。高等职业教育的在校生约为 781 万，占了高等学校在校生总数的 52.3%。① 然而，虽然从绝对数

---

① 李志宏，王伟，李津石. 高等职业教育：积极发展规范管理. 中国高等教育，2003，（7）.

据看，高等职业教育经过二十多年的发展成绩显著，但我们要看到高等职业教育在我国普通高等教育夹缝中生存、发展的命运依然没有从根本上得到改变。从高等职业学校的招生人数、在校生人数来看，虽然高等职业教育已经占据了我国高等教育的半壁江山，但在这些数字背后，我们仍然会发现各高等职业学校在投资力度、硬件设施、师资力量、生源质量等方面依旧不能与普通高等学校相提并论。教育层次定位不当，投入不足，办学条件差的状况在高职院校中依然普遍存在。招生及在校生数据固然很具有吸引力，但办学条件上的隐性差异或许更能说明问题。从高等职业学校与普通高等学校在办学条件的差别中，我们可以看到我国高等职业教育依然没有从根本上摆脱发展的瓶颈，高等职业教育的发展依旧没能在质上实现突破。

对于高等职业教育的发展瓶颈，有人认为是国家的教育政策，有人认为是我国的教育教学体制，还有人认为是我国的经济体制及经济发展水平。依照我的看法，高等职业教育的发展瓶颈可分为显性瓶颈和隐性瓶颈，以上所列举的都可归为显性瓶颈。由近年来高等职业教育发展的实际情况可以认定以上列举的显性瓶颈虽然在高等职业教育的发展中起着十分关键的作用，但它们并没有从根本上影响高等职业教育的发展，换句话说，它们并不是高等职业教育发展的真正瓶颈。从国家的教育政策来看，为了促进我国高等职业教育的快速发展，自 20 世纪 80 年代起，我国相继出台了众多旨在保护高等职业教育发展的政策。1982 年，五届全国人大五次会议提出："要试办一批花钱省，见效快，可收学费，学生尽可能走读，毕业生择优录用的专科学校和职业大学。"1996 年 9 月，我国《职业教育法》正式实施，高等职业教育的法律地位得以确认。2002 年 7 月，《国务院关于大力推进职业教育改革与发展的决定》出台，该《决定》提出："力争在'十五'期间初步建立起适应社会主义市场经济体制，与市场需求和劳动就业紧密结合，结构合理、灵活开放、特色鲜明、自主发展的现代职业教育体系。"2005年11月，国务院再次召开全国职业教育工作会议，强调要把发展职业教育作为经济社会发展的重要基础和教育工作的战略重点，要进一步建立和完善"有中国特色的现代职业教育体系"，对职业教育的重视达到了前所未有的高度。从教育体制上，在国家陆续颁布的教育政策指导下，我国各级各类职业学校逐步建立并趋向协调发展，有中国特色的现代职业教育体系基本形成。在经济体制及经济发展水平层面更无须多言，尽管我国目前依旧处于发展中国家水平，但社会主义市场经济体制已基本确立，以市场和政策为基本调节手段的资源配置方式基本实现，从这一点上看，认为我国经济体制及经济发展水平是我国职业教育发展滞后的关键因素的说法显然难以成立。

经过以上分析我们不难看出，国家教育体制及我国经济体制不仅没有制约我国高等职业教育的发展，反而在一定程度上走在了高等职业教育发展的前面。既然国家教育政策、经济体制等显性瓶颈并没有真正制约职业教育的发展，那么我国高等职业教育发展的真正瓶颈在哪儿呢？我认为我国高等职业教育发展的真正瓶颈是中国"重文轻工"的传统士人文化，我将之称为影响高等职业教育发展的隐性瓶颈。相对于显性瓶颈，隐性瓶颈才是真正制约我国高等职业教育发展的关键因素。

中国重文轻工的士人文化传统根深蒂固。中国人从小就受着"万般皆下品，唯有读书高"的熏陶。早在两千多年前，《论语》就对国人作出了"君子不器"的告诫。在中国的传统社会里，技能工艺被蔑视为"奇巧淫技"，学习或以技能工艺为职业的人历来为人不齿。虽然中国的近代、现代化进程早在一百多年前就已开始，但积淀了几千年的文化心理不会在短期内就丧失其影响力。

相对于工业化程度较高的城市，传统农业经济依旧占较大比重的广大农村所受到的影响更为明显。尽管如此，我国高等职业教育的发展要想取得真正的突破，农村依然是必须关注的重点。一方面，城市学生凭借较为优越的生活、学习条件，能够较为容易地进入普通高等院校学习，而在高等教育资源有限的情况下，农村学生往往由于缺乏竞争力而难以进入普通高等院校；另一方面，由于传统思想观念的影响依旧较重，农村学生宁愿选择复读或终止学业，也不报考职业学校，少数报考的也只是无奈之举。中国人口大部分在农村，城市学生又有更多的机会进入普通高等学校，因此，高等职业学校选择放弃对城市生源的争夺，而将工作重心移至农村显然才是真正的明智之举。

尽管中国重文轻工的士人文化传统根深蒂固，难以在短期内消除其影响，但各职业学校也并非无能为力。除了宏观上等待现代化浪潮对国民心理的洗礼之外，各职业学校依然能够从微观上采取一些措施，对士人文化传统的负面影响予以控制、矫正。

首先，综合各种传播媒介，充分利用数字媒介的导向作用，强化高等职业教育在招生与就业中的优势，并据此增强宣传力度，努力提高高等职业教育在民众中的可信度。在当今大中专学校毕业生就业普遍困难的情况下，以就业作为宣传点和招生基石，无疑能够为各高职学校招生开辟广阔的新路。

其次，适度提高高等职业学校的招生要求，规范招生。以往高等职业学校所面对的生源基本上都是同等普通高等教育淘汰的学生，这种状况从源头上就造成了高等职业教育的弱势地位。要改变高职教育的尴尬处境，基本做法就是在招生中适度提高高职学校录取的文化理论水平要求，以便为扭转高等职业教育作为普通高等教育附庸的状况奠定基础。学生的基础理论水平低必然会直接影响入学后的实践技能培养，从而最终影响学生的就业，而毕业生的就业状况又反过来影响职业学校的生源质量，这就形成了一个恶性循环。要改变这种状况，必须从提高生源质量入手。

再次，改革高等职业教育的教学与培养模式，强调动手能力的培养。加大高等职业学校实践技能培养力度，保证职业学校的理论课与实践技能课之比至少为1:1。高职学校只有加强学生技术技能的培养，注重学生的实际动手能力，才能有别于普通国民教育而凸显出自身的办学特色。

最后，关注学生就业，鼓励学生自主创业。就业一直都是学校教育面临的首要问题，只有就业问题得到较好的解决，才能从根本上扭转高职学校在宣传、招生中的不利局面。同时，就业状况又与学生技能培养紧密相连，只有学生的技能提高了，就业问题的解决才有坚实的基础。

总而言之，尽管中国重文轻工的士人文化传统对高等职业教育的负面影响受客观规律的支配难以在朝夕之间消除，但高职学校同样能够有所作为。各高等职业学校积极探索，必能为高职教育的发展开辟广阔的前景。

面向东南亚职业教育的实践和探索

云南大学职业与继续教育学院

马　勇　马克力　王向伟

摘　要： 当今世界和平与发展已成为主题，随着我国对外开放脚步的加快，为东南亚各国培养懂得国际合作的专门型、技能型的人才已迫在眉睫。本文根据云南大学在东南亚开展的职业教育的实践，分析东南亚职业教育的现状，探索在东南亚开展职业教育的独特形式，并提出相关的对策与建议。

关键词： 东南亚　职业教育　函授　实践和探索

一、东南亚职业教育现状

东南亚是中国的南邻，自古以来就是中国通向世界的必经之地。在悠久的历史交往中，中国人民和东南亚各国人民结下了深厚的友情。东南亚地区共有 10 个国家：越南、老挝、柬埔寨、泰国、缅甸、马来西亚、新加坡、印度尼西亚、文莱、菲律宾。东南亚各国都有自己悠久的历史，且都是二战后新兴的国家，除新加坡外，均属发展中国家。东南亚各国都是多民族的国家，共有 90 多个民族。东南业地区又是世界上华侨、华人最多的地区，全区有华侨、华人两千多万人。今天的东南亚是当今世界经济发展最有活力和潜力的地区之一，随着中国和东南亚国家经济建设的飞速发展和社会进步，双边和多边的友好合作，我国与东南亚各国的合作关系也将进入一个不断发展、更加密切的历史时期。

当今世界，和平与发展已成为主题，东南亚各国和我国都面临着振兴经济的繁重任务。在全面实现现代化的进程中，各方携手合作协同发展已成为许多国家的共识，与此相适应的海外华文教育和职业教育也开始受到人们的关注。东南亚各国的职业教育发展状况并不均衡，诸如泰国，人口约 6 300 万，人口增长率约为 10%，劳动力年均增长约 1.5%，农村人口约占 70%。经过多年的发展，泰国的教育发展较快，是亚洲教育较发达的国家，文盲率仅占 14%，人均受教育年限 5~6 年。全国共有国立大学和私立大学 25 所，在校学生 21 万人（不含开放大学注册的学生），入学率高达 19%，职业教育遍布全国。而柬埔寨人口 1 千多万，人口年轻化特点较为明显，人口增长率约为 2.8%，劳动力增加较快，80% 以上从事农、林、渔、牧等行业，人口文化素质较低，人均受教育年限只有 2~3 年，文盲率高达 65%，是亚洲教育程度最低的国家之一，全国仅有大学约 10 所，职业教育非常薄弱。在新加坡、泰国等国家，职业教育得到政府的高度支持，并形成了较为完整的职业教育体系；而在柬埔寨、越南、老挝、缅甸等国，由于经济社会发展落后，许多民族仍重复着较为原始落后的生产和生活方式，人力资源丰富，但文化素质和身体素质普遍偏低，人力资源开发的潜力较大，职业教育还需大力扶持和加强。

我国在海外发展职业教育的第一步是拓展海外的对外汉语教育。作为海外华人聚居人数最多的地区的东南亚，对外汉语教育源远流长，期间尽管经历了三百多年的坎坷风雨，对外汉语教育却始终坚持在困难中前行。近年来，随着中国的崛起、中国经济的腾飞，东南亚各国的对外汉语教育也迎来了自己的春天。从1690 年印尼华侨创办东南亚第一所华文学校——明诚书院起，经过数百年的发展，目前东南亚地区已逐步形成了从幼儿园、小学、中学到大学的比较完整的汉语教育体系，大约有汉语学校

2 700所，师生近一千万人。从20世纪90年代起，东南亚多数国家政府均采取了鼓励汉语教育的一系列措施，如在公立学校中开设了汉语课程。目前东南亚各国中，中文教育体系最完整的是马来西亚。从2003年起，马来西亚开始在国立小学落实额外语文班，当年就有一百多所国立小学开办汉语班。在与中国山水相连的越南，汉语已成为越南的第二大语言，有二十多所大学开设了中文专业。在柬埔寨，在1990年恢复和平开展建设的大环境下，汉语教育得到了很快恢复，学习汉语已不再是华裔的"专利"，越来越多的柬埔寨人甚至出家人也在学习汉语。虽然东南亚的汉语教育持续升温，但在汉语热繁荣的表面下，也存在着一些必须正视的问题。如东南亚各国在汉语教育方面普遍存在着师资严重不足、教材缺乏、教学混乱等诸多问题；在英语与民族语言的夹缝中，汉语在东南亚各国的地位还有待提高；在柬埔寨等国家，由于国家教育政策的变化，汉语教育也面临着新的抉择和改革的难题。

针对东南亚国家职业教育总体较为薄弱的状况，我国应利用西南地区特别是云南毗邻东南亚国家较多，语言、生活习惯相通，云南籍华人、华侨较多等有利条件，大力发展面向东南亚的职业教育。

二、云南大学职业与继续教育学院东南亚职业教育的探索和实践

中国政府历来高度重视海外的对外汉语教育工作，国家主席胡锦涛表示，发展海外华文教育是我们义不容辞的责任。华文教育在沉寂了百余年后，又重在中国与全球的加速融合中焕发出蓬勃生机。在席卷全球的汉语热潮中，云南大学职业与继续教育学院充分利用地处祖国西南边陲的地理优势，大力发展对外特别是对东南亚国家的汉语教育。尤其是我国与东盟签订了自由贸易区的协定，大湄公河次区域经济合作（GMS）的加快，使云南从对外开放的末尾变成了排头兵，这给国家首批"211工程"大学之一的云南大学带来了难得的机遇和挑战。云南大学职业与继续教育学院采取了相时以行、因地制宜的"走出去"的策略，首先在缅甸利用函授这一特殊的教学形式，为缅甸华文教师开展职业培训，这一举措加大了教育对外开放的力度，增强了教育的国际竞争力，创出了一条境外办学的路子。

1. 缅甸汉语及职业教育背景

（1）缅甸华文教育走出低谷迎来转机。

缅甸的华人、华侨历来都有办华文学校的传统，在20世纪60年代以前，缅甸华文学校的规模在东南亚各国中首屈一指，其中仰光的南洋中学最为著名，在东南亚各国中的影响也较大，为当时的缅甸培养了大批杰出的人才。缅甸的华文学校曾在20世纪60年代由于当时的历史原因被收归国有，许多华文学校被迫关闭，使华文教育严重受挫，此后出生的两代华人子女已基本不会讲汉语。70年代以后，受全球经济一体化趋势以及中国改革开放政策的影响，在当地侨团、侨社及广大华人、华侨的共同努力下，大小规模不等的华文学校又逐渐恢复起来。

在缅甸，由于缅北地区华人、华侨众多，加之地缘上与中国云南接壤，华文学校在缅北地区发展较为迅速。据不完全统计，缅北有五百多所华文学校，在校学习的学生有八万多人，最大的华文学校有五千多学生，最小的华文学校有三十多人，学生中大部分是华人、华侨的子弟，少部分是当地的缅族和其他民族。随着缅甸的进一步开放，缅甸的华文学校将不断壮大。

（2）缅甸华人、华侨崇尚儒学，对汉语教育和职业教育需求度高。

缅甸华人、华侨客居异乡年代久远，加上缅甸国内外的政治因素，在缅甸的第二代、第三代华人、华侨已对汉语较为生疏，许多年轻的华人已将缅语变成了思维和交往的第一语言，能运用汉语、汉字的华裔和缅族血统的青年不多。这一状况引起了许多老一辈华人、华侨的担忧，"根"的意识具体地体现在文化传承方面，不会讲汉语，就意味着不懂中国文化。但随着中缅友好往来，特别是经济交往的增多，想要掌握汉语的年轻人日益增多。另外，在缅甸的华人社区到处有同乡会馆和宗族活动，儒家文化十分浓厚，这种传统道德即使在年轻人身上也保持得相当完整，使缅甸华人青年比起其他国家的华人、华侨青年来，具有对儒学更为尊重的风貌，有利于汉语教育和职业教育的顺利开展。

（3）缅甸华文学校最迫切需要解决的问题是师资的职业教育培训。

由于众所周知的原因，缅甸华文学校的教师大多数年事已高，而年青的教师多数没有受过正规的汉语教学的培训，师资短缺、水平不高已成为大多数缅甸华文学校生存的危机所在。虽然近几年来，中国公派或缅甸当地华校聘请中国的一些教师到缅甸进行教学，对缅甸的汉语教学、汉语人才培养起到了一定作用，但是外派教师毕竟人数和逗留时间有限，不可能长期在缅甸坚持教学，受益面仅是少数学校。如何在当地培养师资，特别是年轻教师的培养就成为急需解决的问题。加之缅甸经济基础薄弱，缅甸华文学校大多数都是由同乡会或理事会捐资助学兴办起来的，华文教师的待遇不高（大多数教师每月的薪酬只有 150～200 元人民币），到中国培训费用较高，人数也受限制，从当地的实际出发，华文学校教师的职业培训就必须走出一条新路。

2. 在缅甸汉语函授教学的开展情况

（1）走出去大胆尝试，开办海外函授班。

针对缅甸教育的具体情况，云南大学职业与继续教育学院决定走出去，利用函授形式为缅甸进行华文教师的职业培训。此举一方面利用了国内函授师范教育比较止规系统的特点，让学员不离土不离乡就能接受中国先进的师范教育，解决了工学矛盾，又减少了学员的经济负担；另一方面充分利用了云南大学丰富的教师资源优势，让一大批具有函授教学经验又充分熟悉国外成人教学特点的教师定期去缅甸讲学，为缅方培养出一批具有大专层次的华文教师队伍，并以此带动整个华文教学水平。

从 2000 年开始，云南大学职业与继续教育学院先后在缅甸曼德勒、腊戍、东枝举办了三届函授"汉语言文学"专业（大专层次）教师职业培训班，共招收了近 300 名学员，学员大部分为当地华文学校的教师、侨领及部分当地的缅族学员。此事在当地华侨社会以及东南亚，尤其是缅甸、老挝和泰国华人华侨社会中引起了轰动，被当地誉为"具有开创性的事件"。函授班学制为两年，根据国内"汉语言文学"（师范类）专业的教学计划并结合缅甸华校的实际开设课程，包括现代汉语、高级汉语、HSK 专题、中国历史地理、中国哲学、计算机文化基础、写作、古代汉语、中国古代文学、中国文化概论、现当代文学、教育学、心理学、教材教法等。在教学过程中，共派出多位副教授以上职称的教师，分四次到缅函授，每次 25 天。学员们通过系统学习，汉语水平有了很大提高，大部分同学都通过了 HSK 中级或高级水平考试，部分同学获得中国政府的奖学金到北京、广州等地继续深造。

（2）因地制宜，循序渐进，不断探索海外函授教学的特点。

作为一种新的尝试，出境办函授如何能结合当地的具体情况有的放失地开展工作尤为重要。云南大学职业与继续教育学院从教学计划的制订、教材的选定、自学指导和辅导资料的编写、教师的选派上都做了精心安排，并反复征求缅方意见，对课程的设置、课程难易度的搭配、课程衔接等诸多方面都进行了调整。

云南大学职业与继续教育学院还根据需要，从第二届函授班起，增设了计算机文化基础、汉语水平考试 HSK 专题、中国哲学史三门课程，使学员更加适应当今的信息时代需求，同时让学员有机会用汉语学习电脑用语，在增加电脑知识的同时，还增加了运用汉语的机会。缅甸政府还主动提出了与华人合作兴办 IT 教育的设想，这让华文教育逐步融入当地的国家教育体系，给华文学校的扩大发展带来了契机。汉语水平考试是中国政府与缅甸政府签约设立的考试，这是汉语教育合法化重要的一环，又是测试中文程度最好的试金石，开办 HSK 相关课程满足了当地华文学校最迫切的需要，而中国哲学史对学生深入了解中华文化起了积极的推动作用。

在教材选用上，根据缅方的实际情况及学员的特点选择或编写教材及自学指导书；在教师的选派上，建立了一支相对稳定的、具有丰富函授教学经验的高水平的国内教师队伍，并在缅甸聘用一批辅导教师队伍，以保证教学质量。

（3）灵活授课，满足当地学员需要。

云南大学职业与继续教育学院在实际教学中，还注意顺应海外文化生态环境。由于历史、文化环境，特别是社会制度的不同，不仅纯缅族青年，甚至包括旅缅的华裔人士，在意识形态上也与我国派去的教师存在着一定的差异。在这种情况下，教师在授课中涉及一些敏感问题时，采取商讨而非强加于人的态度处理，适时地将问题引导到对历史、文化的分析上去，从传统文化中求得共识。

在学习内容的安排上，教师也能根据缅甸学员的实际需求作相应的调整，将国内先进的教学理念、教学方法、教学内容贯穿于函授教学中，使缅甸学员学以致用，为他们今后的汉语教学打下良好的基础。

在授课方式上也做到了灵活创新。我们派往缅方的教师深知在缅授课代表的是祖国的形象，因此把课程的完整性、基础性放在了第一位，以"激发学员的学习兴趣"作为授课的核心，还配合教学开展了丰富的课外活动，如教唱《大观楼长联》，还带领学员排演独幕话剧等。这些活动不仅丰富了学习内容，也大大调动了学员的学习积极性，取得了良好的效果。

3. 七年来缅甸汉语教学取得的丰硕成果

（1）培养了大批华文教师和具有专业技能的应用型人才。

函授班先后为缅甸培养了 300 名合格的华文教师，对缅甸的华文教育可谓是"雪中送炭"，一定程度上缓解了缅甸华文教师短缺的情况。同时还培养了 IT 行业等专业技能人才，2003—2004 年在缅甸仰光为当地培训了近 800 名电脑方面的人才，提高了学员的素质和就业能力，开发了具备专业技术的人力资源，为当地中资企业输送了大批电脑方面的技术人才，也在一定程度上促进了当地经济的发展。

（2）弘扬中华文化，促进中缅两国的文化交流。

函授班的学员不局限于"华人子弟"，还吸收了不少当地的缅族学员。通过函授班的学习，广大青年了解了中国灿烂的历史文化，真正促进了中缅两国人民的文化交流。

函授班丰富多彩的"文、史、哲"课程，加深了学员对中华文化深度上的理解。特别是函授班结束时到母校领取毕业、结业证书，更增添了学员们对中华文化的切身感受。在缅开办函授班的同时，也结束了缅甸部分地区长期受台湾教材的影响的局面，增加了学员对拼音、简体字及中国近代史的了解，为促进祖国统一大业起到了积极的推动作用。

（3）在办学形式、教材编写、教学方式上为海外教育的发展积累了宝贵的经验。

与其他学习方式相比，函授学习是成本最低，收效最好的方式，培养了一批不必"出远门"的"秀才"。函授班的课程安排、教材选择都十分紧凑和理想，缅甸学校已将函授班的教材如高级汉语、古代汉语、计算机文化基础、中国哲学、中国历史地理等教材定为学校中级班的正式教材。

经过教师和学员的共同努力，云南大学职业与继续教育学院在缅甸的函授办学取得了良好的教学效果，受到了中国驻缅大使馆、总领馆的高度评价，"推动了缅甸华文教育的开展，这是中缅双方长期想做而没有做成的事，现在终于实现了。它同时也促进了我驻当地使领馆的工作"。当地的华人华侨及社团侨领、华文教育界也给了我们很多赞誉，认为"函授班为缅甸汉语教学培养了一批受过高等教育的人才"，"函授班的学员将成为缅甸汉语教育界的栋梁"等等，并且强烈希望函授班能坚持办下去。

4. 顺势而为，进一步拓展东南亚地区海外教学

七年来，云南大学职业与继续教育学院在缅甸开办的函授班取得了历史性的突破和丰硕的成果，已成为海外汉语教育的一面旗帜。其办学形式和办学规模在缅甸还是第一次，在东南亚各国引起了很大震动。东南亚的其他许多国家，如泰国、老挝、柬埔寨等国的侨校都先后与云南大学职业与继续教育学院协商联合办学的事项。2004 年 10 月，云南大学职业与继续教育学院受国务院侨务办公室、云南省侨务办公室的委托，承办了缅甸华文学校校长培训班；2004 年还与越南老街省外事厅联合在越南老街举办了汉语培训班；2003 年、2006 年两次派出教师参加了国务院组织的讲学团赴柬埔寨、泰国讲学，并取得了良好的效果。2006 年在云南省侨办的关心支持下，云南大学职业与继续教育学院在泰北南邦、大谷地、老象塘按照缅甸函授班的模式举办泰国函授班，共有 180 多位学员参加学习。一系列的海外职业教育活动正日益扩大着云南大学及其职业与继续教育学院的声望和影响。随着我国和东南亚经济的不断繁荣，云南大学在海外的教育活动还将继续拓展和深入。

三、东南亚职业教育的前景探索

随着中国国际地位的提高，中国与东南亚各国的经济交往逐渐增多，特别是中国与东盟各国经济互补性较强，中国参与大湄公河流域与次区域的经济合作，在东南亚各国开展职业教育前景广阔，云南大学在这方面要充分利用自身的优势和基础，积极探索，积极参与，通过职业教育同东南亚各国促进沟通，加强了解，增信释疑。要树立这样的战略思想：以云南为主，以大西南为后盾，坚持同东南亚各国的经济技术合作与职业教育的开展相结合，发挥地缘优势，从国际战略、区域发展和国家长远利益的高度出发，以积极主动的姿态参与，并争取主导地位，提高我国在东南亚各国职业教育培训中的地位和作用。

1. 云南省及西南地区职业教育的优势

从当前的形势看，东南亚各国的职业教育发展前景较好，但基础较薄弱，地区之间发展不平衡。而云南省及西南地区的经济社会发展水平高于老、缅、柬，云南省及西南各省都具备较为完整的职业教育体系，教育质量和水平均比较高。特别是云南省近年发展较快，在周边国家的影响逐年提高，已建立起一整套职业教育培训标准体系和认证体系，而且地理上靠近东南亚国家，有交通、民族习惯相通等有利条件，初步具备了在东南亚各国开展职业教育和培训的国内外条件。云南多所高校已与周边国家和地区合作，为职业教育培训打下了一定的基础，可利用优势为周边国家培养大批人才。

2. 建立面向东南亚职业教育培训的网络

建立以昆明为中心，面向东南亚的职业教育开发基地和培训体系，打破目前正在形成的以泰国曼谷为中心的格局。以我为主，积极争取中国政府和国际援助的支持，并加强与泰国和其他东南亚国家的合作，尽快建成"中国昆明东南亚职业培训中心"。

依靠云南省的力量，建立"昆明为中心，景洪、瑞丽、河口为基点"的面向边境地区的职业教育培训网络。西双版纳、德宏州、红河州是紧邻周边国家的重要对外开放地区，具有特殊的天然条件，而且近年来发展迅速，已具备相当好的基础。

形成中国特别是云南省与东南亚各国紧密合作的职业教育培训网络。东南亚各国职业教育和提高人口素质的任务很重，争取东南亚各国对职业教育的重视，并将职业教育的合作纳入当地国民教育体系，增强整体实力，扩大对东南亚的影响。

3. 建立"政府主导、企业参与"的职业教育培训体制

东南亚各国蕴藏着巨大的人力资源，但从总体情况看，民族众多，文化教育落后，人口素质偏低，许多民族还处于刀耕火种的落后状态。因此，开放人力资源和职业教育是中国和东南亚各国的主要合作机制和西方国家所关注的一个重要问题。亚行和国际劳工组织早在1997年1月就召开"澜沧江—湄公河次区域就业促进与培训合作部长会议"。我国派团参加了会议。会议讨论了建立劳动力信息网络和建立培训中心的问题。

随着我国企业在境外办厂的增多，"技工荒"已成为非常现实的问题，在境外举办职业教育可以与中资企业合作，"订单式"培养可为中资企业解决人才危机的问题，也可以解决境外办学经费不足的难题，抓住国家及云南省实施"澜沧江—湄公河次区域经济合作"，"中国—东盟自由贸易区建设"等战略的良好契机，为我国在境外的企业多形式、多层次培养国际合作急需人才。

4. 多形式、多渠道开展面向东南亚职业教育培训

在尊重所在国家、地区法律前提下，"走出去"和"请进来"，多形式、多渠道开展东南亚职业教育培训，鼓励我国高校、高职高专，职业学校和各种社会力量办学，参与海外的职业

教育，整合教育资源，完善教材体系，提高师资水平，借鉴我国职业教育的先进经验，结合当地的特点，利用函授、夜校、全日制、半日制、网络教育等各种形式拓展东南亚职业教育。

加强对东南亚职业教育的研究，加强对东南亚职业教育的宣传，使当地的政府、企业和社会及更多人更加理解和愿意接受职业教育，使当地的青少年学有所长，有利于他们今后的生存发展。

随着中国现代化事业进程的加快和对外开放的进一步加强，海外持续多年的汉语热将逐步发展成为对职业教育恒久、稳定的需求，我们必须抓机遇、迎挑战、大胆创新，以积极的姿态、务实的作风，推进面向东南亚职业教育事业的更大发展。

人 力 资 源

入文贵风

从资源配置的有效性看
高等职业教育

云南大学职业与继续教育学院　龚自力

摘　要：本文从资源配置效率的角度，探寻当前制约我国高等职业教育发展的主要问题，认为人才培养的学科教育模式、"双师型"教师的缺乏和实验实训条件的不足是当前制约我国高等职业教育发展的主要问题，并针对主要的问题提出解决的方案。

关键词：资源配置　高等职业教育　教育改革

目前，我国正处在全面建设小康社会和加速推进社会主义现代化建设新的历史时期，党中央强调人才资源是第一资源，确立了实施人才强国战略原则，并且提出要树立科学人才观和高技能人才的概念。党的"十六大"明确提出，要走新型工业化道路，坚持以信息化带动工业化，以工业化促进信息化，加快发展现代服务业，推动经济结构的战略性调整，全面建设小康社会。当今时代，科学技术日新月异，知识经济方兴未艾，综合国力竞争日趋激烈。生产力正在发生革命性的变化，人类社会正处在从工业经济向知识经济转折的关键时期。产业结构和劳动力结构正在发生深刻变化，包括高技能人才在内的知识型劳动者就业岗位不断增加，人才资源成为最重要的战略资源。胡锦涛总书记强调指出，高技能人才是推动技术创新和实现科技成果转化的重要力量。要通过学校教育培养、企业岗位培训、个人自学提高等方式，加快高技能人才培养。

经济学认为资源使用可以带来社会财富的增长，但资源是有限的，因此为能够带来高效率的资源使用要对资源进行优化配置，资源优化配置着眼点在于"优化"，它既包括微观企业内部的人、财、物、科技、信息等资源的使用和安排的优化，也包括宏观社会范围内人、财、物资源配置的优化。教育资源的优化配置是指教育资源符合个人、学校和社会需要的高效的资源使用。个人有限的时间、精力和金钱投入，希望高效率地获得知识能力去参与社会竞争；学校使用有限资源，培养尽量多的高素质高水平人才，并从社会获得更多的资源；社会通过教育占用的社会资源，获得社会成员素质提高和人力资本增加、社会各阶层多方面利益和人类自身全面的发展。

当前高等职业教育存在的问题较多，但以下三个方面最为突出：

一、人才的培养方式仍是学科教育模式

以往的办学实践中，由于理解和客观条件的制约，把高职教学内容做成普通本科教学内容的压缩和精简，教学内容和课程的整合力度不够，体现不出高职培养模式的特色，没有真正以培养技术应用能力和职业素质为主线来设计学生的知识、能力、素质、结构，理论教学、实践教学和素质教育三大体系还没有真正建立起来。

二、缺乏"双师型"教师

高等职业教育人才培养的特殊性客观上要求从事高等职业教育的教师不仅应具有雄厚的理论教学基础，更应具有丰富的工程实践经验；不仅要掌握高等教育基本教学规律，更应在本专业领域具有较强的技术应用能力，具有教师和工程师的双重素质和能

力。目前，高等职业教育师资数量不足、结构不尽合理、工程实践能力薄弱、培训提高的形式和途径单一等问题仍比较严重，许多高职院校的现任教师，绝大多数是从学校到学校，缺乏实践能力的培养和锻炼，难以胜任高职教育对技能培训的要求，难以实现提升劳动力技能水平的理想目标，相当院校的"双师"技能低下，形同虚设。因此，加快"双师型"师资队伍的培养与建设，是提高高职教育质量与效益的关键，也是解决高职毕业生技能短缺问题的重中之重。

三、实验实训条件的建设需要进一步改善

技能型人才的重要标志是具有较高的技术应用和实践动手的能力。当前，我国经济社会发展对掌握先进技术和工艺的技能型人才呈现出旺盛的需求，但是我国职业教育的实训条件严重缺乏，远远不能满足培养高质量技能型人才的要求。目前，除了计算机类专业基础相对好一些外，很多专业的实训实验条件都不具备，实验实训队伍亟待加强。建设经费投入不足，学生必要的实验实训得不到满足，这也将是影响人才培养质量的重要方面。

高等职业教育存在的这些问题，导致国家发展职业教育的结构失衡，个人、学校、企业及社会投入的教育资源都得不到有效利用，造成整个社会资源的浪费。学生个人没有学到扎实的技能而无力参与市场职业竞争，企业招不到急需的技能型人才而生产效率低下，学校占用的资源效率降低造成浪费。

针对当前高等职业教育存在的主要问题，应从以下三方面加以改进。

1. 教学内容的设计上必须由学科本位转向能力本位

高等职业教育以培养适应生产、建设、管理和服务第一线需要的应用型专门人才为根本任务。高等职业教育的根本任务，决定了高等职业教育教学内容设计的基本原则，也就是以适应社会

的需要为目标，以培养技术应用能力为主线设计学生的知识、能力、素质结构和培养方案，强调岗位的针对性，强调技术教育，强调应用能力的培养。它不强调学科理论的系统性、完整性和深度，而是理论知识必须服从于培养目标，更注重职业能力和职业素质的培养。因此，高等职业必须摆脱多年以来普通高等教育教学内容设计模式的束缚，转变到以能力为本位的方向上来，强化实践教学和应用能力的培养，突出职业教育的特色。只有这样，才能真正培养出社会经济发展需要的、受社会欢迎的、有别于学术型、工程型人才的高级应用型人才。

2. 建设一支高素质的"双师型"教师队伍

教师是高等职业教育赖以生存和发展的根本，是学校办学的基础性建设。建设"双师型"教师队伍是一项系统工程。事实上，将两种能力集中于一个人身上并且要求都是高水平的，要真正做到是困难的。必须树立新的用人观念，要耐心培养和壮大"双师型"教师队伍，同时充分利用社会人才资源。要根据每位教师的各自优势，实现各自不同的教学任务，有的教师以理论为主，有的教师以培养学生的实际应用能力为主。此外，还要制定高职院校教师评聘标准，建立师资培训基地和教师稳定的社会实践机制，以促进教师队伍理论和实践的整体素质的提高。

3. 政府应统筹规划，分步实施，重点建设好一批能满足高职教学需求的职教实训基地

职教实训基地是实现高等职业教育目标的重要条件之一，其教学基础设施与工作状况直接反映学校的教学质量与教学水平，除政府投资建设实训内容与生产实际相结合，具有先进性、开放性和可扩展性的实训基地外，可以通过立法，运用社会资源，建立政府、学校、企业三位一体的实训基地。实训基地建设要根据经济社会和高等职业教育发展的需要，按照统筹规划，资源共享、体现特色、注重效益的原则，努力把实训基地建设成为集教

学、培训、职业技能鉴定和技术服务于一体的社会效益与经济效益俱佳的实体。

高等职业教育与经济发展之间的关系日渐紧密，高等职业院校的生存与发展越来越受到市场经济规律的制约。以培养高等技术性专门人才为根本任务，以适应社会需要为目标，以培养技术应用能力为主线，设计学生的综合知识、素质结构和培养方案，高等职业教育毕业生应具有知识理论适度、技术应用能力强、知识面较宽、素质高等特点。实践教学以"应用"为主旨和特征构建课程和教学内容体系，其主要目标是培养学生技术应用能力，这离不开实训基地的建设，而其中的核心，是建设一支理论和实践能力强、综合素质高的"双师型"教师队伍。

只有那些教育教学质量较高、培养出来的人才更加适合社会发展需求的院校，才有可能在竞争激烈的办学市场中站稳脚跟；也只有那些具有鲜明办学定位、专业特色、服务方向的高等职业院校，才能形成强劲的核心竞争力，并在主动适应经济社会发展中得到长足发展。

参考文献：

1. 靳国庆．光明日报，2007 - 1 - 3．

2. 刘玉理．高等职业教育改革探讨．中国成人教育，2003
(8)：25．

改善和加强企业集团的财务管理

2006 企业管理　李　岚　张　俊

摘　要：发展企业集团是我国经济改革与发展中的一项具有战略意义的任务。目前，国家在加快大型企业集团和现代企业制度建设。在这项工作中，关键是要抓好企业集团中母公司的现代企业制度，使其按照《公司法》进行规范和改建，要在集团内部建立以资本为主要联结纽带的母子公司体制。同时，企业集团的子公司也要按《公司法》进行改建。企业集团财务管理工作，要与企业改制和现代企业制度的建立密切相连，摸索出一套适合母子型企业集团发展的财务管理机制。随着中国经济体制改革不断深化，市场经济不断完善和发展，集团公司这一新型企业组织形式在中国得到迅速发展。在集团公司迅速发展的同时，应该看到它们普遍存在着诸如规模效益不佳、重复投资、资金运营效率低下等问题。因此，探讨如何建立一种新型的集团公司财务管理模式，使集团公司对其财务运作进行有效的管理和监控，成为当前迫切需要解决和研究的问题。

关键词：企业集团　财务管理　改善　加强

一、企业集团的财务系统的构成

1. 财务治理与财务管理构成了企业集团财务系统的两个层次

企业集团财务治理和财务管理是两个不同的概念，它们构成了企业财务的两个不同的层次和方面。财务治理规定了整个企业财务运作的基本网络框架，财务管理则是在这个既定的框架下驾驭企业财务。企业集团的财务治理从制度层面规定了企业集团财务运作的基本网络框架，企业集团财务管理则着重研究在这样的框架下如何通过科学的财务决策实现具体的财务目标。这两者是既有联系又有区别的，一个财务治理机制不健全的企业集团难以进行有效的财务管理；反之，一个没有合理财务管理作为基础的企业集团，其财务治理机制也无从谈起。从最终目的看，财务治理和财务管理均是为了实现财富的有效创造，只是各自扮演角色的层次不同：财务治理模式主要考察的是构成企业集团财务利益主体之间的责、权、利的划分，以及采取什么手段实现相互间的制衡，它是企业集团财富创造的基础和保障；企业集团财务管理则是在既定的治理模式下，为实现财务的目标而采取的行动，这是财富创造的源泉和动力，两者间的联结点就在于企业财务战略管理层次。

2. 企业集团财务框架

根据企业集团财务划分为企业集团财务治理和企业集团财务管理的思想，可以将企业集团财务框架描述如下。

```
                    ┌─────────────┐
                    │ 财务控制权配置 │
                    └──────┬──────┘
        ┌──────────────────┼──────────────────┐
┌ ─ ─ ─ ┴ ─ ─ ─ ┐ ┌ ─ ─ ─ ┴ ─ ─ ─ ┐ ┌ ─ ─ ─ ┴ ─ ─ ─ ┐
╎  母公司财务   ╎ ╎  企业集团   ╎  ╎  企业集团   ╎
╎  治理结构    ╎ ╎  财务体制   ╎  ╎  财务治理   ╎
└ ─ ─ ┬ ─ ─ ─ ┘ └ ─ ─ ─ ─ ─ ─ ┘ └ ─ ─ ─ ─ ─ ─ ┘
  ┌─────┼──────────────┬──────────────┐
┌─┴──┐ ┌───┴────┐ ┌───┴────┐ ┌───┴────┐
│财务决策│ │计划、控制│ │评价、考核│ │收益分配│
└┬───┬┘ └───┬────┘ └───┬────┘ └───┬────┘
┌┴─┐┌┴─┐
│筹资││投资│
└┬─┘└┬─┘
┌─┴───┐┌┴────┐┌────┐┌────┐┌────┐┌ ─ ─ ─ ─ ┐
│资金 ││资金支出││全面预算││业绩评价││内部转移││企业集团│
│管理 ││预算  ││系统  ││系统  ││价格  ││财务管理│
└────┘└────┘└────┘└────┘└────┘└ ─ ─ ─ ─ ┘
```

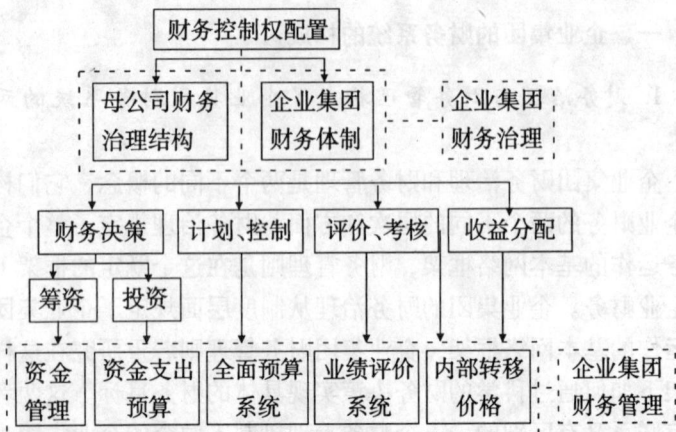

（1）企业集团财务治理。

①财务治理结构的核心。

财务治理权配置财务治理结构的相关利益主体，这不仅是一种经济关系（经济性），而且这种经济关系都是通过契约纽带连接起来的（契约性）。当出现财务契约预期的情况时要明确谁有决策权，这就是财务治理结构对权力（剩余控制权）配置所要解决的问题。企业集团的财权配置包括两个方面的内容：一是母公司层级的财务控制权配置。财务控制权包括财务的决策权、监督权和执行权。财务控制权在各利益相关者之间的配置合理与否是影响财务资源配置效率的关键因素。从本质上讲，财务控制权是企业剩余索取权和控制权在价值上的表现，也是整个剩余索取权和控制权的核心，因而财务控制权的配置问题实际上也是公司治理结构要解决的核心问题。二是财务治理权在企业集团母公司与子公司之间的配置，这实际上是企业集团财务体制所要研究的问题。企业集团财务体制是在特定经济环境下处理集团公司与成员企业及各成员企业之间财务行为和财务关系的制度和规范。其目的是界定母子公司间的财务治理权配置，规范理财行为。财务体制设计是企业集团战略的重要组成部分，以母公司为主导的企业集团财务体现为一种战略管理，要求从母公司角度对集团整体的财务战略进行定位，并制定统一的理财行为规范，保证母公司的战略规划与决策目标能够为各层级财务管理组织或理财主体有效贯彻执行；以制度或"法治"管理代替个人的行为管理，保证企业集团财务管理的连续性。

②财务治理机制。

在企业集团公司治理中，母公司与子公司的关系从经济意义上讲，是处于集团治理内边界之中，它是建立在母公司对子公司的控制基础之上的。然而在现实的经济生活中，由于集团的复杂性及信息的不对称，子公司的行为存在着与母公司的意志相背离的可能。由于集团治理内边界决定了母公司要对子公司的行为负责，美国法律中的"揭开法人面纱"原则就是一个很好的例子。所以从这个意义上讲，企业集团公司治理的首要任务就是要通过制度安排来实现母公司对子公司的有效控制。控制手段包括建立健全财务控制机构、完善财务领导制度等。

（2）企业集团财务管理的内容很多，主要包括筹资管理、投资管理、计划与控制、评价与激励、收益管理等与单个企业财务管理相类似的内容，这里不再进行详细阐述。

二、企业集团财务管理存在的问题

1. 企业集团的财务运作能力不强而且分散

目前中国的企业集团中财务部门的职能不完善，具体表现为：一是很少有系统完善的财务战略计划和财务预算，因此也没有财务控制体系。二是很少进行财务分析。各成员企业上交的财务报表仅仅是个形式，集团很少对成员企业的财务状况和经营成果进行详细分析。三是在企业各项决策中很少进行财务分析和财务评价，财务部门基本没有参与决策。

此外，中国国有集团企业一方面规模较大，业务领域较宽，分支机构的数量和级次多，地域分布广，内部经济关系极为复杂；另一方面，管理者素质不高，管理方法和手段较落后，控制能力弱。在此条件下，在管理方面，尤其是在财务管理方面宜采用集权型管理模式。然而在过去的几年中，企业把国家"扩大企业自主权"的宏观改革思路不适当地引入国有集团企业内部改造中，将"放权让利"的做法推向极端化，从而使国有集团企业在管理权，尤其在财权方面出现过度分散的现象。集中体现在：一方面，多级法人制度与各级经理负责的有机结合使集团属下各级企业享有过多过大的财务权力，包括资金使用权、资产处置权、投资权和收益分配权等，从而使集团总部的财务权力事实上被架空；另一方面，由于机构设置的失控，各级分支机构呈几何级繁衍，集团企业的管理层次增多，管理链条加长，本来已经很分散的财务权力已被多层次分割到各个层面上，从而使集团总部的财务管理更加鞭长莫及。例如：巨人集团采用的是控股型组织结构形式，给予各下属单位（子公司）很大的财权，又缺乏相应的财务控制制度，从而使公司违规违纪、挪用贪污事件层出不穷，在一定程度上加速了巨人集团陷入财务困境的步伐。

2. 基本财务信息不完善

企业集团规模庞大，组织机构复杂，完善的信息系统是集团管理的基础。在企业集团中，由于许多成员企业上报给集团母公司的财务报表不真实，加上集团财务会计制度、会计科目设置不统一规范，因此，财务报表难以正确地反映实际的财务信息；同时由于编制合并报表的方法不正确，使得集团的资产虚增，夸大了集团的资产规模，导致集团整体的财务状况不真实。

3. 集团预算管理薄弱

中国许多集团预算制度未能得到应有的重视，目前，有的集团尚未真正建立健全的财务预算管理制度，有的集团没有把财务预算制度作为组织生产经营活动的法定依据，有章不循、随意更改的现象比较普遍，使预算成为摆设。另外，预算与集团财务目标相脱节。从集团实务分析，财务目标与财务预算有严重分离和脱节现象。不少集团看上去有挺不错的财务目标，也制定了一些相关的财务预算，这些财务预算表面上也表现出一定的先进性，但由于集团管理基础差，所编制的预算从一开始就缺乏生命力，难以据此对各项费用、支出加以有效控制，造成财务目标与财务预算的严重脱节。

4. 缺乏有效的财务监督机制

目前，中国企业集团中财务监督十分薄弱。其中，内部会计监督乏力，内部审计形同虚设；外部经济监督乏力，社会审计总体有限。此外，企业集团具体实施的监控措施主要集中在事后控制，缺乏至关重要的事前控制和事中控制。

三、企业集团财务管理存在问题的原因分析

1. 资产不清，产权关系不明晰

中国企业集团组建有其特殊性，相当数量的企业集团是通过行政划拨组建的。国有资产划拨到集团公司时未进行切实有效的资产清核，其结果是集团决策层对整个集团的资产负债及所有者权益的状况不能准确了解。长期以来，由于产权关系的不明晰，使得资产的严重流失无法控制。

2. 企业集团内各公司财务管理各自为政，缺乏统一管理

不少企业集团在财务管理上过度分权，使集团中的母公司难以从集团整体发展的战略高度来统一安排投资和融资活动，结果是各成员企业各自为政、各行其是，追求局部利益最大化，损害了集团的整体利益。

3. 会计监督职能难以真正发挥

大部分集团公司属于依托于计划行政体制的企业组织结构，这在很大程度上影响了财务控制的效果。另外，集团公司内部信息不透明、不及时，未建立起贯穿母子公司的财务监控机制，故而监督机制难以及时有效地发挥作用，会计监督只能是事后监督。

4. "依托主业，多角经营"的战略不明确，造成资源分散且配置不合理

成立企业集团的主要目标之一是获得规模效应和规模优势。许多企业集团涉足很多行业、很多领域，很多子公司之间的业务没有丝毫联系；很多大集团的资产量大而且分布广，二级、三级公司众多；同时，由于各方面的原因，资源配置不合理，运营效益不高。

5. 过度负债经营，资本结构不合理

近年来，不论是企业集团在发展过程中，还是国有企业进行股份制改造时，都有一个非常突出的问题，即企业负债累累，难以消化，资产与负债、负债与所有者权益之间的结构非常不合理，集团母公司和下属企业的负债比率都很高。此外，各成员企业的资金低效运行，收益率很低，使得集团很难自主削弱财务杠杆的消极作用，难以对财务风险进行控制。

四、改善和加强企业集团财务管理的措施

1. 完善集团财务组织结构，全面实行财务人员委派制

财务组织机构的设置，是财务控制体系得以构建的基础之一，合理有效的财务组织结构，能使财务控制体系得以高效运行。集团公司是企业集团的领导核心，相应的，其财务机构——集团公司财务总部是整个集团财务工作的领导核心，实施对整个集团资金的筹集、运用、收回与分配等的战略决策和统一管理。

子公司应在母公司财务部的指导下，根据财务工作垂直管理的要求，按照财务职责的合理分工，并考虑与母公司各财务处室的业务对口和信息交换，来合理设置各财务科室和岗位。在财务控制体系下，子公司财务机构如何设置，母公司财务部要拿出主导意见并拥有最终审批权。

子公司财务属于经营者财务层次，其作为集团财务系统的一个子系统，必须受制于母公司财务部。为更好地确保集团总体财务意图的实现，降低财务信息的不对称程度，规范和约束子公司的财务行为，有效地解决代理矛盾，母公司必须对子公司财务人员实施集中统一管理。集团内部财务人员的委派可先从全资子公司开始试行，待取得成功经验后，在集团各下属单位全面推行。委派财务人员的管理权在母公司财务部，具体管理财务人员的上岗资格、职务任免、业绩考核、后续教育、岗位轮换以及业务档案等事项。母公司财务部应加强对子公司财务人员的工作情况进行检查和监督，以确保子公司财务行为有利于集团整体财务目标的实现。

2. 合理配置集团母子公司之间的财权

授权制度是实现集团财务控制体系的保证。集团是一个由核心层、紧密层和关联层企业构成的具有层次结构的企业联合体。要建立高效运行的集团财务运行机制，不但要使每个成员企业形成一个权责明确、财务关系清晰的财务会计运行系统，更重要的是，要使整个集团形成一个权责明确、财务关系清晰的财务会计运行系统。为了达到财务控制的目的，母公司有必要凭借其原始资本的权力，将子公司的重大财权集中到母公司，并把母公司的财务管理权力渗透和延伸到子公司。根据财权的不同种类，分别就集团母公司与下属子公司的财权配置做出如下构思：

（1）融资决策权。

为了更好地控制整个集团的融资风险，保持合理的资本结构，避免因融资不当而危及集团生存，母公司应牢牢把握以下融资决策权：重大投资项目的融资，超过资产负债率安全线的举债融资，导致母公司股份比例变动的融资，增加子公司注册资本的融资，子公司的并购融资与租赁融资，发行债券、发行股票，以及子公司改制中所涉及的融资问题。

母公司在集中重大融资权的同时，赋予子公司的融资决策权仅限于：在资产负债率安全线内的限额举债、提存的折旧费、税后利润留成，与自行决策的投资相配合的融资，如流动资金借款、拨改借款；子公司自行决策的融资项目，则应由母公司审查或备案。

（2）投资决策权。

对外投资权应高度集中于母公司，全资子公司、控股子公司没有对外投资决策权。对内投资决策可采用集权基础上的适当分权，母公司对控股公司的分权程度要大于对全资子公司的分权程度。流动资产投资决策权以及简单再生产范围内的技术改造权利完全交予子公司；在扩大再生产范围内的固定资产投资，应给予子公司限额投资决策权，超过限额的投资项目必须由母公司审批，或者按子公司自有资本的一定比例确定内部投资权；在一定时期内，无论投资项目多大或投资额多少，只要投资总计不超过比例，子公司都可以投资，超过比例无论项目大小都不能再投资。

（3）资产处置权。

子公司的对外长期投资、无形资产、关键设备、成套设备、重要建筑物、限额以上的资产、资产重组涉及的资产处置必须经母公司审批，流动资产及其余资产的处置可由子公司自主决定，但需上报母公司备案。子公司拥有资产的日常管理权。母公司对子公司重要资产的处置拥有监控权。

（4）资本运营权。

子公司的对外投资、合并、分立、转让、改制等资本运营活动决策权限集中在母公司，各子公司一般没有这一权限。集团公司财务部应该拥有更大的资本运营管理权限，以适应集团发展对财务管理提出的新要求。

（5）资金管理权。

母公司实行集团内部资金集中统一管理。具体来说，就是将集团内部的资金结算、各子公司超过限额的对外资金支付、子公司在银行开设账户、子公司的资金收入以及子公司间的资金调剂等事项由母公司统一办理和审批。子公司主要负责资金的日常管理、制定资金内部管理办法、编制资金收支计划、组织资金收支平衡、进行资金收支业务的核算。为保证子公司经营的灵活性和零星开支需要，母公司应该给予子公司限额以内的资金支付权。

（6）成本费用管理权。

集团母公司通过预算控制手段对各子公司和下属单位的成本费用进行间接管理。另外，集团子公司和下属单位所计提的各项税金、基金及附加费、保险费应集中汇缴至母公司，由母公司统一对外缴纳、统一管理和监督。

（7）收益分配权。

全资子公司的可分配利润应该由母公司统一支配、调度，但从子公司的持续发展角度考虑，有必要给予子公司一定比例的利润留成。全资子公司的收益分配方案由子公司董事会制定，上报母公司审批后执行。对于控股、参股子公司，其收益分配方案由董事会制定，并经子公司的股东大会或股东会审议通过。

3. 加强集团内部审计

集团必须建立健全内部审计制度，形成一个自上而下的监督制约机制，以保证财务控制体系的完整。如果没有强有力的内部审计，各种财务控制方式可能都会流于形式。强调内部审计与监督不应仅仅是对财务会计信息和经营业绩真实性与合法性的结果审计与监督，而且更重要的是对集团规章制度和重大经营决策贯彻执行情况的过程审计和监督，把监督关口前移，将更多的精力放到管理审计中去，强化事前预防和事中控制，保证集团成员公司各项经营活动都在严格的程序下进行。

参考文献：

1. 杨晓军．浅议加强企业财务管理．科技情报开发与经济，2006，(14)．

2. 林钟高．公司治理与公司会计．北京：经济管理出版社，2003.

3. 齐寅峰．公司财务学．北京：经济科学出版社，2003.

4. 汤守宏．加强我国企业集团财务控制的建议．商场现代化，2006，(12)．

5. 侯本乾．关于集团公司财务控制体系的探讨．财会月刊，2005，(4)．

6. 汤谷良．企业财务管理学．北京：经济科学出版社，2000.

浅议人力资源管理是企业可持续发展的推动力

摘 要：现代企业管理的重心将由物资资源的管理转向人力资源的管理，知识将成为企业的关键性资源，人才将成为企业竞争的基础。在这种新的竞争环境中，企业传统上所具备的任何竞争优势，如资金优势、规模经济、地方政府垄断等都只能是一时的、短暂的。企业只有快速构筑自身的人力资源竞争力，才是其维持生存，并促进持续发展的保证。本文重点阐述了人力资源管理在企业发展中的重要性，并对企业人力资源管理提出一些思考，希望能对企业的持续经营有所裨益。

关键词：人力资源管理 企业发展 推动力

一、人才资源是企业可持续发展不可或缺的力量

21世纪企业将面临锐不可当的经济全球化趋势、飞速发展的技术变革和创新以及迅速变化的差异化顾客需求等。在这种新的竞争环境中，对于国内的企业而言，无疑将迎来新一轮的挑战与机遇。在这新一轮的企业竞赛中，不从构筑人力资源竞争力入手，企业已经很难取得竞争优势以确保企业的可持续发展。

（1）人才的作用是贯穿企业始终的。企业的管理者和创业者本身无疑是企业人才的重要构成者，正是创业者的英明和睿智成为企业最初诞生的人才保证。同时，任何一个具有强大生命力

的企业都是建立在一个不断满足各类企业需要的团队之上的，前赴后继的优秀人才保证了企业可持续发展的旺盛生命力。无论在发展的哪个阶段，没有这样的人才支撑，任何企业都很难做大做强，即使是成功也只是昙花一现。企业发展到成熟阶段必然要形成自己一套成功的人才机制，作为高层管理者主要任务就是管理好身边的工作团队，由此贯彻到企业的产品、服务各个领域。当企业发展到很高阶段时，人才尤其是高技术条件下的人才管理与培育便成了最高管理者（也包括其本身）的核心工作之一。所以说人才的作用对于处于哪个层次的企业都是决定性的。

（2）人才是企业核心能力的重要组成部分。信息经济和技术的飞速发展，使得企业越发认识到创造发明技术的"人"的重要作用。全球知识经济的到来，使得今天的智力资本像过去财务资本一样受到企业高度重视。企业不再仅仅只关注资金、成本、品质了，人力资源必将成为企业关注的重中之重。人力资源是形成企业核心能力的基础，而且，企业发展新的核心能力，必须不断建立在发掘自己的人力资源优势上，这种新核心能力，就是人力资源竞争力。

（3）人力资源竞争力推动企业快速持续成长。企业的持续快速成长和永续经营，是每一位企业领导者的期望。有的企业依靠专业化大生产的规模经济，有的企业依赖新奇特的企业策划包装，这也许能取得暂时的优势。然而想要获得持久的竞争优势，必须要依靠构筑人力资源竞争力。很显然，当代企业的竞争已转向知识和科技的竞争，从根本上讲就是人才的竞争。而企业人才竞争，更多地要看企业人力资源开发、利用与管理的职能和能力，即企业形成的人力资源竞争力，这是知识经济时代企业的唯一持久竞争优势。

（4）人力资源功能重组与价值整合。人力资源功能重组与价值整合是企业提升人力资源竞争力的有效原则与手段。当今企业必须用全新的视野来提高人力资源开发管理能力，来构筑企业的人力资源竞争力。企业人力资源开发与管理应成为所有管理人员的事情，而不仅仅是人力资源管理部门的专业性职责。实际上，已经有越来越多的人逐步认识到企业人力资源管理的成功需要总经理们的参与。目前，很多企业都在强调通过工作分析来建立员工工作岗位的职责描述，目的是为组织的招聘、员工的业绩考核以及薪酬体系的建立和调整建立相对科学的依据。在新世纪中，那些强调这种管理风格的企业将会把工作分析和为员工建立岗位职责描述的任务交给部门的总经理们。换言之，作为一个总经理，他需要知道完成本部门的任务需要哪些工作岗位，员工在这些岗位上的职责是什么，并将这些形成规章和文件。

二、人力资源竞争力的提高是企业持续成长发展的决定性因素

面对来自于企业内部与外部的强烈冲击，企业要保持不断的经济增长和持续经营，需要从以下几个方面来思考：

（1）建立一个有效、畅通的人才进出流通制度。合理的流通更利于企业得到需要的人才，也有利于每个人的成长。通过建立有组织的、规范的劳动力市场，使得作为需求方的企业，几乎任何时候所需任何人才，都可在劳动力市场上，通过规范的程序招聘，或通过有目标的市场竞争，从其他企业"移植"过剩的人员。作为供给方的劳动者，会根据自身条件选择职业，即使从业后对自己潜能有了新的认识，或有了更理想的工作，也会从容迁移。

（2）建立企业内部的促进人才发展的奖惩机制。以人为本的用人理念正在渗透到企业的各个角落，有区别地对待企业员工，发挥不同员工的不同特点，充分发挥每个人的潜力，同时公平、公正地对待每个员工的表现，进而量体裁衣做出科学的职业规划，这些国外很多企业都有可借鉴之处。

（3）建立校企合作的人才培养新模式。纯粹的学校培养的人才还不能算是确切意义上的人才，更应该称其为人才的毛坯，是没有开刃的剑，能不能成为高级人才还要到企业的实际工作中进行培养，从而形成企业的竞争力。因此这个从校园到企业成为人才的过程将尤为重要。为了使校园的学习更有效，也为了让学生尽快成为企业需要的人才，我们是否可以探索新的校企合作办学模式呢？这在国外已有成功的先例，这种思路值得探索。

（4）放眼全球的用人观。中国有些有实力的大企业正在努力整合全球资源，中国本土企业成功的代表者之一的联想集团不仅成功地收购了 IBM 的 PC 业务，同时也请到了第一位"洋"CEO 和外国员工。现在国内的很多知名企业正在走这样的国际化路子。企业对人才的利用应该有这样的战略性眼光，充分利用世界性资源是中国企业未来发展的必由之路，通过这样的整合资源从而最终促进企业整体人员素质的提升。

总之，在全球化正在日益深入的今天，未来企业的生存发展首先要解决的就是对战略性资源的获得，最重要的是人才资源和传统战略性能源，因此制定出科学的人才战略关乎企业的生死存亡。当然最好的战略更需要我们的企业和社会有决心有耐心地去实施，从而赢得自己的发展空间。

参考文献：

1. 王一江，孔繁敏．现代企业中的人力资源管理．上海：上海人民出版社．

2. 王杜春．人力资源开发是黑龙江省乡镇企业持续发展的基础．黑龙江商学院学报，1998.

3. 邢以群．管理学．杭州：浙江大学出版社，1996.

4. 王垒．人力资源管理与开发．北京：北京大学出版社，2001.

5. 王建民，周浜. 资本中的人力资本. 财经问题研究，1999，(3).

学习型企业的人力资源管理创新

柳州市交通学校　蒋卫华

摘　要：21世纪最成功的企业将会是"学习型企业"，在世界排名前100家企业中，有40%已按学习型组织模式进行改造。建立学习型企业的人力资源管理是知识经济时代下，企业应对环境变化的有效途径。本文探讨了学习型组织的内涵，以及学习型企业的创建与员工的目标定位，还着重研究了学习型组织的人力资源管理特点；在学习型组织的人力资源管理中，从内容、结构和方法上提出了创新思路；结合东风汽车公司创建学习型企业的实例，提出企业文化是企业的灵魂；指出企业在组织学习时，应紧紧围绕企业的核心价值观，把企业倡导的价值理念贯穿在创建学习型组织的活动中去，为企业培养出高度认同本企业文化的优秀的知识型员工。

关键词：学习型企业　人力资源　管理创新

一、学习型组织的兴起

学习型组织，是指通过培养整个组织的学习气氛、充分发挥员工的创造性思维能力而建立起来的一种有机的、高度柔性的、扁平的、符合人性的、能持续发展的、以信息和知识为基础的组织。美国学者彼得·圣吉是这一概念的集大成者，在其重要论著《第五项修炼——学习型组织的艺术与实践》中，他充分阐述了学习型组织的内涵与意义。他认为构成学习型组织必须具备自我超越、改变心智模式、共同愿景、团队学习、系统思考五项原则，如果它们得到有效的应用，组织就可以获得有力的新竞争优势源。

二、学习型企业的创建与员工的目标定位

一个现代企业，如果没有员工的发展，就很难有企业战略目标的顺利实现。因此，结合企业战略，构建学习型企业，通过"工作学习化，学习工作化"不断开发员工的潜能，提高员工的整体素质，提高员工的工作效率，以促进企业最终目标的实现。以员工的发展为导向，培养员工持续学习和终身学习的能力，尤为重要的是组织学习和团队学习，它能使员工更好地完成任务，使组织有一种整体性以具有更大的战略潜能。

三、学习型企业人力资源管理的创新

1. 人力资源管理内容创新——学习管理

（1）树立学习理念，积极营造学习氛围。在知识经济时代，学习对企业的发展起着越来越重要的作用。随着技术的发展和社会的进步，人类创造的知识总量急剧增加，更新速度也越来越快。企业在瞬息万变的技术和市场面前，只有不断学习，不断更新知识，才能保持旺盛的生命力。

（2）创建活动载体，努力构筑学习平台。企业应坚持"崇尚学习，鼓励交流，坚持开放，激励创新"的原则，接受新的管理理论，从企业实际需要出发，加大对普通员工和管理者的培训力度，在实践中总结各种学习方式，鼓励各层次的交流沟通，通过各种手段激励员工的积极性和创造性。

（3）发展企业先进文化，全面提高员工素质。企业在创建工作中，让员工融入企业先进文化，鼓励员工充分发挥主观能动

性，这样职工就能心往一处想、劲往一处使，使企业运作协调，员工素质和企业文化也才能得以提升。

2. 人力资源管理结构创新——团队管理

团队管理的出发点就是塑造高绩效的团队。高绩效的团队有以下几个最基本的特征：

首先，高效的领导意味着在知识、智力、素质能力等方面应该超过员工；在领导风格上既重团队绩效，又重人际关系；能有效地协调团队利益与成员个人利益间的关系，实现团队目标和满足个人需要之间的统一；能充分调动队员的积极性、主动性、创造性，能把活力与热忱传播到整个团队之中，积极地鼓励队员参与团队管理，在团队会议中参与讨论、共同决策。

其次，高素质员工不仅需要在专业知识技能和经验等方面互补、合作，而且在性格、气质上互补，相互促进成长；在工作氛围方面不仅有很强的专业技术能力，而且还应具有处理人际关系的能力，成员间既相互竞争、相互激励、相互促进，又相互帮助、相互学习；在工作态度方面不仅应具有丰富的知识、较高的智力、很好的素质、较强的能力，而且更需具有公而忘私、认真负责、一丝不苟、不断进取的精神。

再次，高效的团队必须具有一个为之不懈追求的共同愿景。共同愿景能够为团队成员指引方向、提供推动力，让团队成员愿意为它贡献力量。它的存在会使个体提高绩效水平，也能使团队充满活力，促进团队的沟通，有助于提高团队的工作效率。

3. 人力资源管理方法创新——虚拟管理

虚拟人力资源管理，是指运用信息技术在战略伙伴之间架设网络关系，借此帮助组织获取、开发和配备智力资本。常见的策略是将人力资源管理外包化、合作化、信息化。

一是每个成员、团队和部门都能够敏感觉察外部环境变化情况并灵敏自主地作出反应和调整。二是知识、信息和资源能够在组织成员间或工作团队和群体中得到共享，并通过实验、交流、修正和整合形成有效系统地解决问题的机制。三是内外部边界虚拟化，成员能够基于核心价值观形成共同愿景，面对"意外"挑战都能心照不宣地超越既有"规范"，着眼于整体进行系统思考，自觉合作，默契配合，灵活地去应对和解决组织的战略性挑战问题。

学习型企业人力资源管理的具体方法可归纳为以下几种：

（1）招聘虚拟。招聘虚拟有两种方式，一种是由外部中介机构根据企业所需人员的条件进行广泛、有效的筛选，为企业提供较为合理的人力资源的配置，如猎头公司。另一种方式是企业网站上开辟"职位空缺"栏目，求职者可直接访问该网站。

（2）薪酬虚拟。工资的设计与发放向来是人力资源管理部门的最基本业务，而美国的许多企业已经将该项工作外包给专营企业去做。薪金、福利规划与管理交给专业业主或专业咨询公司，一方面提高双方的效率，享受因各自规模经济而带来的好处，另一方面还会因此而降低企业的经营风险。

（3）员工虚拟。一类是劳力虚拟，一类是智力虚拟，后者为主导模式。智力虚拟是指一些高级人才提供智力上、知识上的服务，是一种借用外脑的虚拟运作模式。智力虚拟与劳力虚拟的区别在于，其提供的是智力与知识服务，其人员多为企业外部的管理专家或技术专家，他们为众多企业共有。

（4）培训虚拟。采用计算机图形、仿真、通信、传感等技术，为人们建立起一种虚拟的交互式三维空间环境，这种与现实世界极其相似的虚拟技术为企业的人力资源培训带来了极大的便利。

四、东风汽车公司创建学习型企业人力资源管理分析

东风汽车公司建于 1969 年，是中国汽车行业三大集团之一。

主营业务包括全系列商用车、乘用车、汽车零部件和汽车装备。主要基地分布在十堰、襄樊、武汉、柳州、广州等地。到 2005 年底，公司汽车产量达到 734 716 辆，销量达 729 033 辆。与 2004 年相比，产量增长了 38.61%，销量增长了 39.31%。东风汽车公司立足于把企业做强做大的战略要求，以培养高素质技能人才、提高职工创新能力为重点，从加大力度、拓宽渠道、创新载体几个方面，全面推进职工素质工程建设。

1. 开展全员学习活动，创建一支学习型的职工队伍

在推进职工素质提高活动中，东风汽车公司把职工学习作为前提和基础。

（1）倡导"40+4"学习活动。公司向职工宣传创建学习型企业、做知识型职工的重要意义，宣传学习型组织的基本理论，宣传"创争"活动中涌现的典型人物，组织了职工专题学习小组交流学习成果，努力在职工中培养"全员学习、终身学习、全过程学习"的意识，自觉实践"工作学习化、学习工作化"的基本要求。

（2）加强对职工学习的组织和引导。一是确定学习课题，制订学习计划。如近几年来，东风汽车公司将《精益思想》作为公司总的学习材料，以学习推动公司经营思想、生产组织、管理方法的转变。各单位结合自己的实际情况，学习海尔管理模式、易初管理模式、EVA 管理、QCD 改善、日产的企业文化等，并制订了年度、季度、月度学习计划。二是建立各个层次的学习制度，形成学习的网络体系。公司高级管理人员每年集中学习或培训一次。技术人员和一般管理人员由各单位自主进行培训，每年底进行理论考试；一线工人和生产辅助工人，由工会下发学习资料，班组组织学习，工会对学习情况进行抽查。三是组织先进技术和操作法的学习推广。公司不定期地举办先进技术的学习班、创造学习班及先进操作法和创新成果的展示，为职工创造学

习和交流的机会。

（3）以班组为主阵地，组织职工学习。一是对班组长进行培训。二是建立班前会制度，在班组中营造比工作、比实绩、比学习的良好风气，形成了人人是学习之人、处处是学习之所、时时是学习之机的学习氛围。三是针对班组的特点，编发班组学习资料，规范和引导班组的学习，推动班组学习的不断深化。

（4）把学习融入东风的企业文化建设。东风汽车公司的企业文化，突出了"学习、创新、超越"。东风汽车公司的管理层已经牢固确立了以下观念：一是确立人才是企业第一战略资源的观念，大力实施人才强企战略。二是确立以人为本的观念。东风汽车公司经营理念是"关怀每一个人，关爱每一部车"，坚持企业与员工协调发展，坚持提升企业价值与实现个人价值相统一，以企业的发展带动员工的发展，以员工的全面发展促进企业的发展。三是确立人人都是人才的观念和人人都可以成才的观念，充分发挥技能人才的聪明才智。

2. 建立健全激励机制，鼓励职工学习创新

为调动职工学习创新的积极性，公司建立健全了一整套有效的鼓励职工学习成才的激励机制。

（1）职工教育培训的保证机制。在每年的职工代表大会上，都要听取和审议公司职工培训工作报告；在工会与公司签订的《集体合同》中，都要就职工培训工作作出明确的规定。职教经费纳入预算（占工资总额的15%），全额计提并专款使用。

（2）建立鼓励职工成才的机制。东风汽车公司建立了包括千名核心人才、万名技能人才的三级人才库。把尊重人才、吸纳人才、用好人才作为考核各级领导班子和领导干部的重要内容。

（3）制定有利于职工成才的政策。为了更好地鼓励职工成才，近两年来，东风汽车公司在人才制度上进行了探索和创新。如设置行政职务、专业管理人才、专业技术人才、专业技能人才

四种发展通道，为每一位职工提供了学习成长的机会。

3. 专业培训与群众性学知识、强技能活动相结合

在推进职工素质提高工程中，东风汽车公司坚持专群结合的方针，为广大职工学习成才、提高技能提供了有效的载体。

（1）以内培为主，外培为辅，开展形式多样的职业技能培训。通过培训，东风汽车公司培养了一大批掌握多种不同技能的复合型人才。如机电一体化人才、综合服务一体化人才，以及新兴的创意和操作一体化的人才等。

（2）建立工种带头人制度，选拔"名师"，带出"高徒"。目前东风汽车公司共有一级工种带头人24名，公司一级后备工种带头人38名，基本覆盖了公司15大类近70个技术含量相对较高的技术工种。

（3）开展职工读书自学、岗位成才活动，实现知识创新。近几年来，根据企业改革发展的新形势的要求，组织引导职工紧密追踪学习与汽车工业相关的新科技、新技术、新工艺的发展，使一大批职工通过自学脱颖而出，成为行家里手，骨干人才。

（4）开展职工岗位练兵、技术比武活动，实现技能创新。公司每年都要组织大型工种竞赛，公司十大工种中80%的技术工人参加此项岗位练兵，通过竞赛，有600多人获得了各个工种的竞技名次。

4. 东风汽车公司的成功启示

企业文化是学习之魂。我们知道，企业文化是企业信奉并付诸于实践的价值理念。企业文化已受到空前的重视，其重要性自不待言。在当前全国开展的"创建学习型组织，争当知识型职工"的活动中，如何把学习与企业文化建设结合起来，如何用企业文化来统率学习，东风汽车公司的经验值得我们借鉴。

东风汽车公司的"学习、创新、超越"的企业文化，充分发挥人才的聪明才智，保证人才成长的良好环境，增强企业的核

心竞争力，培养大批优秀人才等方面起到了不可或缺的巨大的促进作用。

企业文化是企业的灵魂，也是企业的学习之魂。企业在组织学习时，应紧紧围绕企业的核心价值观，把企业倡导的价值理念贯穿在创建学习型组织的活动中，为企业培养出高度认同本企业文化的优秀的知识型员工。

参考文献：

1. 朱耀顺，孙康，朱家位. 学习型组织——企业人力资源管理的一种新模式. 企业经济，2003，（5）.

2. 涂文涛，方行明，徐锡意. 论学习型组织与人力资源管理系统的融合——现代组织系统的创新. 理论与改革，2003，（5）.

3. 李桂萍. 现代企业人力资源管理. 北京：中国物价出版社，2003.

4. 中国企业国际化管理课题组. 企业人力资源国际化管理模式. 北京：中国财政经济出版社，2002.

5. 李宝元. 战略性投资：现代组织学习型人力资源开发全鉴. 北京：经济科学出版社，2005.

6. 苗青，王重鸣. 组织创新前沿：虚拟人力资源管理研究. 科学技术管理，2003，（2）.

7. 杰里·W. 吉雷（Jerry W. GiHey），安·梅楚尼奇（Ann Maycutnch），康青译. 组织学习、绩效与变革：战略人力资源开发导论. 北京：中国人民大学出版社，2005.

8. 2005 年中国汽车发展年报. 中国汽车发展研究中心.

隐性成本成因分析

云南省旅游学校　郭凤花

摘　要：经济学将成本分为显性成本和隐性成本两个部分。显性成本就是指企业生产一定数量的商品而用于生产要素购买的实际支出，即原材料、劳动力、费用等，也就是我们日常所说的会计成本。隐性成本是指企业生产过程中发生的而未被会计核算所反映的那部分费用。在企业中，会计成本是记录在账的历史成本，所涉及的会计业务都是已经发生的事情，因此比较容易分析和控制。对于大多数企业管理者来说，成本管理和控制的重点和难点在于企业中的隐性成本。

关键词：隐性成本　特点　类别　原因

经济学将成本分为显性成本和隐性成本两个部分。显性成本就是指企业生产一定数量的商品而用于生产要素购买的实际支出，即原材料、劳动力、费用等，也就是我们日常所说的会计成本。隐性成本是指企业生产过程中发生的而未被会计核算所反映的那部分费用。在企业中，会计成本是记录在账的历史成本，所涉及的会计业务都是已经发生的事情，因此比较容易分析和控制。对于大多数企业管理者来说，成本管理和控制的重点和难点在于企业中的隐性成本。隐性成本具有隐蔽性大，难以避免、不易量化等特点。本文着重从管理角度，分析企业组织活动过程中的隐性成本的特点、类别及产生原因。

一、隐性成本概述

1. 概念

隐性成本是一种隐藏于经济组织总成本之中、游离于财务审计监督之外的成本，是由于经济主体的行为而有意或者无意造成的具有一定隐蔽性的将来成本和转移成本，是成本的将来时态和转嫁的成本形态的总和。

2. 隐性成本的特点

第一，隐性成本具有隐蔽性。以会计核算内容为主体的显性成本具有历史性，即历史上已经发生、当期必须支付的成本。而隐性成本中的一部分是潜在成本，要在以后才起作用，也就是作为企业将来收益的冲减因素而起作用。由于将来的事情能否发生以及如何发生等，都是不能确定的，因而更难于认识。所以笔者强调，认识隐性成本的潜在性是认识隐性成本的关键。

第二，隐性成本具有放大性。以安全成本为例，今天省 10 元钱没有更换的旧电线，说不准明天就会着火，造成 10 000 元的损失。这就是隐性成本的放大性。企业的人事危机、财务危机、信用危机等都是平时管理过程中一些问题得不到恰当的处理而积累到一定程度后爆发的结果。

第三，隐性成本具有爆发性。企业的隐性成本的积累量越大，其爆发性越强，危害也越大。例如信任危机的爆发，就是绝大多数合作伙伴认识到与之合作的风险大于重新寻找合作伙伴的成本时，就会离开它而去寻找其他合作伙伴。而财务危机的发生往往与信任危机的发生同步。

3. 隐性成本的分类

隐性成本按照隐蔽方式可分为：

（1）潜移性的隐性成本，即甲主体将自己的成本负担以隐蔽的方式转移给乙主体或社会性主体负担，自己不负担或者只负担其中的平均数。

（2）迁延性的隐性成本，即经济行为主体为了彰显绩效或维持自己的存续时间而将已经发生的成本隐蔽、积累下来。有两种情况：第一种是主体行为具有主观故意性，为了某种特定目的将已经发生的成本隐瞒下来，有意识地制造虚假繁荣，导致将来成本增大。第二种情况是主体行为没有主观故意性，由于认识能力有限或客观对象的复杂性而导致的对其经济行为的真实后果的判断失误，从而使将来成本增大。

（3）结构性失真成本，例如将送礼的花费以劳务费的名义做账，将内部控制人的各种高档随身设备按照生产设备做账等等，掩盖了企业总成本费用构成的真实性。

二、隐性成本形成原因分析

1. 决策者权威失灵

（1）权威失灵成本含义。我们知道，企业是一种经济组织，这种经济组织存在和发展的前提是它实现以最小的投入而取得最大的收益。要实现这一目标，企业内部就必须具备高度的协调性、统一性和计划性。要做到这点，就必须由高层决策者的意志来统一、协调和指挥整个企业，也就是说，企业的高层决策者必须有权威。一个经营状况良好的企业内部，权威必然是健康有效的。但是，有时这种权威在企业里可能失灵，由此造成不同程度的混乱，给企业带来损失，甚至会使企业误入困境。这种因权威失灵而增加的支出称为权威失灵成本。

（2）权威失灵成本的表现形式。一是企业的中层经理及中层以下的职员对于企业高层经理的重大决策或长远发展规划采取阳奉阴违、敷衍塞责甚至抵制的态度。因为这些重大决策可能与中层经理人员的利益有冲突，或是增加其工作难度等，他们必然利用各种条件，采取相应的对策。俗话说"县官不如现管"、

"上有政策，下有对策"，说的就是这个道理。二是在企业内部各部门争夺预算和争夺投资。在大企业里，一个部门拥有员工多，占有可供支配的资源多，则可能提高该部门的级别，可以设置较多的职位层级。因此，一些中层经理人员会不顾企业的整体利益，拼命地争夺资源，特别是在缺少强有力的投资预算时，很容易产生过度投资倾向。如上海宝钢集团在 1996 年由于某些分厂争投资，企业内部膨胀，效益下降，集团领导采取果断决策，包括财务管理电子化、裁员 22% 等一系列措施，1998 年一跃成为我国钢铁企业的龙头。三是片面追求某些绩效指标而不考虑总体效益。在大企业里企业领导总是设计出一套内部考核指标来评价中下层经理人员，并据此进行奖惩。因此，完成企业领导强调的指标，就成了中下层主管的目标。由于大企业内部各部门之间在经济效益上和生产流程上往往存在相互依存的关系，这时，中层经理人员之间往往存在攀比心理，可能影响企业高层决策的贯彻执行。因此，企业领导对中下层经理人员的奖惩产生的激励作用就会大打折扣，甚至会起到负效应。四是交易关系转化成人际关系。市场交易处在独立企业之间时，两者之间是平等的竞争关系。而在企业内部不同部门之间的交易，如上道工序的半成品转入下一道工序，就是另外一种交易，特别是交易价格不是市场竞争中形成的价格，而是一种内部的转移价格。这种转移价格无论采取什么定价方法，如指令性成本定价、指令性基础定价等，都可能包含有更多的人为因素，都可能引发某些中下层经理对企业高层领导的不满，甚至产生抵触情绪，从而引发企业内部动力损失，增加组织费用。如上海客车制造公司就存在上下道工序转移价格不合理而造成上下意志不统一。

（3）权威失灵成本形成的原因。权威失灵成本是一种隐性成本，它普遍存在于所有的企业。这是由企业的本质属性所决定的。

权威失灵成本形成的第一个原因是企业内部激励机制不强。有的经济学家指出，在企业内部，激励机制是当代企业管理的核心问题。由于激励机制不强，必然造成企业上级对下级的指挥和约束不力。

权威失灵成本形成的第二个原因是企业高层决策者作出的决策本身缺乏科学性，或是决策有缺陷，或是某次或某几次决策的失误而失去信用。我们常听说，某某领导或某某机构有威信。威信由两个因素构成，一是权威，二是信用，两者密不可分，信用是权威的基础，权威是信用的升华。

权威失灵成本形成的第三个原因是信息失真。信息失真将在下面进行具体阐述。

（4）降低权威失灵成本的途径。首先，强化企业内部的约束—激励机制。我们知道，在企业内部，只有处理好"权、责、利"三者的关系，事情才能办得好。在这方面，许多国外的跨国公司里，企业工作流程的各个环节之间都能很好地衔接，因为工作的标准、责任权力和利益等都规定得清清楚楚、明明白白，哪个环节出了问题，都有人负责；哪个环节工作做得好，都能得到肯定和表扬，从而把推诿扯皮的现象减少到最低限度，公司最高决策者的意志自然就能得以贯彻执行。如日本丰田汽车公司的"看板管理法"，即把下一道工序看做是上一道工序的顾客，上一道必须对下一道负责。其次，要加强决策的科学性。20世纪80年代，AT花费300万美元的巨资聘请世界上著名咨询机构为其做发展战略策划。咨询机构调查研究后，提出了调整产品结构，即通信产品和计算机产品两翼齐进的咨询意见。AT把通信产品的比例从80%降到42%，而把计算机产品的比例从16%提升到44%。朗讯公司从AT分离出来，产品结构调整以后，事业得到了飞速发展。再次，企业高层决策者应当通过各种渠道，把其意图和意志让中层经理乃至每个员工都知晓。如惠普公司

CEO（首席执行官）亲自为公司中层经理人员讲课，使中层领导了解公司的发展目标，明白最高决策者的意图，再由中层领导将其传达给公司每个员工。这样公司中层经理人员乃至每个员工都能在思想上与高层决策者取得沟通，在行动上保持协调和统一。

2. 信息失真

小时候曾经听过一个外国军队传递命令的故事，少校要求值班军官通知士兵晚上在操场观看哈雷彗星，后来经过尉官、上士传达到士兵，内容彻底变样。还有一个游戏，六七个小孩子围个圈坐，有一个孩子对边上的孩子讲一句话，然后把原话依此传给下一个人，当传到第一个孩子时他听了哈哈大笑，原话变了样。故事和游戏反映出一个重要问题，即信息在传递中会失真的问题。传统经济学认为，在经济活动中信息的获取、处理和传递是无偿的，至少其成本可忽略不计。随着经济学发展和信息化进程加快，人们认识到需要支付成本。企业所有关于信息方面的耗费在经济学上称为信息成本，它是企业的隐性成本之一，其中，信息失真成本又是信息成本的重要组成部分。

（1）企业内部信息失真成本可分为三种情况。第一种是自上而下的信息失真。本节开头的故事就是这样。这种现象在企业里经常遇到，如上海食品公司进行产品结构调整，由于分厂执行时大打折扣，影响整体效益。主要原因是：①人们在接受信息并把它转发出去时加进了自己的理解和态度，尤其接受到自己不熟悉的信息并转发时错漏更大。②如果信息接受者发现信息内容与自身利益不一致或冲突，接受者有可能在允许范围内按自己的利益取向修改或截取信息，这样一级一级向下传递，信息失真会被逐渐放大，即使最高层决策准确，到下边就可能面目全非了。第二种是自下而上的信息失真。①下级从小团体利益出发，在信息收集、传递环节上，对真实信息进行取舍或加工，以此来影响上层决策。②信息在自下而上的传递中是逐级浓缩汇总的，原来大量信息变成几张报表，甚至几个数字，X－量有用信息丢失，本来能反映深层矛盾的信息被掩盖了。第三种情况是横向之间的信息失真。由于不像自上而下或自下而上的信息传递具有行政约束力，其信息失真一般表现为提供虚假信息甚至信息封锁。如分厂与分厂之间、生产部门与质量检验部门之间、供销部门与财务及统计部门之间等会发生信息失真情况。

（2）企业外部信息失真成本。企业外部的时间和空间是无限的，在这样广阔的时空内收集有用信息，其失真是难以避免的。企业及其外部环境都在不停运动，决策者可能发现，花了巨大费用而获得的信息，由于环境条件变化而变得毫无价值。上海电机厂刚生产一种新产品，市场热销，领导为了摸清市场派出一些市场营销人员，虽然经过一番调查，但营销人员缺乏专业调查经验，获取的信息失真，而为了自身利益向领导报告可以扩大生产。厂领导同时又请管理咨询公司调查，咨询人员调查后得出相反的意见，向领导泼了一瓢冷水。他们向企业指出，需要考虑收缩新产品规模，开发另一新产品，理由是现在的新产品缺乏市场进入壁垒，不久会有恶性竞争。厂领导听取后者建议，及时调整生产，避免了一场灾难，这就是把企业外部信息失真成本降到最低水平。

（3）降低企业信息失真成本的途径。首先，在企业内部要理顺信息传递机制和渠道。这是一个最基本的原则，即任务与利益相分离的原则。很多企业的信息收集、加工、存储、发布和利用等信息处理工作是在同一部门，这无疑会加大信息失真成本。应该把信息处理和管理决策分离开来，信息处理由信息机构完成，可以借用电脑，通过专门的信息服务或咨询机构来完成信息处理工作；企业决策部门相当于信息机构的客户，就像上例电机厂领导一样，减少了由于利益相关而造成的信息失真成本。其次，充分利用现代信息技术，减少信息传递的中间环节。本节开头的故事，如果发生在今天，就不会出现严重错误。随着企业信息化发展，企业将向"扁平化"方向发展，减少中间管理环节，最大限度降低信息失真成本。再次，建立一整套避免信息失真的保障制度。如对提供虚假信息者予以处罚，给"吹牛"行为施以重罚。

3. 影响力成本

（1）影响力成本的含义。当企业达到一定规模时，其内部结构复杂，矛盾交织，这时处在不同部门的中层管理负责人之间冲突自然就形成了。他们为了部门的小范围利益（有时是个人利益），把自己相当多的时间与精力放在游说企业高层主管以及建立人际关系网等非生产性活动上，以期按照自己的利益去影响企业高层决策，这种成本经济学上称为影响力成本。

（2）影响力成本存在的根本原因有二。一是利益相关。企业中的每个人都是经济人，经济人时刻期望以最少的付出获得最大的收益。企业是以整体来参与市场竞争的，每个员工的行为效果并不直接接受市场的检验，因此，员工个人利益与企业整体利益并不总是保持一致，有时是冲突的。如上海梅林正广和集团公司在1998初准备搞电子商务，这是一个在网络经济时代前景看好但风险很大的项目，一些中层经理们为避开风险而游说高层决策者放弃。后来集团领导聘请复旦大学专家当顾问，经评估决定上这个项目，建立网站，网上销售业绩名列前茅。二是信息不充分。关于信息不充分乃至失真，已在前面作了分析。

（3）降低影响力成本的途径。降低影响力成本的途径，就是做到利益无关和信息充分。世界500强企业有一条成功经验是借助社会市场提供的高水平咨询服务。古诗云："不识庐山真面目，只缘身在此山中"，企业也一样，认识自己很难，企业决策，特别是经营方向的重大决策，委托咨询公司，一是做到信息充分，二是做到与决策过程利益无关，从而大幅度降低影响力成本。正因如此，企业经营的强烈需求刺激了发达国家的咨询业的发展。

除了以上三方面原因，形成隐性成本的原因还有许多，如内部摩擦、品牌损失、决策失误等，在此不再赘述。

总之，从现代经济学和现代管理学更加开阔的视野来分析企业成本，则许多隐性成本会逐渐浮出水面而被人们认识，从而促使企业采用各种现代管理手段降低甚至消除隐性成本，提高企业整体实力和市场竞争力。

参考文献：

1. 刘凤良．西方经济学．北京：中国财经出版社，1999，(10)．

2. 李勇，孙喜杰．ERP 的隐性成本有多少．中国计算机报，2000，(84)．

3. 网上交易须注意隐性成本．市场报，1998 - 02 - 19 (7)．

4. 刘兴．影响力成本．IT 经理世界，1999，(11)．

5. 刘兴．信息失真成本．IT 经理世界，1999，(15)．

6. 刘兴．权威失灵成本．IT 经理世界，1999，(18)．

7. 刘兴．打狗与隐性成本演化．IT 经理世界，2000，(1)．

8. 黎诣远．西方经济学（上册）．北京：清华大学出版社，1987．

9. 高峰．政府采购如何评价．中国财经报，2001 - 09 - 18，(1991)．

10. 新华社．西部企业"隐性成本"知多少——感受西部开发投资环境．新华网，2001 - 11 - 2.

11. 何清涟．现代化的陷阱．互联网专栏《经济书屋》．

12. 李金．中国社会转型过程中的制度推进：显性制度化与隐性制度化．

13. 徐二明．企业战略管理．北京：中国经济出版社，1998.

医院建立全成本核算的意义和方法

云南大学发展研究院"财税与金融专业" 黄军宁

医院成本核算是管理部门制定宏观的经济管理政策、财政补偿政策、医疗收费定价与医保等政策的科学依据。加强成本核算，强化医院经济管理也是当前进一步深化医院改革的要求。为此，有必要从全成本核算入手，研究如何建立医院经营管理体系及政府对医院经济管理的评价体系，并进行医院全成本核算经济管理信息系统在实施中的标准化研究。

一、目前医院成本核算与管理存在的主要问题

（1）医院管理者对医院成本核算管理的认识不足。目前医院基本上均开展了科室级的核算。由于医院管理者缺乏对成本理论的认识，理解产生偏差，在成本数据核算系统的设计上，没有考虑与会计核算数据的衔接与校对，甚至把医院成本核算管理工作等同于调节院内奖金分配的手段，导致医院成本核算工作走入误区。

（2）医院成本核算管理模式和实施方式千差万别。各医院在成本项目的数据分类及核算业务流程的设计上存在较大的差异。在管理模式上有的医院将科室核算纳入财务管理，有的则单独成立经管部门管理科室核算，与财务管理分离。在核算成本项目上，由于核算目的是用于院内奖金分配，所以，有的即便不能构成成本项目的损失也相应计入了科室成本；有的应该计入成本

项目的开支，则由于分摊困难等原因没有计入科室成本，导致成本数据计算失真。

（3）缺乏完整的成本核算理论方法体系。医院的成本核算还是建立在预算会计的理论方法体系之上，基本上是对医疗业务活动中的收支核算，不能真正反映医院的成本状况和经营状态及成果。这种核算管理模式不能为医院的经营决策提供准确及时的依据，不能作为提供价值补偿和经营管理的依据，缺乏统一性、标准性和可比性。医院的经营仍然处于经验模式。

（4）政府缺乏对医院进行宏观经济管理的核算数据依据。由于医院成本核算工作的开展缺乏统一的指导与规范，各医院建立在自身理解上的成本核算结果只能代表其个体水平，因此医院成本核算数据的社会公允性差，无法为制定宏观的经济管理政策、财政补偿政策、医疗收费定价与医保等政策提供科学的核算数据依据。

二、医院建立全成本核算的意义

1. 完善现行医院管控体制，适应社会主义市场经济发展是深化医药卫生体制改革的要求

近年来，国家相继出台了《中共中央、国务院关于卫生改革与发展的决定》、《国务院体改办等部门关于城镇医药卫生体制改革的指导意见》以及《国务院关于建立城镇职工基本医疗保险制度的决定》等一系列与医药卫生体制改革密切相关的重要文件。这些文件在要求卫生行政部门"转变职能，实行卫生全行业管理"的同时，也明确要求"加强医疗机构的经济管理，进行成本核算，有效利用人力、物力、财力等资源，提高效率、降低成本"。

财政部和卫生部公布的新《医院财务制度》和《医院会计制度》也明确要求"医院实行成本核算，包括医疗成本核算和

药品成本核算"。

在 2004 年全国卫生工作会议上的讲话中，吴仪同志明确指出"认清形势，用科学的发展观指导卫生工作"；高强同志也指出"按照科学发展观和社会主义市场经济体制的要求，尊重医疗事业内在规律，要坚持政府主导和市场机制相结合，完善医疗机构分类管理，积极吸收社会资金，发展城市医疗服务，打破公立医院垄断，促进多种所有制医疗机构有序竞争，提高卫生资源利用效率，实现医疗资源优化配置，加强医疗行业监管"。

以上精神不仅指明城市医疗体制改革的方向，也要求医院管理者适应改革发展的需要，加强医院成本控制，坚持执政为民，体现以人为本，有效缓解"看病难"、"看病贵"问题。

2. 加强医院成本核算，强化医院经济管理工作是进一步深化医院改革的要求

随着市场经济体制的建立与逐步完善，政府如要实行卫生工作全行业管理，加强卫生资源配置的宏观管理，规范财政补助范围和方式，调整医疗服务价格，就应该规范医院核算及评价方法，获得卫生经济的社会公允指标，并通过对这些指标的有效分析，得出各项政策制定的科学依据，从而用科学的政策引导医疗机构的健康发展，不断适应社会主义市场经济的新要求。

因此，建设医院成本核算经济管理系统，不仅能加强医院的经济管理能力，而且有利于统一医院核算方法，规范核算数据口径，提高信息利用质量，为医院的经营决策提供准确、完整、及时的成本信息，获得制定区域宏观经济管理、财政补偿、医疗定价等政策的科学支持。

三、课题研究的方法

医院全成本核算的理论基础与政策依据：

1. 理论基础及政策依据

（1）依据事业单位会计准则。

（2）依据现行二部委颁发的《医院财务制度》和《医院会计制度》。

（3）遵照主管卫生部门、财政部门相关政策。

（4）引用现代企业经营管理中成本管理的理论及方法。

①医院成本核算的定位。

按照产品成本核算的理论方法，医院成本核算应最终定位在产生医疗产品的地方——门诊临床科室。

②按照医疗成本核算流程将科室划分为四种类型：

管理类科室：即提供管理职能的科室。

医疗辅助类科室：为医疗提供动力和生产维修功能的科室。

医技类科室：为病人提供检查治疗的技术类科室。

直接医疗类科室：产生最终医疗成果的门诊临床科室。

全成本核算按照四类科室成本逐步结转，最终实现各科室的全成本。

（5）引用社会对卫生经济公允评价指标。

2. 核算原则

成本核算遵循了以下八个会计原则：权责发生制原则、会计分期原则、历史成本原则（实际成本原则）、一致性原则、合法性原则、可靠性原则、重要性原则、收支配比原则。

3. 核算方法与流程

科室全成本核算流程与成本归集分配方法：

医疗总成本归集与分配

管理 财务

供应 后勤

药检放 功能检查 手术室

门诊 住院

科研教学科室

(1) (2) (3) (4)

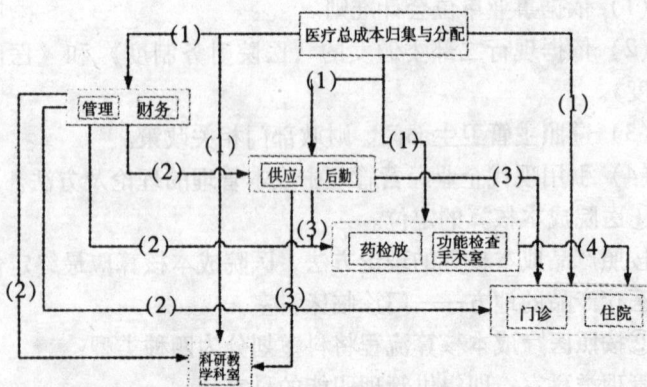

4. 成本归集分配计算方法

第一级分摊：公共成本分摊，即针对不能够直接计入科室的当期成本（简称"公共成本"）进行分摊。

第二级分摊：管理成本分摊，即按人员比例将全院管理类科室成本进行分摊。

第三级分摊：内部服务成本分摊，即按谁受益谁担负的原则将医疗辅助类科室成本进行分摊。

第四级分摊：医技科室成本分摊，即按收入支出配比、平衡原则将医疗技术类科室成本进行分摊。

中专生个人教育成本调查

摘　要： 本文根据教育经济学原理对中专学生个人教育成本进行了调查，并对调查结果进行了分析。

关键词： 中专生　个人教育成本

　　教育伴随着人类社会的产生而产生，发展而发展。在进入信息化、全球化社会的今天，教育已成为现代社会人们获得和更新"文化资本"不可或缺的手段和途径。作为国家教育事业重要组成部分的职业教育，它是密切联系社会经济实际的教育，是促进社会经济、社会发展和劳动就业的重要途径。扩大和搞好职业教育，是我们教育领域中的一项重要内容，这就要求我们从各方面来研究职业教育。其教育成本就是我调查研究的内容。

　　教育经济学中的教育成本概念，是 20 世纪 60 年代初随人力资本理论的形成而提出来的。教育成本即指"学生在学校接受教育期间，所支付的直接与间接教育费用而言"。这种费用是为个人和社会未来取得更大的收益而进行的一种生产性投资。

　　教育成本有社会的教育成本和个人的教育成本。社会的教育成本，亦称"教育公共成本"，它指国家和社会培养每名学生支付的全部费用，包括社会直接成本和社会间接成本。社会直接成本主要包括各级政府对教育支付的全部费用，企事业单位、宗教团体、慈善机构以及其他社会集团和个人捐赠的教育费用。社会间接成本主要包括达到法定劳动年龄的学生如不上学而就业时国家可能获得的税收。教育的个人成本，亦称"教育私人成本"，它指培养每名学生由学生本人、家庭、亲友支付的全部费用，包括个人直接成本和个人间接成本。个人直接成本主要指由学生本人、家庭、亲友为学生受教育直接支付的学费、杂费、书籍文具费、文体费、交通费、住宿费、生活差距费等；个人间接成本指达到法定劳动年龄的学生因上学而未就业可能放弃的就业收入，即机会成本。

1992 年党的"十四大"提出建立社会主义市场经济之后，人们在竞争越来越激烈的市场环境中要生存和发展，必须具备一定的素质和专业技能。而具备这些能力，接受教育是必经的途径，这就需要家庭付出关注，同时承担一定的教育成本，特别到了中专和大学，个人教育成本加大，许多家庭因无力承受这一负担，放弃了给孩子进一步接受教育的机会，也就减弱了孩子进一步发展的潜力。那么接受职业教育的家庭到底要付出多少成本呢？为了准确地说明问题，我在云南省财经学校对 30 名学生的个人教育成本进行了调查，并对这些资料进行了分析。

云南省财经学校中专三年教育成本调查表（单位：元）

姓 名	户 口	性别	直接教育成本							机会成本	合 计
			学费	书籍文具费	杂费	文体费	交通费	住宿费	生活差距费		
孟艳丽	农村	女	5 400	1 200	900	300	1 200	1 050	2 400	0	12 450
张 纤	农村	女	5 400	1 200	900	300	1 200	1 050	2 400	0	12 450
李志琴	农村	女	5 400	1 350	600	300	840	1 050	5 100	7 200	14 640
王娅玲	农村	女	5 400	900	400	300	1 500	1 050	6 500	0	16 050
赵泽敏	农村	女	5 400	1 200	700	0	588	1 050	14 400	0	23 338
王琼雁	农村	女	5 400	1 350	589	0	1 200	1 050	7 200	0	16 789
司宏权	农村	女	5 400	1 350	339	200	800	1 050	7 200	0	16 139
赵金莲	农村	女	5 400	1 200	700	0	600	1 050	4 560	0	13 710
马德书	农村	男	5 400	1 200	1 400	0	350	1 050	6 000	0	15 400
董 亮	农村	男	5 400	1 200	1 800	0	1 250	1 050	12 000	0	11 900
杨艳昆	农村	男	5 400	1 200	700	150	480	1 050	7 200	0	16 180
李 根	农村	男	5 400	900	650	300	2 100	1 050	8 100	0	18 500

姓名	户口	性别	直接教育成本							机会成本	合计
			学费	书籍文具费	杂费	文体费	交通费	住宿费	生活差距费		
毛永林	农村	男	5 400	1 200	500	0	2 880	1 050	4 800	36 000	19 430
徐有庭	农村	男	5 400	1 300	600	0	700	1 050	12 000	32 400	42 650
杨 涵	农村	男	5 400	1 200	520	10	336	1 050	2 500	0	11 016
赵 露	城镇	女	5 400	1 200	1 500	612	576	1 050	1 800	0	12 138
扬 榕	城镇	女	5 400	1 350	500	0	1 152	1 050	720	0	10 172
杨鑫杰	城镇	女	5 400	1 350	650	0	1 200	1 050	4 800	0	14 450
何玉玲	城镇	女	5 400	1 395	500	0	720	1 050	2 160	0	11 225
倪溪若	城镇	女	5 400	1 200	1 500	360	288	1 050	5 400	0	15 198
陆艳丽	城镇	女	5 400	1 200	1 009	0	576	1 050	14 070	0	23 305
段 茜	城镇	女	5 400	1 200	839	100	576	1 050	14 270	0	23 435
杨 元	城镇	女	5 400	1 320	389	100	576	1 050	13 820	0	22 655
曾文斌	城镇	男	5 400	1 200	700	150	4 800	1 050	2 520	0	15 820

续 表

姓 名	户 口	性别	直接教育成本							机会成本	合 计
			学费	书籍文具费	杂费	文体费	交通费	住宿费	生活差距费		
樊冬明	城镇	男	5 400	600	250	150	1 200	1 050	3 600	0	12 250
周 昆	城镇	男	5 400	1 350	500	0	100	1 050	4 600	0	13 000
郑 义	城镇	男	5 400	1 350	500	0	1 000	1 050	4 500	0	13 800
杨 松	城镇	男	5 400	2 500	620	0	1 500	1 050	9 000	14 000	34 070
蒲佳伟	城镇	男	5 400	1 200	2 700	40	2 112	1 050	4 900	36 000	21 002
王兴华	城镇	男	5 400	1 320	500	200	1 500	1 050	15 000	0	24 970

从以上调查数据可以看出，城市学生与农村学生在生活差距费与交通费、杂费上差距较大，学费与住宿费每个学生都一样，因为这两项费用是每个学生必须交纳的费用，其他费用则与学生家庭经济状况、消费观念、距离学校远近等因素有关。家庭经济较好的学生杂费高于家庭经济差的学生，生活差距费也是如此。文体费则看学生具体情况，有的学生喜爱文体活动，就有文体费，有的学生不喜爱文体活动，则文体费很少甚至没有。生活差距费因学生离开家而产生，经济条件好的学生因离开家，需要手机等用具，并经常与同学下馆子，消费增高许多，故生活差距费高；经济条件差的同学，因家庭无力负担，所以上学期间较为节俭，生活差距费低，但因农村生活消费本来就很低，到城市读书，生活消费高，故仍有生活差距费，只是没有城市学生生活差距费高。从调查中还可以看到，因学生年龄小，一般不会考虑到工作，故中专三年有机会成本的同学较少，绝大部分学生仍然考虑求学。另一方面可以看出并不是所有城镇学生都比农村学生家庭经济状况好，有的城镇学生也属于贫困学生之列。那么，众多家庭花钱让自己的孩子接受教育值得吗？在市场经济条件下，就个人而言，人们愿意入学接受教育，是因为在这方面投资所花去的时间和金钱，会在将来给自己带来相应的回报。个人把受教育看做投资，是市场经济条件下一种必然产物。人的劳动能力，尤其是智力，主要是通过教育获得的。社会和个人之所以愿意在教育上投入大量的人力和物力，主要在于教育投资对社会和个人都是有益的。因为在现代人事工资制度中，工资收入与学历直接挂钩，而且，学历已成为干部任聘、晋升以及各种技术职务职称评定的重要条件。总之，受过高等教育就业相对容易，并有较高的收入和晋升机会。因此，个人愿意负担相应的教育投资。初中毕业生，如果没有继续读书的机会，找到工作通常很困难，即使找到，工作也较差，并无发展的机会，他们的平均收入就是接受中专教育的学生的个人平均机会成本。假设人均月工资 500 元，则年收入 6 000 元，那么，中专生三年内机会成本共 18 000 元，而很多学生无法找到工作，所以没有机会成本。

总而言之，在十七八岁接受中专教育，虽然家庭要付出一定的经济代价，即个人教育成本，但对无能力上高中和大学的学生而言，中专的个人教育成本明显比大学低，同时也让学生接受了一定的职业教育，使他们能在就业时有一定的条件，并为以后的生存和发展奠定了基础，这就是许多家长不惜成本让孩子上学的原因。如果每个家庭都有这一观念，那么不仅对个人的发展有利，还能提高国民素质，有效地促进社会发展和经济增长。社会发展和经济增长了，发展教育也才能得到有力的保障。

参考文献：

1. 盖浙生. 教育经济学. 台北：三民书局，1982.

2. 范先佐. 教育经济学. 北京：人民教育出版社，1982.

3. 刘合群，彭志斌. 城市化意识教育新理念. 广州：暨南大学出版社，2004.

高等职业教育教师专业发展探析

云南大学职业与继续教育学院　赵雪春

摘　要：高等职业教育由于其与实践和应用的密切相关而显示出与普通高等教育的不同特性。随着高等职业教育的不断发展，研究在新形势下如何培养高等职业教育教师的专业素质和如何促进高等职业教育教师的专业发展就有着极其重要的意义。本文着重从教师的专业知识、专业技能和专业情意三个方面来论述高等职业教育教师专业发展的内容及要求。

关键词：高等职业教育　教师　专业素质　专业发展

教师专业素质是教师职业对从业人员的整体要求，是"教师拥有和带往教学情境的知识、能力和信念的集合，它是在教师具有优良的先存特性的基础上经过正确而严格的教师教育所获得的。"这样的素质要求因教师岗位不同而有所差异，特别在高等职业教育领域对教师专业素质的要求就由于其与实践和应用的密切相关而显示出与普通高等教育的不同特性。中国高等职业教育除高等师范教育外，其他形式的高等职业教育都在教师素质、教师专业发展以及师资培养方面有着明显不足。因此研究在新形势下如何培养高等职业教育教师的专业素质和促进高等职业教育教师的专业发展就有着极其重要的意义。

专业知识、专业技能和专业情意的水平是构成教师专业素质的主要部分，这三个方面的发展水平决定了教师专业发展水平的高低。只有达到或符合这三个方面的要求之后，才谈得上更好地发展教师个人专业。因此首先就必须明确高等职业教育教师的专业素质内容，才能有针对性地发展教师的个人专业。下面就着重从高等职业教育教师的专业知识、专业技能和专业情意的角度来探讨高等职业教育教师在新时期应该具有的专业素质和专业发展的内容。

一、高职教师的专业知识

20世纪70年代认知心理学提出：教师的教学活动是一种认知活动。教师知识作为教师认知活动的一个基础，从其功能出发可以分为三个方面的结构内容：本体性知识、条件性知识和实践性知识，这三个方面共同构成教师的知识结构。

本体性知识是教师所具有的特定的学科知识，如语文知识、数学知识等。实践性知识是指教师在面临实现有目的的行为中所具有的课程情景知识及与之相关的知识，具体说就是教师教学经验的积累。条件性知识是指教师所具有的教育学与心理学知识。作为一名高等职业教育教师，应该具备符合高校教师水平的人文文化知识、所教学科的专门知识和教育学科知识三个大的方面的知识，而且三个方面的知识应该是相互结合和交融的。由于高等职业教育自身的不同特点，因此就更强调将课堂教学的理论知识与现实的生产实践知识相结合，既要理论联系实际，又要对实践进行及时总结，不断更新教学内容，才能满足社会发展的需要。

1. 人文文化知识

一方面，教学工作的对象是有待进一步塑造的人，因而必须强调教学工作的"人文性"特点，强调教师对文化知识的掌握。在拉丁文中，"文化"（culture）本义就是"培养"（cultivation）。在今天，广义的文化概念已经更为深入和广阔，反映在教师应该具有的文化知识上，广博的要求也是顺理成章了。甚至不仅要"渊博"而且要"饱学有识"，并内化为个体的人文素质，从而成为一个具有崇高的精神境界、健全人格的"人类灵魂的工程师"。

由于教师人文教育的薄弱，学生中"文化贫血"现象日益凸现，而高职学校就尤为突出。人文修养可以使学生懂得如何做人、如何做事、如何与人相处。职业教育的新趋势是技术课程与文化课程由相互分离走向相互整合。高职教育主要是工科教育，但更应该强调人文教育和科学教育的结合。如果仅懂理工，缺失人文，那就只能成为"匠"，难以成为"师"。现代工程往往是一个复杂的系统，除工程本身的技术问题外，还会涉及与工程相关的经济、法律、艺术、管理等人文社科领域，并受到这些因素的制约。因此必须强调教师对人文文化知识的掌握，因为只有这样才能陶冶高职学生的人文精神。

另一方面，教师的职责之一是传授知识，因此高职教师除了精通所教学科的知识外，还要有广博的知识储备。有了广博的知识储备，才能够满足每个学生多方面的探究兴趣和多方面发展的需要，才能引导即将踏入社会的高职学生正确地看待社会、人生，正确地看待自己的职业，找到自己人生的正确位置。因此高职院校教师不仅应关注学生是否找到工作、能否上岗，更应关注学生的心理素质、道德修养，特别是重视培养网络时代所要求的以责任感为核心的职业道德。同时对于高职教师自身而言，拥有深厚的知识积淀，才能在工作中帮助自己更好地理解所教学科的知识，为更好地进行科学研究、课程研究打下理论基础和思想基础。

2. 所教学科的知识

高职教师的劳动是一种复杂的创造性劳动，要成功地完成教学任务，不仅要精通所教学科的知识，良好地掌握自己所教学科的全部内容，而且要对所教学科在实际的技术应用领域的情况有透彻的了解，时刻不忘理论与实际的结合。

在高等职业教育教学中，近半数是实践课，即使是理论教学其应用色彩也十分强烈，掌握并注重技术应用成为高等职业教育教师队伍的显著特征。从事高等职业教育的教师都应是理论或技术的"应用型"教师，无论是教授技术基础理论课还是教授技术专业理论课，着眼点都是"应用"，对理论和实践的知识掌握应该是齐头并进的。总结起来主要就包括以下四个方面的知识：

（1）专业内容知识，即与专业相关的事实、概念、原理、理论等；

（2）专业章法知识，即一个学科领域里研究者探究知识的标准或思考方式；

（3）专业发展知识，即学科领域最新的发展、正在进行的研究以及最近取得的成果；

（4）专业实践知识，即专业在实践应用领域的情况和如何将理论运用在实践中的方式和途径。现代职业教育应关注学生的创业。在市场经济公平、自由的规则下，未来将有更多的毕业生直接创业。因此，教师必须培养学生的创业精神，并赋予他们一定的创业知识，帮助能够直接创业的学生。

3. 教育学知识

教学工作是一种培养人的专业工作，如果仅仅掌握了所教学科的知识，而不具有教育学方面的知识，不能将自己所掌握的知识很好地教给学生，是不可能很好地完成教学任务的，对于高等职业教育的教师更是如此。在很大程度上职业教育教师对学生的引导作用，比起普通高等学校的教师要强得多。因为职业教育不仅要满足社会发展对人才劳动力的需求，而且要满足每一个学生的发展需要，特别关注学生职业生涯的发展，包括就业和升学等各方面的需要。在学校所学到的知识与他们今后的工作密切相关，如果在教学中无法有效地传递知识无疑会对学生今后的职业生涯造成直接的影响。有关的教育学知识在很大程度上可以确保教师有效地完成自己的专业工作。

二、高职教师的专业技能

专业化的教师必须具备从事教育教学工作的基本技能和能力。如教师基本功、教学技能、教学技巧、教学能力、教学才能等。不同学校所要求的教师专业技能的类型是不同的，对高等职业教育教师的专业技能的要求就不同于普通高校教师，也不同于普通职业学校教师，它具有二者结合的性质。具体而言包括下面四个方面：

1. 教学能力

教学能力是指教师为达到教学目标，取得教学成效所具有的潜在的可能性，它由许多具体的因素组成，在教学活动中得以展现，并且通过教师的技能得以实现。这些技能包括教学设计技能，应用教学媒体技能，课堂教学技能，组织、指导学科课外活动的技能和教学研究技能等。

高等职业教育在我国仍处于起步阶段，高等职业教育教学规律、教育特点、教育目的、教育原则、教育过程和教育方法等方面的理论和方法目前并不完善或不很清楚。教师进行教学实践并无现成的经验和模式。研究先行，可以减少盲目性，少走弯路。职业教育教师应该能结合实践和亲身体会，善于发现问题，不断有意识地积累自己在教学中的教学经验，特别要不断对教学进行研究，通过研究解决问题，研究的阶段性成果立即付诸教学实践并进行修正。用研究促进高等职业教育教学水平的提高，促进高等职业教育教学改革的发展。

除了一般教师必须具有的教学能力外，高等职业教育教师必须更多地强调组织、指导学科课外活动的技能和教学研究技能。

高等职业教育的教师都应是理论或技术的"应用型"教师，他们应该具有较强的将理论阐释通俗化的能力及较强的指导学生运用理论解决实际技术问题的能力，应该在教学中不断引入新的教学理念，通过各种手段提高学生的动手实践能力。如：在课堂内外进行体验式教学，让学生自己动手去做，自己去体验，以期真正提高学生的实践能力。

2. 专业能力

专业能力是每一个教师必须具有的核心能力，这种能力是通过教师对所教专业系统了解和深入学习之后获得的。对高等职业教育教师而言，这种能力的要求是动态的，它要求教师不仅能胜任一般的教学工作，而且能使教学适应社会的需求和变化，具有较强的技术开发和技术创新能力。当今的世界是一个"学习型社会"，任何人都不可能依靠某一时期的学习而获得工作所需要的全部知识和能力。对于职业技术教育而言，这个动态的知识结构和能力的培养就显得格外的重要。在学校这个学习型组织内，处于核心地位的教师在培养自己的专业能力过程中，就必须要树立终身学习的观念，不断使自己的专业追求和专业发展更加个性化、多样化和终身化。

职业院校的专业设置往往根据市场人才需求的变动在不断地进行调整，但万变不离其宗。一些专业核心课程是不会有多大的结构改变的，还有一些专业课程往往是领域内的知识点的一些变化和发展，老师们如果事先注意发展自己的专业能力，早进行这方面的准备，就可以做到未雨绸缪，在开设新课程时可以很快进入角色。

3. 研究能力

职业教育教师所从事的是专业教育工作，除应具备较高的科学文化素质外，更必须具备职业活动所需的专业技术素质和能力。这种能力对于高等职业教育教师而言，不仅仅指的是静态的技术素质能力，而且还包括对自己所教专业的研究能力和引导学生进行专业研究的能力。

随着全球知识经济的到来，终身教育营造了学习型社会，高等教育日益大众化。"学校必须把教育的对象变成自己教育自己的主体，受教育的人必须成为教育他自己的人；别人的教育必须成为这个人自己的教育"。高等职业教育教师所面临的是"这种个人同他自己的关系的根本转变，是今后几十年内科学和技术革命教育所面临的最困难的一个问题"。在培养学习型高素质人才的要求下，高等职业教育教师首先必须是一个学习型人才，也就是能够独立进行自身素质培养和能力发展的教师。在这样的要求下就要不断培养自己对所教专业的研究能力，只有通过不断地自我学习、专业研究才能跟上科学技术发展的步伐，满足学生可持续发展的需要。

另外，高等职业教育教师还必须具有引导学生进行专业研究的能力。因为高等职业教育不仅仅是培养高技能人才的摇篮，而且是中等职业教育教师培养的重要来源。从这个意义上说，高等职业教育教师的工作性质必须是学术性、师范性和技术性的结合。

4. 实践能力

有理论、会教学是高校教师队伍的一个必要条件。但职业教育的课程设置和内容又有不同于普通高等学校的地方，主要体现在它的应用性和实践性。在基础理论适度够用的前提下，着重于实际运用。在这样的要求下培养"双师型"教师的需求应运而生。

"双师型"是指一个教师同时具备高等学校教师职务任职资格和工程技术人员职务任职资格。比如是讲师又是工程师，是教授又是高级工程师。高等职业教育教师应该努力把自己培养成为"双师型"教师，使自己成为既能教学又能实践运用的教师。除了文化基础课的教师之外，专业理论课教师和职业实践课教师应具有双师型性质。教师要全面发展自己的实践能力，在自己的相关领域内拓展知识和技能。另外，职业院校的现实情况也要求教师是各自领域内的多面手和全能型人才。因为各学校专业教师人才总体上来讲是匮乏的，在短期难以引进的情况之下，通过教师自身的努力和挖潜，可以弥补这一方面的空缺，并可以节约相应的支出。

三、高职教师的专业情意

"专业知识"、"专业技能"强调的是会不会、能不能的问题，专业情意则强调的是愿不愿的问题。专业情意要比一般心理学意义上愿意、喜欢、向往的态度有更深的含义和更高的境界，这是基于对所从事专业的价值、意义深刻理解的基础上，形成的奋斗不息、追求不止的精神。

一方面，在教师专业情意领域，教师的自我意识和自我价值越来越得到人们的重视。对教学工作来说，"教师的专业自我是教师个体对自我从事教学工作的感受、接纳和肯定的心理倾向，这种倾向将显著地影响到教师的教学行为和教学工作效果。从这个意义上说，教师专业发展的过程也是教师专业自我形成的过程。"

就高等职业教育教师的来源而言，教师内部对职业教育的认识一直以来都或多或少地存在偏差。从事高等职业教育的教师一部分由原有中专学校升级而来，另一部分是来自普通高校的教师。两种来源的教师都存在对高等职业教育的了解不足的情况。其中的一部分教师，对自己所从事的岗位要么存在自卑心理，认为自己是高校中的另类，比传统高校的专业教学要简单、肤浅；要么就存在自大心理，对自己的专业发展缺乏思考，在工作中按部就班、不求进取。这些思想都或多或少地影响了高等职业教师对自己岗位的热爱，很容易就造成高职院校的师资流失，使教师无法认真进行自我的专业发展。

就高等职业教育的专业性质而言，职业技术教育主要培养的是在生产第一线工作的员工，毕业生主要从事技术性甚至有一些体力含量的工作。虽然目前许多企业都迫切需要这种类型的人才，但受到传统价值观的影响，社会上有人认为做生产第一线的工作是蓝领员工，低人一等，比不上白领和金领等。这种思想不仅影响到学生选择职业院校和职业教育专业，而且影响到教师的专业情意，使部分教师缺乏从事职业教育的荣誉感和相应的崇高责任感、使命感。这种认识在一定程度上影响了他们从事职业技术教育的态度，并影响到他们的教学与管理的效果。特别在中国经济不断飞跃的今天，这样的思想必然会妨害新时期职业教育的发展，因为现今的高等职业教育已从培养机械的、被动的、刚性的技能型劳动者转向培养灵活的、主动的、弹性的知识型或智能型劳动者。高等职业教育教师只有明白这一点，才能端正自己的教学态度，正确认识自己所从事的工作，惟其如此才能适应知识经济背景下工作性质的转变。

另一方面，在经济飞速发展的今天，整个社会对职业道德的呼唤已经越来越强烈，这关系到整个社会、经济、政治和文化的和谐发展。高等职业教育的学生多数毕业后将直接进入生产、管理、经营一线上的岗位，他们所从事的岗位要求他们具有良好的职业道德、意志品质、心理承受能力、合作能力，以及公关能力等非技术性的职业素质。因此，在高等职业教育学院如何培养学生爱岗敬业的职业道德，如何培养学生的意志品质，这些命题都已成为高等职业教育不可缺少的重要内容。这些教育内容对高等职业教育的教师队伍提出了相应要求，即高等职业教育教师队伍必须是一支具有良好职业道德的群体。这个群体的高雅举止、优良作风本身就是一种足以打动学生，潜移默化地影响学生的巨大力量，使学生终身受益。

综上所述，高等职业教育教师专业素质的培养和专业的良性发展不是一朝一夕就能够完成的，它需要国家的政策支持、学校的教育改革以及作为教师自己的清醒意识和不断努力。只有真正提高高等职业教育教师的素质，不断进行教师的专业发展，才能使高等职业教育担负起高等教育大众化的重担，获得一个可持续发展的良好空间。

参考文献：

1. 郑燕祥．教育的功能与效能．香港：广角镜出版有限公司，1991.

2. 教育部师范教育司．教师专业化的理论与实践．北京：人民教育出版社，2003.

3. 石伟平．时代特征与职业教育创新．上海：上海教育出版社，2006.

4. 面向21世纪职业教育师资队伍建设对策研究课题组．面向21世纪职业教育师资队伍建设对策研究．北京：高等教育出版社，2003.